Ralph »Sonny« Barger
Ridin' High, Livin' Free

EUROPA
VERLAG

Aus dem Amerikanischen
von Ralf Brunkow und Horst Pukallus

RALPH »SONNY« BARGER

UNTER MITARBEIT VON KEITH & KENT ZIMMERMAN

Ridin' High Livin' Free

DIE HÄRTESTEN MOTORRADGESCHICHTEN

Europa Verlag
Hamburg · Wien

Mein Dank an alle,
die mein erstes Buch gekauft und gelesen haben,
wodurch dieses Buch erst möglich geworden ist,
und an all diejenigen, deren Geschichten
in diesem Buch enthalten sind.

Die Deutsche Bibliothek – CIP-Einheitsaufnahme
Ein Titelsatz für diese Publikation ist bei
Der Deutschen Bibliothek erhältlich.

Originalausgabe:
»Ridin' High, Livin' Free«

Deutsche Erstausgabe

Lektorat: Imke Sörensen
Umschlaggestaltung: Kathrin Steigerwald, Hamburg,
unter Verwendung eines Fotos von Michelle Caplan
Innengestaltung: H & G Herstellung, Hamburg
Druck und Bindung: Wiener Verlag, Himberg bei Wien
ISBN 3-203-75537-8

Informationen über unser Programm erhalten Sie beim
Europa Verlag, Neuer Wall 10, 20354 Hamburg
oder unter www.europaverlag.de

Inhalt

Einführung

Die in diesem Buch versammelten Geschichten sind allesamt Motorrad-Stories. Beinahe in allen geht es um Harley-Davidsons. Es gibt eine Menge Gründe für die Glaubwürdigkeit dieser Geschichten. Genau wie es viele Gründe für die Annahme gibt, daß sie nicht ganz wahr sind. Das Buch ist eine Sammlung von wahren Stories, modernen Mythen und Biker-Erzählungen.

Die Idee zu diesem Buch war, aberwitzige Geschichten in einer Atmosphäre der Neutralität aufleben zu lassen. Die meisten Namen und Plätze wurden geändert, genau wie die Club-Namen – mit einigen wenigen Ausnahmen. Alle Geschichten sind schnittig gerafft worden, damit sie etwas Wichtiges gemeinsam haben: Die Stories sollten so klingen, wie ein Fremder sie einem erzählen würde, der zufällig am Tresen einer Bar neben einem sitzt. Wahrheit oder Fiktion? Scheißegal.

Einige der Geschichten sind ernst, einige witzig und einige traurig. In manchen wird das Leben gefeiert, andere wiederum beklagen den Tod. Einige der Akteure sind weltberühmt, in anderen Stories geht es um anonyme Biker. Es gibt Erzählungen, die gesetzlose und unabhängige Biker verherrlichen. In anderen geht es um ganz normale Bürger, die an einem Schreibtisch still vor sich hin arbeiten oder ihr eigenes Geschäft betreiben. Aber all die Menschen, mit denen wir gesprochen haben, sind auf ihre ganz eigene Weise ungewöhnlich.

Fast alle Leute, die uns Geschichten erzählt haben, sind Biker. Und nur sehr wenige Geschichten ließen sich »ohne jede Veränderung« abdrucken. (Wir wollten schließlich kein Ventil für kreative Autoren sein.) Wenn wir einem Angebot für eine Geschichte nachgingen, stellten wir in persönlichen Gesprächen meistens fest, daß es zusätzliche Einzelheiten gab, die oft noch viel interessanter waren als die ursprüngliche Idee. Wir wollten so viele Einzelheiten und Eskapaden über Motorräder haben wie möglich, also waren uns Leute mit solchen Erzählungen höchst willkommen, und wir ließen sie ruhig ein bißchen mit ihren Fahrerlebnissen, Karambolagen und anderen Zwischenfällen prahlen.

In allen Geschichten wird der Leser bestimmte Themen wiederfinden. Aber deshalb möge man uns bitte keine Wiederholungen vorwerfen. Die Hauptgründe, warum Leute Motorrad fahren, sind doch oft dieselben: Es geht darum, einen klaren Kopf zu bekommen, den Wind zu spüren und zu erleben, was Freiheit ist. Und diese Motive tauchen in dem Buch immer wieder auf.

Nicht jede Geschichte, die uns angeboten wurde, konnte gedruckt werden. Aber jeder, mit dem wir sprachen, hat auf seine Weise dazu beigetragen, ein umfassendes und weites Spektrum von Motorradgeschichten aufzuzeichnen, die von den verschiedensten Menschen aus Großstädten, Provinzstädtchen und ländlichen Gemeinden handeln. Und dafür danken wir all den Männern und Frauen, die uns einen Blick in ihre Welt erlaubt haben. Als Ergebnis etlicher Interviews, Telefongespräche, E-Mails und per Tonband mitgeschnittener Unterhaltungen liegt nun die erste Serie verwegener Motorrad-Stories vor.

Wenn jemand nach dem Lesen der Geschichten ebenfalls eine wilde Bike-Story anzubieten hat, kann er sie an unsere E-Mail Adresse (*story@sonnybarger.com*) schicken. Und vielleicht wird es so noch eine Fortsetzung von *Ridin' High, Livin' Free* geben.

Sonny Barger, Keith und Kent Zimmerman
7. Dezember 2001

Wandering Gypsy und Silver Satin Kid

Ehe Gypsy Silver Satin Kid persönlich begegnete, sah er dessen Motorrad vor dem Gebäude der Konservenfabrik Continental Can Company. Dort arbeitete »The Kid« nämlich. Als auch Gypsy anfing, in der Fabrik zu jobben, guckte er sich das Bike genauer an. Man sah sofort, daß Kid viel daran verändert hatte. Die Maschine hatte einen nagelneuen, extrahohen Lenker und verlängerte Chrom-Auspuffrohre – lauter Sachen, die 1957 nicht gerade oft an Motorrädern zu sehen waren. Die Maschine war eine »Eighty-inch Stroker«, Jahrgang 1940, eine Harley-Davidson mit einem kleinen Scheinwerfer. Sie war nicht lackiert, jedenfalls noch nicht. Die Worte »Silver Satin Kid« standen vorläufig nur mit Tinte auf dem Tank. Daneben prangte die Zeichnung eines nackten Girls.

Silver Satin Kid hatte seinen Spitznamen wegen seines Lieblingsdrinks: Silver Satin Wine. Wenn er mit seinen Biker-Freunden in den Straßen von Oakland abhing, trank er den Wein immer aus in braune Papiertüten gehüllten Flaschen. Für seine Freunde war Kid der geborene Anführer. Den Rücken seiner Lederjacke zierte ein silberner, schreiender, doppelköpfiger Adler – das gleiche Bild wie auf dem Etikett der Weinflasche. Die scharfen Krallen des Adlers waren zum Angriff gespreizt.

Kid war wie der Adler – stets angriffsbereit. Mitunter kam er gegen Mitternacht um die Ecke der East 17th Street gerast – genau vor dem Haus, in dem Gypsy wohnte – und gab seiner Harley dabei Vollgas, so daß ihr Dröh-

Gypsy in seiner Aufmachung als *Der Wilde*, 1955 *Foto: Sherry Anderson*

nen die ganze Eastside von Oakland weckte. Meist folgten ihm dabei drei oder vier Typen aus seinem Motorrad-Club und versuchten, sein Tempo zu halten. Alle trugen dieselben farbigen Insignien auf dem Rücken ihrer Jacken. Tagsüber hingen sie gemeinsam beim Circle Drive-In ab, wo ihre Bikes den ganzen Bürgersteig blockierten. »The Kid« war es dann auch, der Gypsy dazu überredete, dem Club beizutreten.

Richard Charles Anderson alias Gypsy entdeckte seine Begeisterung für Motorräder, als er 1954 den Film *The Wild One (Der Wilde)* sah. Zu dem Zeitpunkt war er 17 Jahre alt, und auch in den Köpfen vieler Altersgenossen wurde dieser Film zur Initialzündung. Zu Ehren von Marlon Brando kaufte er sich bei einem Gebrauchtwagenhändler in Oakland eine gebrauchte Ariel, ein englisches Einzylinder-Motorrad. Er besorgte sich ein cool aussehendes Lederhemd und schwarze Polizeistiefel. Auf seinen rechten Arm ließ er sich »El Lobo« tätowieren. Nun sah er nicht nur genauso aus wie Johnny, den Brando in dem Film verkörperte, sondern er fuhr sein Bike auch auf dieselbe Weise. Mit seiner kleinen Einzylinder-Maschine beteiligte er sich sogar an Drag Races. Vom ersten Tag an war Gypsy richtig verliebt in sein Bike. Oft saß er auf der Veranda und starrte lange auf seine Maschine, um sich schließlich draufzuschwingen und durch die Stadt zu fahren. Später parkte er sein Bike wieder vor dem Haus, setzte sich auf die Veranda, bewunderte wiederum stundenlang sein Motorrad und fuhr dann abermals damit durch die Gegend. Das konnte manchmal eine ganze Nacht lang so gehen.

Spontan unternahm Gypsy immer wieder lange Ausfahrten, einfach um einen klaren Kopf zu bekommen. Aus einer plötzlichen Laune heraus fuhr er einmal die ganze Strecke von Oakland bis nach Monterey – mit 75 Cents in der Tasche. Als er von dieser Fahrt zurückkam, meinte einer seiner Freunde: »Mann, du bist ja wie ein umherwandernder Zigeuner – ein Gypsy. Fährst durchs ganze Land und *immer* allein.« Nun hatte er den Namen Gypsy weg, und Richard ließ ihn sich auf seine Biker-Jacke sticken.

Eines Abends soff Gypsy im Come-In Club zusammen mit einem jungen Biker namens Rebel. Rebel war klein und mager und sah nach allem anderen aus als nach einem Rebellen. Eigentlich hatte er mehr Ähnlichkeit mit Sal Mineo als mit James Dean, aber er trug ein T-Shirt wie Jimmy Dean und hatte stets die unvermeidliche Zigarette hinter dem Ohr. Plötzlich kamen drei Clubtypen ins Come-In.

»Guck dir die mal an«, flüsterte Rebel. »Mann, die gehören zu dem schlimmsten, rüdesten Motorcycle Club in...«

Rebel quasselte unentwegt weiter auf Gypsy ein, aber der hörte gar nicht mehr zu. Wie in Trance sah er zu den dreien hinüber und stellte sich vor, einer von *ihnen* zu sein. Er hatte keine Angst vor ihnen; er wollte nur dazugehören.

Als die drei Biker an den Bartresen kamen, sprach Rebel sie ein wenig nervös an: »Na, Jungs, was gibt's Neues?«

Walker, ihr Anführer, war ein hochgewachsener, hagerer Typ mit hartem Gesicht und kalten, bösen Augen.

»Was gibt's...?« wiederholte Rebel.

Walker ging nicht darauf ein. »Wer ist dein Freund hier?«

Rebel stellte Gypsy den Clubtypen vor. Der zweite von ihnen war ein Kerl namens Crazy Cal, er war der Schwager von Walker – nicht so groß wie Walker, sondern eher untersetzt gebaut und stark wie ein Bulle, aber viel bösartiger. Der dritte Mann war Dakota, auch eine gefährliche Erscheinung. Walker wandte sich ohne Umschweife an Gypsy: »Was machst du denn hier mit diesem Arschloch?«

Gypsy merkte sofort, daß die drei ihn von oben bis unten musterten. Aber was wollten sie von ihm? Einen mit ihm trinken oder ihm in den Hintern treten?

»Komm morgen abend mal zum Star Café«, sagte Walker zu Gypsy. »Da hängen wir immer ab.« Eine Weile herrschte Stille, dann gingen die drei davon.

Das Star Café an der 23rd Avenue in East Oakland gehörte einem alten Griechen. Direkt nebenan war die Star Bar. Die Bar war der Treffpunkt junger Biker und Aspiranten der Bike-Clubs. Viele von ihnen waren aus dem Militärdienst ausgeschieden, etliche waren jugendliche Straftäter. Die Bar hatte – wie soll man es anders nennen – eine gewisse Atmosphäre. Im Arbeiterviertel von Oakland gab es im Jahre 1957 fast an jeder Straßenecke Kneipen wie die Star Bar.

Gleich am nächsten Tag fuhr Gypsy zum Star Café und stellte sein Bike zwischen die dort geparkten Maschinen. Er entdeckte das Motorrad von Silver Satin Kid am Ende einer langen Reihe von Harley-Davidsons. Kid hatte sein Bike schließlich doch noch bemalt und lackiert: in schreiendem Orange mit einem nackten Girl in gelb und schwarz. »Apfelsinenkiste« nannte er sein Gefährt. Gypsy stieg von seinem Rad und kämmte sich sorgfältig die Haare, um drinnen einen guten Eindruck zu machen.

Walker, Crazy Cal und Dakota waren nirgendwo zu sehen. Dafür ertönte ein Piff aus einer Ecke der Bar. Es war Silver Satin Kid.

»Hey, Mann!« rief Kid aus seiner Ecke. »Du bist doch der, den sie Gypsy nennen, oder?«

Gypsy bejahte, indem er die Daumen beider Fäuste hochhielt und dazu nickte.

»Walker hat mir von dir erzählt.«

Als Vizepräsident des Clubs – sein VP-Patch trug er über der Brusttasche seiner Weste – war Kid nicht besonders groß oder kräftig. Er war erst 19 Jahre, einen ganzen Kopf kleiner als seine Clubkameraden, von schmaler, sehniger Figur und mochte kaum mehr als

140 Pfund wiegen. Und er sprach mit dem typisch kalifornischen Akzent.

Kid stellte Gypsy zwei anderen ziemlich schlimm aussehenden Typen vor: Johnny Slow Poke, der trotz abendlicher Dunkelheit eine Sonnenbrille trug, und Tony the Wanderer, einem jungen Latino mit vor Brillantine glänzendem Haar, das bis auf die Schultern reichte. Tony war damals kein Clubmitglied, aber er trug eine alte, viel zu große, khakifarbene Militärjacke. Als Tony aufstand, um sich noch ein Bier an der Theke zu holen, sah Gypsy, daß auf den Rücken seiner Jacke eine große Injektionsspritze mit Ampulle gedruckt war.

Kid und Gypsy fingen an, miteinander zu quatschen. Dabei erfuhr Gypsy, daß Kid mit 16 ohne Abschluß von der Highschool abgehauen war, seinen Militärdienst geleistet und anschließend bei der Granny Goose Potato Chip Fabrik gearbeitet hatte. Er war genauso umtriebig wie Gypsy, haßte die Arbeit in Fabriken – vor allem die Nachtschichten, die ihn von seinen Freunden fernhielten. Immer wieder wechselte Kid seinen Job. Aber er sparte genügend Geld, um Benzin kaufen, sein Bike instand halten und im Sommer mit dem Club umherfahren zu können. Das war alles, was Kid zu erzählen hatte. Es war sein ganzer Lebensinhalt.

Sehr bald wurden der Club und die gemeinsamen Fahrten auch Gypsys ganzes Leben. Er hielt sich oft bei den Clubmitgliedern auf und fuhr eine BSA, die er kurz darauf gegen seine erste Harley, eine 41er Knucklehead, eintauschte. Es dauerte nicht lange, da verbrachte Gypsy all seine Zeit beim Club, und ein paar Wochen später gestand er Kid, daß er gern Mitglied werden würde. Dazu nickte Kid nur.

»Woll'n wir uns mal high kiffen?«

»Warum nicht?« erwiderte Gypsy.

Gypsy hatte nichts Verbotenes bei sich und Kid – wie

sich zeigte – auch nicht. Aber plötzlich holte Kid ein Fläschchen Romilar-Hustenpastillen hervor und schüttete den Inhalt auf einen Tisch in seiner spärlich eingerichteten Bude. Er teilte die kodeinhaltigen Pillen genau in zwei Hälften. Die eine Hälfte schob er Gypsy zu.

»Schluck sie alle auf einmal! Dann hast du bald Spaß.« Jeder der beiden schluckte ein rundes Dutzend Pillen, und eine Stunde später saßen sie mit Halluzinationen auf ihren Motorrädern. Es war zwar ein billiger, aber durchaus aufregender Rausch. Als Gypsy den Lenker seines Bikes ergriff, kam es ihm vor, als hätte er Boxhandschuhe an.

Dem Club beizutreten war für Gypsy nicht besonders schwierig. Alles, was er zuvor an Räubergeschichten darüber gehört hatte, daß man beispielsweise ein Vorstrafenregister haben mußte, erwies sich als blanker Unsinn. Allerdings war der Club in seinen frühen Tagen ein ziemlich chaotischer Haufen. Die Mitglieder waren meist rauhe Typen, die sich vor allem zu Besäufnissen trafen. Walker war kein besonders begeisterter Vorsitzender. Knapp die Hälfte der Mitglieder besaß Motorräder. Einigen wurden die Bikes wieder abgenommen, wenn sie die Kaufraten nicht bezahlen konnten, andere verkauften ihre Maschinen unter dem Druck ihrer Familien, und wieder andere hatten einfach nicht die notwendige Knete, um sich ein Bike zu leisten.

Das letzte Treffen zwischen Gypsy und Walker fand an einem Abend statt, als Walker auf einen Sprung zu Kid gekommen war. Walker und Dakota hatten inzwischen Jobs als Nachtwächter. Dabei mußten sie durch Fabrikgebäude patrouillieren und prüfen, ob die Türen ordnungsgemäß verschlossen und gesichert waren. Während ihrer Wachgänge trugen sie Uniform und Waffe. Die beiden fanden es cool, Pistolenhalfter tragen zu dürfen. In Kids Küche probierten sie, wer seine Waffe am schnellsten ziehen konnte. An diesem Abend übergab Walker die Leitung des Clubs an Silver Satin Kid.

Walker nahm dabei kein Blatt vor den Mund.

»Ich hab es satt, den Club am Hals zu haben und Präsident zu sein. Übernimm du ihn doch, Kid. Kannst damit machen, was du willst. Reorganisier ihn oder versuch, damit irgendwie Geld zu verdienen, mir ist es egal. Er gehört jetzt dir.« Dann hauten Walker und Dakota ab.

Jetzt war Kid der Boss.

Kein Problem für ihn, den Club zu übernehmen, und innerhalb kurzer Zeit brachte er ihn auf Vordermann. Vorher hatte es kaum Regeln und Vorschriften, geschweige denn eine Sitzung gegeben. Jetzt jammerten einige Clubmitglieder, daß Kid ohne jede Abstimmung Präsident geworden war. Kid zögerte keinen Moment, er ließ den Club über seine Ernennung abstimmen – für alle Fälle. Und das Ergebnis war einstimmig! Jetzt war er – ganz legal und hundertprozentig – der Chef.

Kid startete seine Amtszeit damit, daß er den Club, der vorher ein wilder Haufen gewesen war, von Grund auf neu organsierte. Erste Regel: Keine Girls! Fünf oder sechs der zuverlässigsten Mitglieder ernannte er zum inneren Kern, zum Kader. Wer von dem Rest der Biker dabeibleiben wollte, über den wurde abgestimmt. Am Abend der Abstimmung wurde Gypsy Mitglied Nummer elf.

»Wie steht's, Boys«, fragte Kid bei dem Meeting. »Wollt ihr Gypsy im Club haben?« Gypsy wurde einstimmig aufgenommen.

Nicht mehr als etwa 25 Mitglieder gehörten zum Club. So wollte es Kid. Eine feste, geschlossene, loyale Gruppe. Nur Männer, auf die er sich absolut verlassen konnte; Männer, die nicht kneifen würden, wenn es darauf ankam, zueinander zu stehen.

Silver Satin Kid 1957 auf seiner Harley Stroker *Foto: Sonny Barger*

1957 war der Club eine Rotte cooler und bunt gemischter Leute. Neben Kid gab es Crazy Cal, Arnie, Rusty, Len, Merv (ein Cowboy aus Ukiah), Joe Mendez, Swede und die beiden Spotted Bobs (der eine war blond, der andere trug einen schwarzen Spitzbart). Außerdem gab es zwei Als, von denen einer den Spitznamen Elvis hatte, Ric the Blue Coffin, dessen Frau Chili Choker hieß, und J. C., Johnny Slow Poke, Little Dan, Toby, Roy und Vance, der eine BSA fuhr, wofür er stets gehänselt wurde. Und dann gab es noch Pirate mit seiner riesigen grünen Harley, auf deren Rücksitz oft ein bildhübsches rothaariges Girl saß, Adam, Smith, Deke und Silver. Den Rest der Gruppe bildeten Wendell, Crew Cut, Stringer und Gerry.

Gerry bekam zwei Jahre nacheinander die Trophäe als bestes Cubmitglied. Er war ein bulliger Typ mit einem großen Herzen, einem schwarzen Bart und glatt zurückgekämmten Haaren. Eines Abends erschien er mit einem deutschen Wehrmachtsstahlhelm und einem SA-Mantel zu einem Meeting. Gerry war Schatzmeister und Clubsekretär. Sein Schwager Bruce gehörte ebenfalls zum Club.

In den 50er Jahren waren die Kerle, deren Lebensinhalt das Motorradfahren war, verflucht knapp bei Kasse. Der Clubbeitrag lag bei 25 Cents – einem Quarter – pro Meeting. Einige wurden aus dem Club gefeuert, weil sie nicht einmal das bezahlen konnten. Gypsy, der nicht ganz mittellos war, half etlichen Männern aus und lieh ihnen die paar Cents für ihre Beiträge. Für Schlägereien zwischen Clubmitgliedern wurden fünf Dollar Geldstrafe erhoben, aber selbst das schreckte nicht alle davor ab, handgreiflich zu werden. Fast wöchentlich gerieten sich Mitglieder in die Haare und mußten in den »Spartopf« blechen. Mit dieser Knete hielt sich der Club in Gang.

Kids neue Freundin Shelly war vorher mit Nick, dem Tattoo-Künstler, verheiratet gewesen. Sein Atelier lag direkt auf der anderen Straßenseite gegenüber von dem neuen Club-Hang-out, genannt Saints Club. Als Kid eines Tages mit Gypsy ausfuhr, rief er Gypsy zu: »Hey, Gypsy, hast du eigentlich schon dein Club-Tattoo?«

»Nee!«

»Willste eins billig kriegen?«

Anschließend führte er Gypsy zu Nicks Atelier.

Nick hatte damals noch kein Muster für ein neues Club-Logo. Also hielt ihm Kid seine Mitgliedskarte vor. Nick zeichnete das Signet mit Tinte nach und preßte es auf Gypsys Arm. Nach diesem schwachen Abdruck tätowierte Nick nun das »Wappen« des Clubs und schrieb im Halbkreis »California« darüber. Es sah großartig aus in Blau, Rot, Gelb und noch einigen anderen Farben. Vor allem aber war dieses Tattoo kostenlos, weil es Nicks erster Entwurf war. Als die anderen Clubmitglieder es sahen, wollten sie es auch alle haben, allerdings mußten sie nun dafür bezahlen.

Gypsys erste Frau wurde von den Clubmitgliedern auf den Spitznamen »Fräulein« getauft, und Gypsy nannte sie bald ebenso. Fräulein störte es nicht, daß ihr Ehemann sich dem Club anschloß und ein Biker-Leben führte. Sie nahm sogar selbst an einigen Clubtreffen teil. Aber nach einer Weile hing bei dem Ehepaar der Haussegen schief, sie stritten und zankten sich ständig. Fräulein kehrte zu ihrer Familie nach Montana zurück. Nun konnte Gypsy aber weder mit Fräulein noch ohne sie leben, daher beschloß er, nach Montana zu fahren und zu versuchen, sich mit ihr zu versöhnen. Mit Mühe kratzte er das Geld für die mehr als 2000 Kilometer zusammen und fuhr – ganz typisch für ihn – allein und mit leichtestem Gepäck los. Es war bereits später Herbst. Der Altweibersommer war längst vorbei. Gypsy machte seine AJS-Ersatzmaschine fahrbereit und fuhr in Richtung Billings los, um Fräulein zu überreden, mit ihm zurück nach Hause zu kommen.

Rusty half Gypsy und gab ihm drei warme Wolldecken für die Nächte mit. Dann donnerte Gypsy los. In der ersten Nacht schlief er eingehüllt in die drei Decken, die er am anderen Morgen jedoch nicht mehr fest genug zusammenrollen konnte. Das Deckenbündel war auf einmal größer als sein Hinterrad. Also warf er zwei Decken weg und begnügte sich für den Rest der Tour mit einer. Des Nachts schlief er in die Decke eingerollt auf dem Sitz seines Bikes, das er am Straßenrand abstellte. Seine Füße baumelten dabei über dem Lenker der Maschine.

Am vierten Tag kam er in stockdunkler Nacht einige Kilometer vom Yellowstone Park entfernt an und konnte beim besten Willen keinen Platz finden, um sein Bike abzustellen und zu schlafen. Er fuhr und fuhr immer weiter, dann setzte plötzlich ein wolkenbruchartiger Regen ein. Das Wasser, das sein Vorderrad emporschoß, ergoß sich wie eine Dusche über seinen ganzen Körper. Seine Lederkleidung war zum Auswringen naß, und in seinen Stiefeln stand das Regenwasser bis zu den Knien.

Bis nach Billings kämpfte sich Gypsy durch mörderisches Wetter. Tagsüber war es so heiß, daß sich die Haut bald in Fetzen von seinen Armen pellte. Nachts war es eisig, und Schneeflocken nahmen ihm die Sicht. Mitunter mußte er an den Straßenrand fahren, nur um seine Hände am Motor aufzuwärmen.

Im Yellowstone Park fand er einen Parkplatz, auf dem einige Mülltonnen standen. Aus einer dieser Tonnen ragte etwas hervor, es sah braun und haarig aus. Gypsy fuhr zu der Tonne, drückte auf die Hupe und ließ den Motor aufheulen. Aus der Tonne reckte sich ein großer Braunbär empor und griff ihn an. So wurde wieder einmal nichts aus der Ruhepause.

Kurz danach geriet er in einen kilometerlangen Stau. Mit seinem Bike wurstelte er sich zwischen Wagen, offenen Autotüren und wütenden Fahrern hindurch bis an die Spitze des Staus. Dort entdeckte er den Grund für die

Verkehrsstörung: Vier oder fünf Braunbären standen mitten auf der Straße und bettelten die Autofahrer um Futter an. Als die Bären nun auch noch auf Gypsy losgingen, packte ihn die Wut. Er nahm sich die schwere Kette, mit der er sein Rad anschloß, und wirbelte sie wie ein Lasso über seinem Kopf herum, während er den Motor laut brüllend aufheulen ließ. Das wirkte! Die Bären wichen zurück, und Gypsy konnte als einziger weiterfahren.

Aber damit hatte er noch nicht alles überstanden. In der folgenden Nacht stieß er um Haaresbreite mit einem riesigen Elch zusammen, der plötzlich mitten auf dem Highway vor ihm stand. Als er an dem Tier vorbeibrauste, kam er ihm so nah, daß er das Weiße im Auge des Elchs aus nächster Nähe sehen konnte. Tags darauf kam wie aus dem Nichts auf einmal ein großer schwarzer Vogel aus dem Himmel auf ihn herabgeschossen und knallte gegen seinen Kopf. Ein Wunder, daß Gypsy dabei unverletzt blieb.

Gypsy hatte inzwischen schon neun Dollar für Benzin ausgegeben, um nach Montana zu gelangen. Bei der Gewalttour gingen fast alle Kugellager der Antriebskette seines Bikes zum Teufel. Und all diese Reisetorturen brachten Gypsy – nichts! Fräulein ließ sich nicht zur Rückkehr bewegen, sie hatte den Biker satt und wollte nichts mehr von ihm wissen. Gypsy mußte vor dem Gericht in Billings in die Scheidung einwilligen. Am nächsten Tag machte er sich auf den langen Weg zurück nach Oakland.

Anschließend, im Jahr 1961, hatte sich Gypsys Leben völlig verändert. Jetzt mußte er monatlich Unterhalt für seine Ex-Frau und die beiden Kinder aus der gescheiterten Ehe zahlen. Er brauchte so schnell wie möglich Arbeit. Zum Glück fand er einen einigermaßen gut bezahlten Job, allerdings nur mit der verhaßten Nachtschicht. Nach den Clubregeln jedoch verlor man automatisch die Mitgliedschaft, wenn man vier Meetings versäumte. Gypsy bat Kid, ihm zuliebe eine Ausnahme zu machen, schließlich sei er die letzten vier Jahre seit der Clubgründung ein loyales Mitglied gewesen. Er versuchte, an ein paar Freitagen frei zu bekommen, aber sein Boß hatte keinerlei Verständnis für seine Sorgen. Er würde gefeuert, wenn er noch einmal bei der Arbeit fehlte. Also sah er sich mit dem klassischen Konflikt konfrontiert: der Club oder der Job. Schweren Herzens entschied er sich für den Job. Verdammt...

Zum letzten Mal wurde Gypsy 1967 beim Oakland Club gesehen. Sechs volle Jahre war er nicht mehr in Kalifornien gewesen, nachdem er 1961 den Club verlassen mußte. Nun war er wieder einmal in Nordkalifornien wegen einer befristeten Montagearbeit, und er begegnete Silver Satin Kid vor der Tür des Doggie Diner in Hayward. Kid erkannte Gypsy auf Anhieb, er umarmte ihn herzlich, und die beiden quatschten für eine Weile miteinander. Gypsy war auf der Suche nach Marihuana, das er mit seinen Kumpeln auf der Baustelle rauchen wollte. Er fragte Kid, ob er ihm etwas besorgen könne

»Komm einfach mal runter zum Saints Club«, riet Kid, »mal sehen, ob ich dich mit jemandem zusammenbringen kann.« Gypsy, der seinen Wochenlohn in der Tasche hatte, tauchte am späten Nachmittag dort auf. Clubmitglieder waren nicht da, als er kam, nur ein Anwärter hing dort rum. Die meisten Clubmitglieder hätten Gypsy nach sechs Jahren Abwesenheit ohnehin nicht erkannt. Für sie wäre er nur irgendein zugedröhnter Fremder gewesen, der sich dort amüsierte und vollaufen ließ. Doch mit jedem weiteren Drink reifte in Gypsy die Überzeugung: Einmal im Club – immer im Club! Im Laufe des Abends füllte sich das Lokal, und es kamen auch Clubmitglieder in die Bar.

Gypsy wartete immer noch auf Kid, als Pee Wee hereinkam. Irgendwer flüsterte ihm zu, da sitze ein Ex-Clubmitglied im Laden, mit einem verblaßten Club-Tattoo am Arm. Pee Wee, ein Riese von fast zwei Metern Größe und beinahe drei Zentnern muskulösem Körpergewicht, ging zu Gypsys Tisch, packte seinen Arm und schob ihn vor seine Augen.

»Wo haste das Tattoo her, Mann?«

»Ich war mal Mitglied im Club«, erklärte Gypsy stolz.

»Wann war 'n das?«

»Von Anfang an bis 61. Frag Kid. Der wird's dir sagen.« Und dann fragte Gypsy: »Bist du nicht Pee Wee?« Denn er erinnerte sich daran, Fotos von Pee Wee in der Zeitung gesehen zu haben, als der 1965 bei einem Vietnam-Protestmarsch verhaftet wurde, bei dem es zwischen der Polizei und den Demonstranten zu Schlägereien gekommen war.

»Wahrscheinlich bildest du dir ein, mich zu kennen, oder?«

»Nein«, sagte Gypsy, bemüht, Ärger zu vermeiden. »Ich habe ein Foto von dir in meinem Sammelalbum.«

Dann fragte er Pee Wee, ob er vielleicht wisse, wo man Gras auftreiben könne.

Pee Wee verschwand, um Kid anzurufen. Inzwischen war Fat Richie in die Bar gekommen, ein vierschrötiger Mexikaner, etwa so groß wie Gypsy.

»Was sagtest du da? Du warst mal im Club? Da kann ich nur sagen: na fucking und? Das war damals, jetzt ist heute!«

Es wurde plötzlich bedrohlich still in der Bar. Alle hatten mitbekommen, daß Fat Richie Gypsy vor allen heruntergeputzt hatte.

»Oh, fuck you, Mann!« blaffte Gypsy den Mexikaner an. Böser Fehler. Eine Herausforderung.

Unmittelbar nach diesen Worten geschah noch nichts, aber Gypsy wußte sehr wohl, daß er in der Klemme saß. Doch er wollte unbedingt noch mit Kid sprechen, seinen Beutel Gras auftreiben und dann abhauen. Aber nun wurde es brenzlig für ihn. Gypsy ging zu Pee Wee, um ihn zu fragen, ob er selbst mit Kid sprechen könne. Genau in diesem Moment tauchte Fat Richie neben ihm auf und knallte ihm seine geballte Faust mitten ins Gesicht. Halb groggy stürzte Gypsy gegen die Wand.

Dann sah er rot. Voller Wut im Leib und mit all seiner Kraft ging Gypsy wie ein gereizter Stier auf Fat Richie los. Pee Wee trat dazwischen und landete einen gewaltigen Schlag gegen Gypsys Kopf. Der Hieb verursachte, wie sich später herausstellte, zwei haarfeine Brüche in Gypsys Jochbein. Gypsy wurde zurückgeschleudert und flog gegen den Billardtisch. Einer der Billardspieler donnerte ihm einen Queue auf den Hinterkopf. Danach sank Gypsy halb betäubt zu Boden.

Als er sich wieder aufrichten wollte, prasselten Fausthiebe und Fußtritte auf ihn nieder. Der halbe Club machte sich über ihn her und traktierte ihn mit Schlägen und Tritten. Dreimal richtete sich Gypsy wieder auf, und dreimal wurde er erneut niedergestreckt.

»Aufhören!« jammerte Gypsy. »Es reicht!«

Aber die Prügellawine ließ nicht nach, und schließlich sauste der überdimensionale Stiefel von Pee Wee auf ihn nieder und brach ihm ein paar Rippen. Wenige Zentimeter weiter unten hätte der Riese ihm die Milz zertreten.

Um Haaresbreite wäre Gypsy an diesem Abend totgeschlagen worden. Aber auf einmal hatten die Schlägertypen genug, gingen wieder an den Billardtisch oder holten sich einen neuen Drink. Als Gypsy sich aufraffte und herumstolperte, kam Fat Richie zu ihm.

»Warum zum Teufel habt ihr das mit mir gemacht, Mann?« krächzte Gypsy, kaum fähig zu sprechen.

»Das solltest du am besten wissen, du hast schließlich einen Bruder beschimpft«, sagte Richie.

Wie hatte er das wissen sollen, Richie trug keine Clubjacke.

»Mann«, stöhnte Gypsy, »ich muß zurück nach Hayward.«

Richie schnappte sich ein nasses Tuch von der Bar und führte Gypsy vor die Tür zu seinem Wagen. Gypsy glaubte, sein Kopf habe die doppelte Größe angenommen. Aber als ein Polizeiwagen vorüberkam, wandte er sein Gesicht ab, damit die Bullen nicht sahen, wie fürchterlich man ihn zugerichtet hatte.

»Hey, Mann«, fragte Fat Richie, »soll ich dich nach Hause fahren?«

Aber so betrunken und verprügelt Gypsy auch sein mochte, einen allerletzten Rest von Stolz hatte er noch im Leibe.

»Laß nur, das schaffe ich schon«, nuschelte er unter Schmerzen und setzte sich ans Steuer seines 64er Ford. Bis Hayward waren es 25 Kilometer. Die ganze Fahrt war für Gypsy ein wild verschwommenes Vorüberzischen von Telefonmasten. So verwirrt und benommen er auch war, er schaffte es bis zu dem Haus seines Kumpels, bei dem er logierte.

Erst 18 Stunden später ging er in ein Krankenhaus. Er blutete noch immer aus beiden Ohren, und sein ganzes Gesicht war taub. Ein halbes Jahr lang krümmte er sich jedesmal vor Schmerz, wenn er hustete oder einen Schluckauf bekam. Lange wollte er sich rächen, aber dann entschied er sich dagegen. Schließlich hatte er es lebend überstanden, das mußte genügen.

Nach dieser Schreckensnacht im Saints Club trat Gypsy keinem anderen Club mehr bei. Aber er fuhr noch jahrzehntelang seine Bikes, ehe er sich in Oklahoma zur Ruhe setzte. Obwohl er die schmerzhafte Erfahrung gemacht hatte, Opfer einer Gang zu werden, blieb Gypsy stolz darauf, früher einmal Clubmitglied gewesen zu sein.

Gypsy und Silver Satin Kid begegneten sich im Jahre 2000 noch einmal, als ich während einer Hell's-Angel-Tour auf der Midwest Route 66 zum Signieren meines Buchs durch Oklahoma City kam. Damals erzählte mir Gypsy, daß er seine wilden Motorradgeschichten gerne einmal seiner Familie, seinen Freunden und der Welt erzählen wolle. Kurz danach haben wir seine Geschichte aufgeschrieben.

Wenige Wochen nachdem Richard Charles »Gypsy« Anderson uns seine Biker-Stories erzählt hatte, starb er am 2. Februar 2001 in Tulsa an den Nachwirkungen der Schlägerei. Mir kam es irgendwie richtig und passend vor, Gypsys Geschichte an den Anfang dieser Sammlung von Motorrad-Stories zu stellen. Nun, wo die Erinnerung an ihn und Kid weiterleben kann, bleibt mir noch zu sagen: »Ride free, mein Bruder. Ruhe in Frieden, mein Freund.«

Eds Schultreffen

Wie die meisten jungen Texaner träumte auch Ed davon, später einmal ein Cowboy zu werden. Jeden Samstagmorgen sah er die »Roy Rogers Show« auf dem Familienfernseher. Doch dann brach sein Familienleben total auseinander. Eds Mutter starb, bevor er sie überhaupt richtig gekannt hatte, und Ed und seine neue Stiefmutter gerieten sehr bald aneinander. Sein Vater stellte sich bei den Streitereien mit der Mutter nie richtig vor seinen Sohn. Eins führte zum anderen, und bald waren die Sachen des kleinen Jungen gepackt. Er wurde auf Cal Farley's Boys Ranch geschickt, eine »christlich orientierte, umweltbewußte« Einrichtung, in der Kinder vom Vorschulalter bis zum Highschool-Abschluß in Heimgruppen zusammenlebten.

Für ein verwirrtes und starrsinniges Kind wie Ed war die Unterbringung im Cal Farley's praktisch gleichbedeutend mit einem Gefängnisaufenthalt. Für viele Jungs war Cal Farley's die letzte Station vor einer Reformschule, einer Jugendstrafanstalt oder dem Knast.

Cal Farley's war eine Ranch für Viehzucht. Die Jungs, die dort lebten, versahen normale Cowboyarbeit. Die 1939 gegründete Einrichtung umfaßt noch heute fast 10 000 Morgen Land und reicht von Texas' »Panhandle« bis zur Grenze von New Mexico.

An Eds erstem Tag dort bekam er drei Paar Levi's-Jeans, Cowboystiefel, drei weiße T-Shirts und – eine Nummer! Ab sofort war Ed durch 50 Kilometer Felslandschaft und

Klapperschlangen von der Außenwelt getrennt, deshalb brauchte die Farm keine Gitter oder Zäune. Ed versuchte mehrmals zu flüchten. Bei seinem ersten Fluchtversuch stahl er ein Pferd, das ihm für seine Arbeit anvertraut worden war. Er schaffte es bis zur Grenze von New Mexico, aber dort zeigte ihn ein mißtrauisch gewordener Rancher bei der Polizei an. Beim nächsten Versuch, während eines Ausflugs zum Erlebnispark Six Flags, sprang Ed über einen Zaun und lebte den ganzen Sommer lang auf den Straßen von Texas. Sein einziger Fehler war, daß er seinen Vater besuchte. Der ließ ihn sofort zu Farley's Ranch zurückbringen.

»Als man mich wieder zurückbrachte, hatte ich lange und struppige Haare. Und ich war noch immer derselbe verwirrte Junge, den seine Familie nicht haben wollte.«

Der zweimalige Ausbrecher erhielt nach seiner Rückkehr auf die Ranch Strafarrest, was bedeutete, daß er sich nicht mehr frei bewegen und nur noch zu Schwerarbeit seine Unterkunft verlassen durfte. Vor schwerer Arbeit scheute sich Ed nicht, das war kein Problem für ihn. Aber die schlimmste Strafe war, daß man ihn zwang, an der alljährlichen Rodeo Reunion teilzunehmen. Etwas an diesen Rodeos widerte Ed regelrecht an. Einem einfachen Jungen wie Ed erschien ein Rodeo barbarisch. Außerdem konnte das Reiten auf einem Stier verdammt schmerzhaft sein. Lieber würde er zwischen Felsen und Klapperschlangen schuften müssen, als bei einem dieser verfluchten Rodeos mitzureiten.

War es der Mangel an Vernunft und Geduld oder der Frust über all diese Schikanen, der Ed erneut zur Flucht trieb? Dieses Mal plante er seine Flucht sehr sorgfältig. Während der Nacht stahl er sich zu Fuß davon und trampte auf dem Highway 385 Richtung Süden in die Nähe der kleinen Stadt Vega, wo er auf den Highway 1061 überwechselte, um nach Amarillo weiterzuwandern. Bei Sonnenaufgang hatte Ed schon die Hälfte der Entfernung nach Amarillo hinter sich.

Die Sonne über Texas wurde sehr schnell sehr heiß, während Ed auf dem Highway 1061 über die Berge trampte. Er war natürlich erschöpft, hungrig, augedörrt und eingestaubt. Da hörte er von weither ein Donnern und Brummen, das immer lauter wurde, als er weiterging. Auf dem Kamm des Berges hatte sich eine Horde rauhbeiniger Biker versammelt. Der ohrenbetäubende Lärm, den Ed gehört hatte, kam von den Motoren der rund 30 Harley Choppers. Ed war total verblüfft. Mann, war das ein Anblick! Vom Straßenrand aus beobachtete Ed die heißen Öfen, die hintereinander an ihm vorüberdonnerten. Lederklamotten, Jeanshosen und -jacken, unrasierte Gesichter und dazu coole Girls, die auf den Rücksitzen ihre Haare im Wind flattern ließen. Der Anführer der Gang hatte einen Gesichtsausdruck wie ein Grabstein, aus seinem Mundwinkel hing eine Zigarette. Er fuhr links an der Spitze des Haufens, wie zu einer Attacke, gab seinem Bike Vollgas und dröhnte fast elegant durch die knochentrockene Wüstenluft dahin. Der Rest der Horde hielt mühelos sein Tempo und fuhr in enger Formation Rad an Rad hinter dem Chef her. Ed hatte schon einmal Fotos von ihnen in einem Bericht der *Saturday Evening Post* gesehen. Sie galten als der Welt berüchtigster Outlaw-Motorradclub.

Als die Gruppe an Ed vorüberfuhr, bremste der letzte Biker und fuhr auf ihn zu. Er zeigte mit dem Finger auf seinen Rücksitz. Ed schnappte sich seinen Rucksack und kletterte auf die Maschine. Es wurde seine erste Fahrt auf dem Chopper eines Highway-Banditen, eines Outlaws. In dem sausenden Fahrtwind und den Staubwolken fühlte sich Ed wie in der »Roy Rogers Show« und meinte ihn sogar singen zu hören: »Happy trails to you!« Das Bike vibrierte, und Ed spürte, wie seine Beine davon langsam taub wurden. Es war eine wilde Fahrt, jede Unebenheit der Straße konnte er fühlen, und der Biker mußte Vollgas geben, um den Trupp vor ihm wieder einzuholen. Der Mann sprach fast kein Wort, und auch Ed blieb stumm, während er zum ersten Mal den Temporausch auf einem Highway erlebte.

Der Highway 1061 führte direkt nach Amarillo, und Ed rechnete damit, daß die Bullen dort schon auf ihn warteten. Und genauso war es: Die Polizei hatte eine Straßensperre an der Zufahrt zu einem Nationalpark errichtet. In dem Park lümmelte bereits eine große Menge langhaariger Freaks, Biker und anderer Outlaws herum. Ed konnte die Sprechfunkgeräte quaken hören, aber er wußte nicht, ob dort State Trooper oder Ortspolzei auf die Biker warteten. Sicher war nur, daß er sich von allen uniformierten Ordnungshütern fernhalten mußte. Natürlich gab es bei den Bikern keinen Zweifel, daß Ed ein jugendlicher Ausreißer war. Und das war das letzte, was sie in dieser Situation brauchten. Einen Jungen auf der Flucht durften sie nun wirklich nicht unter ihre Fittiche nehmen.

Ed sprang vom Rücksitz der Maschine, dankte dem Fahrer mit einer kurzen Geste und versteckte sich im Unterholz zwischen den Kakteen neben dem Highway, von wo aus er die Bullen an der Sperre beobachten konnte. Über eine Stunde lang prüften die Polizisten die Papiere jedes einzelnen Bikers. Mit stoischem Gesicht ließ ihr Anführer die Prozedur über sich ergehen, während ihm unentwegt die obligatorische Zigarette im Mundwinkel klemmte. Schließlich wurde die Horde von den Polizisten in den Park hinein eskortiert.

In der nächtlichen Dunkelheit schlich sich Ed an der Sperre vorbei in den Park. Aus gehörigem Abstand beobachtete er, wie auf dem Rasen eine wilde Party tobte. Er konnte den Rauch von Haschisch und Gras schnuppern, ebenso den Geruch der auf dem Grill brutzelnden Steaks.

Die Biker hatten ein Riesenvergnügen, ohne jede Hemmung balgten und prügelten sie sich, ließen sich mit Bier vollaufen oder lagen halbbetrunken neben ihren Maschinen. Auch die wachenden Bullen hielten Abstand von der Orgie. Wohlversteckt im Unterholz schlief Ed in dieser Nacht in dem Park. Im Halbschlaf tanzten die Bilder der Bikerparty vor seinen Augen.

Noch eine ganze Woche lang gelang es Ed, ängstlich und hungrig herumzuvagabundieren, ehe er wieder geschnappt und zurück auf die Ranch gebracht wurde. Dort mußte er jeden Tag Pferdemist schaufeln und zur Schule gehen. Beides war ihm gleichermaßen verhaßt – die Arbeit in den Ställen und das Büffeln im Klassenraum. Bei einer Klassenarbeit schrieb er von seinem Wunsch, eines Tages ein Biker zu sein, genau wie jener Typ, der ihn auf dem Highway 1061 mitgenommen hatte. Irgendwann, so schrieb er, werde er endlich »jemand sein«, ein tolles Motorrad fahren und sich von niemandem mehr etwas sagen lassen.

Dieses Geprahle ging natürlich seinem Lehrer gewaltig gegen den Strich. Zur Strafe mußte sich Ed vor die ganze Klasse stellen und seinen Aufsatz laut vorlesen. Aber Ed fühlte sich dadurch keineswegs gedemütigt, im Gegenteil. Stolz verkündete er vor seinen Mitschülern sein Lebensziel. Niemand konnte die Phantasiebilder eines Biker-Lebens aus Eds Gehirn vertreiben, nicht einmal der Schulpsychiater der Ranch. Und damit war auch die Zeit der Fluchten und des Ausreißens für Ed vorbei.

»Nur noch ein Jahr durchhalten!« hämmerte er sich immer wieder ein. Wenn dann die Schulzeit vorüber war, würde er endlich sein eigener Herr sein.

Nur wenige Wochen nachdem er seinen Wehrdienst in der Army abgeleistet hatte, kaufte sich Ed, der inzwischen den Spitznamen »Animal« bekommen hatte, seine

Animal, Ex-Schüler der Cal Farley's Boys Ranch, ist heute stolzer Einprozenter und Clubpräsident *Foto: Ed »Animal« Cargill*

erste Harley. Das Bike war ein Prachtstück, eine 66er XLCH. Ed hatte das Motorrad vor einer Bar entdeckt, chromblitzend im Licht des Sonnenuntergangs. Animal ging in die Taverne und fragte den Kerl, der gerade die Spitze seines Billardqueues einkreidete: »Hey, Partner, ist das dein Bike da draußen?«

Nach langem Feilschen, ein paar Krügen Bier und einigen Billardspielen hatte er das Bike gekauft. Für 1800 Dollar, dem Entlassungsgeld der Army, das Ed in der Hosentasche seiner Frisco-Jeans verstaut hatte. Er drückte dem Typ die Kohle in die Hand und bestieg den Chopper zu einer Probefahrt. Das gute Stück fuhr sich genau so toll, wie es aussah. Begeistert kehrte Ed in die Bar zurück und ließ sich die Papiere für das Bike aushändigen. Dann begann er seine Fahrt in seinen Traum als »Einprozenter« auf zwei Rädern. Als einer von jenem Ein-Prozent-Anteil unter amerikanischen Motorradfans, die bei den »Normalen« als Außenseiter und Schläger gelten.

Animal kam sich recht seltsam beim Schultreffen vor. Daß er von den anderen Ex-Zöglingen abstach, wäre mehr als eine Untertreibung gewesen. Seine langen Haare fielen ihm weit über die Schultern hinab, seine muskulösen Arme waren von Tattoos bedeckt. Stolz trug er die Farben seines Clubs, und vorn auf seiner Weste war das Patch des Präsidenten aufgenäht. Es war schon ein komisches Gefühl, zu diesem Treffen zu kommen. Es war das alljährliche Reunion Rodeo der Cal Farley's Boys Ranch.

»Ed – bist du das?« wurde er gefragt.

Es war lange her, daß ihn jemand Ed genannt hatte. Jetzt hieß er eben Animal, und die Anwesenheit dieses »Animal« brachte einige der Oldtimer ganz schön in Verwirrung.

Der Besuch des Klassentreffens verscheuchte einige Dämonen aus dem früheren Leben von Animal. Die Ranch hatte sich gewaltig verändert, seit er dort gelitten hatte. Cal Farley's war bei weitem nicht mehr so abgeschieden von der Außenwelt wie damals. Jetzt führten dort rund 500 Kids ein produktives Dasein. Verschwunden waren die bösartigen Fressen der brutalen »Schlafsaal-Eltern«, der Aufseher von einst; ausgebildete Psychologen als Ratgeber der Jugendlichen waren längst an deren Selle getreten. Es gab auch keinen Strafdienst oder andere Erniedrigungen mehr. Die Ausbildung und das Lernen in der Schule hatten inzwischen Vorrang vor der Rancharbeit. Inzwischen mußten sich auch nicht mehr 40 verwahrloste Jungs in eine Baracke quetschen, jetzt teilten sich jeweils vier Boys oder vier Girls ein Zimmer.

Girls? Allerdings: Cal Farley's *Boys* Ranch war zu einer gemischten Erziehungseinrichtung geworden!

Der Besuch auf der Ranch rief in Animal Erinnerungen an seine Jugendjahre hervor, als er von Vorgesetzten – von oben – Druck bekam, und im Gegenzug noch stärker dagegendrückte.

»Damals habe ich niemandem getraut, der älter als dreißig war«, erinnert sich Animal. »Die Ranch war ein schlimmer Ort, und wir waren von Rednecks umgeben, die Kautabak spuckten ...«

Aber Animal ist beileibe kein Aushängeschild für den Erziehungswert der Cal Farley's Ranch. Das Erlebnis mit der Gang herumdonnernder Biker in der Wüste, die ihn damals mitnahm, hat ihn zu dem gemacht, der er heute ist. Und heute ist er stolz auf seinen Club, seine Biker-Brüder, seine Old Lady, seine Harley und sein Präsidenten-Patch.

Als er ein letztes Mal über das Gelände der Ranch wanderte, bevor er wieder davondonnerte, fragte er sich, welcher Junge dort wohl heute so verwirrt und voller Trotz sein mochte, wie er es vor dreißig Jahren gewesen war. Und bei dem Gedanken mußte er über die Ironie des Schicksals lachen. Denn was war das schließlich für ein Weg, den er hinter sich hatte? Äußerlich besehen hatte er sich im Lauf der Jahre sicherlich am meisten verändert. Aber tief im Inneren war Animal doch wohl der, der sich am wenigsten verändert hatte.

Die irren Abenteuer der vier Peckerwood Pans

Cincinnati wurde im Februar 1977 aus Folsom Prison entlassen, wo er eine lange Freiheitsstrafe abgesessen hatte. Er war selig, den Mauern des Knastes endlich den Rücken kehren zu können. Jetzt dachte Cincinnati nur noch daran, mit seinen Clubbrüdern wieder auf den Highways zu fahren, zu fahren und noch einmal zu fahren. Wie aber sollte er damals ahnen, was ihm unmittelbar danach auf seinem ersten USA Run bevorstand?

Für einige Clubmitglieder, die Mitte der 70er Jahre im Knast von Folsom einsaßen, waren die USA Runs etwas gänzlich Neues, eine Tradition, die entstanden war, während sie sich hinter Gitter befanden. Die USA Runs waren eine alljährliche Ausfahrt für Clubmitglieder aus den gesamten Staaten. Das Ziel dieser Rallye lag jedes Jahr in einem anderen Bundesstaat, und die Teilnahme am Run war absolute Pflicht für jedes Mitglied, es sei denn, es hatte eine wirklich glaubhafte Entschuldigung. Anfangs dachten wir, dieser Run sei nicht viel mehr als ein Trip von Oakland nach Berdoo, eben nur ein bißchen weiter. Damit lagen wir allerdings vollkommen falsch – der USA Run war unendlich mehr als eine Spazierfahrt.

Cincinnatis bester Kumpel, Delbert, fuhr zu Cincinnati und rief ihm von der Straße aus zu: »Ich hab Lust zu fahren. Du auch?«

»Wohin?«

»Zum USA Run!«

Seit seiner Entlassung hatte Cincinnati alle Hände voll zu tun mit den Vorbereitungen für seinen Umzug. Dummerweise fiel der Start zu diesem Run ausgerechnet auf den Tag, an dem er umziehen wollte. Ärgerlich. Aber Cincinnati hatte einen Plan.

»Paß auf, Delbert. Ich fahr mit dir zusammen, wenn du mir ein paar Tage Zeit läßt, um meinen Krempel einzuräumen.«

Delbert war einverstanden. Alles klar. Kein Problem. Er würde warten.

Aber dann konnte Cincinnati selbst nicht mehr warten. An seinem Umzugstag konnte er dem Ruf zum Start der Fahrt einfach nicht widerstehen. Er packte all seine Sachen in eine Ecke seines neuen Vorderzimmers und bat einen Freund, sich bis zu seiner Rückkehr um den Rest seiner Klamotten zu kümmern. Zwei weitere Clubmitglieder, Dru und Bennie, beschlossen, zusammen mit Cincinnati und Delbert loszufahren. Alle vier waren gerade erst aus dem Knast entlassen worden, und keiner von ihnen hatte je an einem USA Run teilgenommen. Sie fuhren alle Chopper mit starren Rahmen, Sportster-Tanks, geradem Auspuff und langen Vorderradgabeln.

Preacher war ein 40jähriges Mitglied und einer von Cincinnatis besten Freunden im Club. Er kannte sich sehr genau mit den Haken und Ösen eines Club-Runs aus und wußte, wie man ihn übersteht und heil wieder nach Hause kommt. Preacher versuchte den vier »Rekruten« gute Ratschläge für eine Cross-Country-Fahrt zu geben, aber die vier Ex-Knastbrüder beherzigten nichts davon. Was Preacher ihnen riet, entstammte seiner Erfahrung und machte Sinn. Wenn man einen Fahrtag beenden wollte, sollte man sich zeitig genug nach einem Platz zum Campen für die Nacht umschauen. Vor allem aber sollte man *immer* am Abend auftanken, damit man am nächsten Morgen gleich losfahren, schon früh etliche Meilen hiner sich bringen und an der ersten Tankstelle frühstücken konnte. Andernfalls, warnte Preacher, komme man nie zeitgerecht auf den Highway und erreiche nie das Endziel Yankton, South Dakota. Es waren gute Ratschläge, aber leider stießen sie auf taube Ohren.

Natürlich trafen sich die vier am Oakland-Clubhaus, sie schnappten sich ein Foto von mir (ich saß damals noch im Gefängnis von Folsom) und starteten zum USA-Run. Am ersten Tag kamen sie bis Truckee, einem Ort in der Nähe der Staatsgrenze zwischen Kalifornien und Nevada. Sie hätten wohl auch noch weiter fahren können, hielten sich aber zu lange in einer Bar mit Trinken, Streiten und dem üblichen Remmidemmi auf. Zwischen Schnapsrunden und Billardspielen gaben sie sich das Versprechen, mir Tag für Tag einen Bericht über den Verlauf ihrer Fahrt in den Knast zu schicken. Weil drei von ihnen Bikes mit Panhead-Motoren und Shovelhead-Zylinderköpfen fuhren, nannten sie ihre Fahrt die »Weiteren Abenteuer der Peckerwood Pans.« »Peckerwood« war im Knastslang der Ausdruck für schmutzige weiße Boys, und »Pans« bezog sich auf ihre Panhead-Maschinen.

Jeder ihrer Briefe an mich begann mit der Ortsangabe und Worten wie zum Beispiel: »Heute befinden sich unsere Helden in einer Bar in Truckee.« Dann beschrieben sie bis ins Detail alle Freuden und jeden Ärger ihres ersten USA Runs. Beim Lesen der Briefe kam ich mir tatsächlich so vor, als führe ich mit ihnen zusammen durchs Land. Und meine Knastbrüder in Folsom konnten es kaum abwarten, sich im Gefängnishof um mich zu scharen, um sich die Abenteuer der vier vorlesen zu lassen.

Als die vier die Grenze zu Nevada überquerten, wußten sie nicht, daß es dort unlängst für Motorradfahrer Gesetz geworden war, Schutzhelme zu tragen. Nachdem Cincinnati, Del, Dru und Bennie schon weit nach Nevada hineingefahren waren, wurden sie von der Polizei gestoppt. Natürlich glaubten die Bullen kein Wort, als Cincinnati ihnen erklärte, er habe noch nie etwas von einem so blöden Gesetz gehört. Außerdem bekamen die Polizisten schnell heraus, daß alle vier gerade erst aus dem Knast entlassen worden waren, was sie nicht gerade milder stimmte. Unwissen schützt nicht vor Strafe.

Glücklicherweise kam igendein Menschenfreund ihnen zu Hilfe. Bennie stieg zu ihm in seinen Pickup, die beiden fuhren nach Winnemucca und kamen mit vier Helmen zurück. Anschließend fuhren sie noch bis Wendover, wo sie im Freien kampieren wollten. Es sollte die einzige und letzte Nacht der Peckerwood Pans werden, in der sie das versuchten. Danach übernachteten sie nur noch in Motels oder fuhren die ganze Nacht hindurch, weil sie ohnehin nie vor drei oder vier Uhr nachmittags auf dem Highway landeten.

Irgendwo im Staate Utah bekam Dru Angstzustände wegen seiner Nockenwelle, die seiner Meinung nach ihren Geist aufgab. Die vier stoppten bei einer Harley-Niederlassung in Salt Lake City, besorgten sich etliche Ersatzteile, trafen dort einen jungen Clubanwärter eines örtlichen B-Clubs (weder Einprozenter noch American Motorcycle Association) und fuhren mit ihm zu seinem Clubhaus. Als sie das Haus betraten, klingelte das Telefon, und der junge Mann lief in einen Nebenraum, um den Hörer abzunehmen. Delbert ging derweilen hinter die Bar, um die Lagerbestände in Sachen Alkohol zu prüfen. Als der Junge wiederkam, schnauzte er Big Delbert an und versuchte, ihn wegzuschubsen. Delbert schlug kräftig zurück und warf den Jungen aus dem Fenster in den Hof des Nachbarn. Dabei hätte der blöde Bengel doch nur zu sagen brauchen, daß in diesem Club keine Mitglieder hinter der Bar geduldet wurden, dann wäre alles okay gewesen. Aber nein – er mußte ja gleich handgreiflich werden.

Delbert holte den Clubanwärter von draußen zurück ins Haus und befahl ihm, den Clubpräsidenten anzurufen. Man konnte dem Gespräch entnehmen, daß der Präsident dem Jungen befahl, sofort das Clubhaus zu verschließen und abzuhauen, denn er hatte bereits gehört, daß vier Biker des Oakland-Clubs in der Stadt waren. Daraufhin drehte der Junge am Telefon durch.

»Zu spät, du Arschloch«, kreischte er, »die sind schon hier. Sie haben mich wüst zusammengeschlagen und aus dem Fenster geschmissen, und wenn ihr Typen nicht ganz schnell hierherkommt, dann schmeiße ich die Schlüssel weg und haue ab.«

Kurz danach erschienen die anderen Mitglieder des Clubs, und Dru versammelte die meisten von ihnen um sein Bike. Alle hatten Taschenlampen oder holten Glühbirnen-Fassungen an Verlängerungskabeln aus dem Haus. Jeder wollte leuchten und Dru helfen. Der saß auf dem Boden vor seinem Bike, redete Quatsch, entfernte die Abdeckung seines Getriebes und wusch die Teile mit Benzin.

»Ihr Typen seid doch nur ein Haufen von Blödmännern«, fluchte Dru. »Ihr wart Idioten, bevor wir hierherkamen, und ihr werdet Idioten sein, wenn wir wieder abhauen. Hat jemand einen Wetzstein? Ich muß meine Nocken schleifen.«

Von diesem Stuß redete Dru eine Menge.

Auf der anderen Seite von seinem Bike hatte ein Mädchen einen Spiegel an seine Maschine gelehnt und bürstete sich die Haare. Bennie saß daneben und sah zu. Dru fauchte das Mädchen an, sie solle ihm etwas reichen.

»Siehst du nicht, daß ich beschäftigt bin?« erwiderte sie schroff.

Da brüllte Bennie laut auf, rannte zu ihr und haute ihr einen Karton mit Öldosen über den Kopf. Als sie stöhnend auf dem Boden lag, sagte Dru: »Ich habe euch doch gesagt, daß wir eure Scheiße bald satt haben, also hör auf zu heulen und tu, was ich dir sage.«

Jetzt schienen die anderen Leute des Clubs richtig nervös zu werden. Man konnte ihre Schatten zittern sehen. Bei ihnen war einer, den sie Big Bob nannten, und der so knapp zwei Meter groß sein mochte. Ein Tag auf seinem Club-Logo lautete »Enforcer«, was in etwa »Vollstrecker« heißt. Cincinnati hatte noch nie ein solches Tag gesehen, also fragte er den Mann, was es bedeute. Aber offenbar war es einem »Enforcer« nicht erlaubt, mit irgendwelchen dahergelaufenen Typen zu sprechen. Er drehte sich einfach um und ließ Cincinnati stehen. Der Präsident des Clubs hatte schon die ganze Zeit an einer Whiskeyflasche herumgenuckelt und wurde langsam blau. Währenddessen hatte er dauernd versucht, Dru in der Kunst des Reparierens von Motorrädern zu belehren. Anscheinend hatte er in der Stadt eine eigene Werkstatt. Plötzlich knurrte Dru wütend: »Oh, Scheiße!«

Da wurde es auf einmal totenstill. Delbert sah sich an, was passiert war, und riet dem Präsidenten, er solle sich schnellstens aus dem Staub machen. Dessen »guter Rat« hatte nämlich dazu geführt, daß Dru die Ventillager ins Kolbengehäuse gehauen hatte. Delbert und der Präsident gingen zusammen zur Vorderfront des Hauses. Und dann hörte man nur noch *wumm, wumm, knacks,* und Delberts Gegner bettelte bereits um Gnade. Cincinnati rannte nach vorne, Dru und der ganze Rest des Clubs hinter ihm her. Vorn verprügelte Delbert den Präsidenten wie einen räudigen Hund.

»Immer nur Mann gegen Mann!« brüllte jemand.

Cincinnati drehte sich um, packte den ihm am nächsten stehenden Typ an der Brust und stieß ihn in die Gruppe seiner Kumpels.

»In Ordnung, du Motherfucker!« schrie Cincinnati den

Mann an. »Mann gegen Mann, und meine Kumpels gegen deine!«

Irgendwer fing an zu rufen: »Big Bob! Big Bob!«

Cincinnati stieß seine Gegner mit Wucht von sich, und Dru trat ihnen von der anderen Seite in den Hintern. Inzwischen hatte sich Big Bob niedergekauert, und auf einmal war aus dem Riesen ein Zwerg geworden.

»Oh Gott, nein!« riefen die anderen Clubtypen verzweifelt.

Delbert schnappte sich Little Bob (ehemals Big Bob) aus der Menge der verängstigten Clubmitglieder und sagte ihm, ab sofort sei er der Boß seines Clubs. Bob sah bei dieser Mitteilung nicht gerade fröhlich aus. Aber Delbert und Cincinnati überzeugten ihn, er habe hier und jetzt eine Gelegenheit, sich einen allerletzten Rest von Selbstachtung zu retten.

»Hör uns einfach zu und tu, was wir dir sagen, dann wirst du in den Augen deiner Leute ein Held sein, wenn wir wieder abhauen.«

Bob und seine Leute brachten Dru zu einem Motel, wo sich die Schlüssel zur Motorwerkstatt ihres Ex-Präsidenten auftreiben ließen. Zwei Typen schoben Drus Bike in die Werkstatt, und Delbert und Cincinnati sahen sich um in dem Raum. Auf einer Werkbank stand ein nagelneuer 96er Schaufelkopf-Motor, der gerade erst von einem Lager in Ogden geschickt worden war. Delbert kannte sogar den Lieferanten in Ogden – er kannte einfach jeden – und rief ihn gleich an. Der Mann war bereit, Delbert mit dem Motor auszuhelfen und garantierte dessen erstklassigen Zustand. Am nächsten Morgen war Drus Motor wohlverpackt auf der Reise zurück nach Oakland, und der neue Motor war in seinem Bike installiert. Dru war zwar nicht glücklich über die Zulassung und das Nummernschild aus dem Staat Utah, aber er fand sich damit ab.

Während dieses ganzen Theaters hatte Cincinnati am Zielort des Runs angerufen. Endpunkt der Rallye war der Lewis-and-Clark-Campingplatz in der Nähe von Yankton, South Dakota. Weil die vier bei ihrer Fahrt immer mehr in Rückstand geraten waren, machten sie sich nun Sorgen, ob sie ihr Ziel überhaupt noch rechtzeitg erreichen könnten. Aber die Clubleute aus New York City versicherten ihnen, sie würden an Ort und Stelle sein, wenn die vier einträfen. Schließlich schafften die Pans es zum Highway 81 in Nebraska. Auf ihrer Fahrt nach Norden begegneten ihnen immer wieder Biker, die schon wieder in entgegengesetzter Richtung nach Hause fuhren und ihnen fröhlich zuwinkten. Aber je näher die vier nach Yankton kamen, um so weniger Biker kamen ihnen entgegen, so daß sie fürchteten, auf dem Campingplatz niemanden mehr anzutreffen.

Gegen 23:30 Uhr rollten sie auf den Campingplatz und trafen dort tatsächlich noch die Gruppe aus New York City an. Außerdem hatte es auch noch eine weitere Gruppe besonders hartgesottener Typen so lange ausgehalten – sie alle wollten nun eine wilde Party feiern. Die Peckerwood Pans waren selig, es doch noch geschafft zu haben. Innerhalb von zwölf Minuten hatten sie ihr Zelt aufgestellt. Das war aber auch allerhöchste Zeit, denn um Punkt Mitternacht war der Run offiziell beendet. Am nächsten Morgen setzten sich alle, die in Yankton gewartet hatten, nach Omaha in Bewegung. Als die Gruppe im Clubhaus von Omaha eintraf, stand der Alleskönner Baz am Grill, briet Steaks, hatte sein Telefon zwischen Ohr und Schulter, um Girls für die Kumpels herbeizurufen, und dabei rührte er einen Kuchenteig an. Unvergleichlich wie immer, dieser Bazwell!

Die Männer waren schon ein paar Tage in Omaha, als Harry vom New York City Club anrief. Er war in Custer, South Dakota, in irgendeinem deutschen Gasthaus. Es sei einfach supercool dort, berichete er, die Inhaber des Hauses hätten ihm alle ihre alten Nazi-Parteiausweise und -Papiere gezeigt. Harry und seine Old Lady waren Juden.

»Trommelt ein paar von den Jungs zusammen und kommt zu uns!«

Etwa 20 der Boys hielten das für eine gute Idee. Nach Custer war es schließlich nicht sehr weit. Nach der Übernachtung dort inspizierten sie am nächsten Tag die Gegend. Sie besuchten die Stelle, wo das Denkmal des Häuptlings Crazy Horse errichtet wurde. Damals, 1977, war die Stelle nicht viel mehr als ein riesiges Loch in einer Felswand. Dort trafen sie auch den Künstler, der das Memorial schuf, und verabredeten sich mit ihm zu einer privaten Tour am nächsten Tag. Wenn man vom Highway hinaufblickte, schien die Stelle, wo die Statue entstand, nicht besonders groß. Aber wenn man auf die Höhe der Felswand kam, war man zutiefst beeindruckt.

In einer Bar in Custer begegneten Cincinnati und die anderen einem Biker vom Motorradclub Sock Fuckers aus Montana. Ob es diesen Club noch immer gibt – wer weiß? Es war schon ein irrer Name, egal ob die Kerle ernstzunehmende Biker waren oder Spinner. Die ganze Gruppe verließ zusammen Custer und gelangte nach einer Übernachtung in Deadwood, South Dakota, nach Montana. Inmitten eines Reservats stoppten die Biker zum Auftanken und fragten, wo sie ein ordentliches Essen bekämen. Höflich dirigierte man sie zu einem Lokal in der Nähe. Das Restaurant war eine Art indianischer Teenagerclub. Die Biker fingen an, mit den jungen Indianern Billard zu spielen. Manche Kumpel nahmen die Jungs mit nach draußen, um ihnen ihre Motorräder zu zeigen. Ungefähr eine Stunde später kam jemand zu Cincinnati und riet ihm, nach draußen zu gehen und sich anzusehen, was dort inzwischen los war. Cincinnati ging raus und – du große Güte!

Dort standen mehr als hundert Indianer aufgereiht an beiden Straßenseiten. Keine Kids – Erwachsene! Häuptlinge. Medizinmänner. Krieger. Cincinnati schickte sofort jemanden nach drinnen, damit sie alle zusammen aufbrechen konnten. Es lag etwas in der Luft. Ein Indianer – vermutlich ihr Häuptling – stand abgesondert von all den anderen. Etwas in der Art und Weise, wie er dort stand und wie die anderen zu ihm aufsahen, machte deutlich: Dies war der Große Mann.

Cincinnati fuhr auf seinem Bike zu dem Großen Mann und stoppte seine Maschine direkt vor ihm. Der Große stand wie aus Stein gehauen, kein Muskel bewegte sich in seinem Gesicht. Delbert gab Cincinnati das Zeichen, daß die Gruppe abfahrbereit war. Cincinnati sah zu dem Mann, dessen Gesicht aussah wie der geprägte Indianerkopf auf der Fünf-Cent-Münze. Als sich ihre Blicke trafen, lächelte der Große Mann unwahrscheinlich cool. Er wußte Bescheid, und er wußte auch, daß die Boys wußten, daß er Bescheid wußte. Eine absolut coole Stimmung lag über allem. Dann fuhr Cincinnati an die Spitze der Gruppe neben Delbert, und los ging die Fahrt. Cincinnati und die andern hatten die Indianer-Kids wie menschliche Wesen behandelt, das brachte die Krieger dazu, den Bikern die Sünden ihrer Vorväter nachzusehen.

Spät in derselben Nacht stoppte die Party an einer kleinen Texaco-Tankstelle gleich neben dem Schlachtfeld von General Custer aus dem Jahre 1876. Es goß in Strömen und war so finster, daß nicht einmal die Scheinwerfer der Motorräder die schwarze Dunkelheit durchdrangen. Nur wenn die gewaltigen Blitze die Nacht zerrissen, konnte man die Straße erkennen. Alle Biker tankten auf und erkundigten sich, wo man in der Nähe ein Nachtquartier finden könne.

Der Indianerjunge, der die Tankstelle betrieb, machte einen Telefonanruf.

»Das einzige Motel hier in der Nähe ist ausgebucht.«

Der Indianer-Boy und ein paar seiner Freunde bastelten an einem Lieferwagen draußen an den Tanksäulen herum. Einige Biker versuchten, ihnen Ratschläge zur Instandsetzung des Wagens zu geben. Da läutete drinnen das Telefon. Der Junge sprach kurz und hängte ein.

»Im Motel sind doch Zimmer frei. Ich zeig euch, wie ihr dort hinkommt.«

Einigen Motelgästen war offenbar geraten worden, schleunigst ihre Sachen zu packen und zu verschwinden. Als Cincinnati, Delbert und die anderen zum Motel kamen, war kein Mensch im Empfangsoffice. Es gab nur einen Zettel und einen Stapel frischer Bettwäsche. Auf dem Zettel stand, sie müßten ihre Betten selbst beziehen, für die Übernachtung werde nichts berechnet und man wünsche ihnen eine angenehme Nacht. Wie sich später herausstellte, war ein Pferd der Besitzer vom Blitz getroffen worden, und nun suchten er und seine Familie das Tier.

Am nächsten Morgen war der Himmel so strahlend blau, daß es fast weh tat, und vor der Zimmertür jedes Bikers lag eine Wassermelone. Den Sinn dieses Geschenks konnten sie nicht ergründen. Danach tourten Cincinnati und die anderen zum Custer-Schlachtfeld. Die letzten zwei Tage hatten sie gelehrt: General Custer war nicht nur ein Narr gewesen, sondern dazu noch einer, der vieles für immer zerstört hatte.

Vom Nordtor aus fuhr die Gruppe dann in den Yellowstone Park, auf einer Straße, die sich Schnellstraße der Götter nannte. Diese Straße lag in einer solchen Höhe, daß die Harleys sie kaum schafften, denn Harleys brauchen Sauerstoff, der hier schon knapp war. Bei den Mammoth Hot Springs fanden sie Motelzimmer und verbrachten einen fröhlichen Abend in der Bar. Als die Gruppe tags darauf durch den Park donnerte, flüchtete eine ganze Herde Büffel in einer Stampede vor ihrem Lärm, was den »normalen« Touristen einen gewaltigen Schrecken einjagte.

Auf der Weiterfahrt gelangten die Biker nach Rexburg, Idaho, und zu einer großen Motorwerkstatt mit dem Namen Grim Reapers MC., was »Sensenmann Motorclub« bedeutet. Cincinnati hatte im Knast einen Typen kennengelernt, der sich Reefer Jim nannte und der nach seiner Entlassung aus Kalifornien weggezogen war. Und der Inhaber der Werkstatt war tatsächlich jener Mitinsasse aus Cincinnatis Zeit hinter Gittern. Zwei volle Tage lang feierten sie das Zusammentreffen mit Reefer Jim, dann reparierten sie ihre Bikes, und danach ging die Fahrt weiter. Bald darauf gerieten die Peckerwoods noch in ein großes Labor-Day-Biker-Treffen auf dem Highway 395 in Kalifornien.

Das Originalquartett, das von Oakland aus zu diesem USA Run gestartet war, fuhr nun wieder in das Gebiet der Oakland-Bucht bei San Francisco ein. Als sich die Boys dem Caldecott-Tunnel näherten, an dessen Ende Oakland liegt, gerieten sie noch in eine Schlägerei mit einer Gruppe idotischer Autovandalen. Und dann waren sie endlich wieder im Clubhaus von Oakland, um dort das letzte Kapitel ihres abenteuerlichen USA Runs zu schreiben.

Wochen danach stoppte meine damalige Old Lady Sharon bei Cincinnatis neuer Bude und fragte ihn, was denn aus dem allerletzten Kapitel des Reiseberichts geworden sei. Wieso hatten die Kumpels im Gefängnis von Folsom nicht den Schluß der Abenteuergeschichte bekommen, auf den sie so gespannt gewesen waren?

Cincinnati stellte seine Bude komplett auf den Kopf und hatte keine Ahnung, was mit dem Bericht passiert sein mochte. Schließlich fand er ihn in der Gesäßtasche einer Jeans, die auf einem Berg schmutziger Wäsche lag.

Der Brief hatte zwar ein bißchen Schmieröl abbekommen und war zerknittert, aber noch gut lesbar. Meine Männer im Knast von Folsom genossen die Schilderungen von den Abenteuern der Peckerwood Pans, die ihnen die Zeit hinter Gittern schneller vergehen ließ.

Die schwarz-rote Selbstmord-Honda

Nic Tolbert war fest entschlossen, nach Bass Lake zu fahren. Am Abend, bevor wir zu unserem alljährlichen Bass Lake Run aufbrachen, hatte Nic mit seiner Maschine einen Totalschaden gebaut, als er vor den Bullen flüchtete. Na ja – beinahe. Nic war auf der Telegraph Avenue in Berkeley, Kalifornien, unterwegs, wo er ein hübsches College-Girl aufreißen wollte. Dabei wurde die Polizei auf ihn aufmerksam. Nic brauchte alles andere als eine weitere Verkehrsstrafe, zumal noch einige unbezahlte Geldstrafen und sogar Haftbefehle gegen ihn ausstanden, also gab er Vollgas, raste davon, und die Bullen jagten hinter ihm her.

Bei dieser Verfolgungsjagd hätte Nic den Gesetzeshütern ohne Probleme entwischen können, wäre nicht ein Volvo aus einer Parklücke ausgeschert. Nic raste in den Wagen hinein. Es waren eine Menge Zeit und eine Masse Geld von Nics Freunden und Freundinnen nötig, um ihn und sein Bike aus der Untersuchungshaft zu bekommen. Seine Maschine befand sich in einer höchst traurigen Vefassung, und die Abfahrtszeit für unseren Run um sechs Uhr in der Früh rückte näher und näher. Natürlich waren zu nächtlicher Stunde nicht gerade viele von uns imstande, sein Motorrad wieder fahrbereit zu bekommen. Nic fehlte einfach alles: Zeit, Geld und – Ersatzteile!

Aber dann schaffte er es doch noch!

Um sechs Uhr tauchte Nic vor der Bar auf, wo sich der Club zur Abfahrt traf. Alle freuten sich für ihn. Das

Schlimme war nur, daß er auf einer Honda erschien! Wir hatten keine Ahung, ob Nic jemanden niedergeschlagen hatte, um dieses Motorrad zu ergattern (so verbissen wie er nun einmal war), ob er es irgendwo von der Straße oder aus einer Garage gestohlen oder es sich nur ausgeliehen hatte. Nic kannte keineswegs die Tricks der wohlbekannten Motorraddiebe aus unserer Umgebung, aber sicher war, daß er besagte Honda nicht käuflich erworben hatte. Außerdem hatte er einen Beutel voller Spritzdosen mit schwarzem, schnell trocknendem Lack bei sich, so daß nicht schwer zu erraten war, daß er die rote Honda mit schwarzer Farbe zu tarnen gedachte. Er und unsere Anti-Honda-Kumpels machten kurzen Prozeß mit seinem kleinen knallroten Japan-Darling. Kurzum: Nic fuhr mit uns und mußte deshalb keine saftige Geldbuße wegen Fehlens an den Club zahlen.

In den 60er Jahren mußten wir noch etwa alle 80 bis 100 Kilometer auftanken, denn wir hatten nur diese kleinen Benzintanks an unseren Motorrädern. Mit einer solchen Füllung verbleiten Sprits aber kam man bei scharfem Tempo nicht weit. Nach ein paar Stopps und immer neuen Witzeleien seitens der Honda-Feinde im Club war die neue Schwarzfärbung der Honda schon über und über mit roten Flecken beschmiert – so oft hatte Nic sich eine blutige Nase bei den Prügeleien mit den anderen geholt. Als wir am Bass Lake ankamen, fuhr er eine rot-schwarz gesprenkelte Honda!

Ich glaube, am Ende hatte Nic die blutende Nase voll. Wir fuhren zu unserem Treffpunkt neben dem See, stellten die Motoren ab und stiegen von den Maschinen. Dann hörten wir einen markerschütternden Schrei, und direkt darauf einen donnernden Krach. Und dann sahen wir eine große Staubwolke auf uns zukommen. Es war Nic auf seiner rot-schwarz gesprenkelten Selbstmord-Honda, und er hatte die Auspuffrohre abgerissen. So schnell wie dieses japanische Stück Scheiße laufen konnte, kam er auf uns zu gerast – mitten auf 70 oder 80 Biker zu.

Wir rannten auseinander, dann fetzte Nic weiter in Richtung des Sees und zu einer acht bis zehn Meter hohen Uferböschung.

KLATSCH!!!

Nic landete mit seinem Rad mitten in der Bucht. Wir sahen seinen Kopf in 20 Meter Entfernung aus dem Wasser emporkommen. Die Clubleute brachen in einen gemeinsamen Jubelschrei aus, sie fanden diese Art der Entsorgung einfach cool. Mir selbst kam das gar nicht so cool vor, denn Nic konnte – genau wie ich – nicht schwimmen! Nun strampelte er dort draußen im See und schrie um Hilfe.

»Hilfe, holt mich hier raus, Hilfe, Hilfe!!!«

Alle dachten natürlich, Nic wolle uns wie üblich wieder einmal zum Narren halten. Einige schmissen sogar Bierdosen, Steine und anderen Scheiß nach ihm, während er draußen mit wedelnden Armen um sein Leben kämpfte. Während uns langsam dämmerte, daß Nic wohl doch ernsthaft in Lebensgefahr war, sahen wir eines jener superluxuriösen Motorboote in seine Richtung fahren. Am Steuer saß einer dieser hellblonden, sonnengebräunten, typisch südkalifornischen Ekeltypen, und sechs oder sieben Bikini-Tussis saßen hinter ihm im Boot.

Sie fischten Nic aus dem Wasser. Dann drehte der blonde Playboy seinen Edelflitzer in unsere Richtung, doch Nic flüsterte ihm etwas ins Ohr. Das Boot stoppte, drehte ab, und Blondie jagte den Motor auf volle Touren hoch. Aufschäumend sauste das Boot hinaus auf den See.

Nic sah sich um und zeigte uns den Stinkfinger. Dann mischte er sich fröhlich unter die Titten-Riege, die ihn mit offenen Armen aufnahm. Vermutlich glaubten die Girls an den Werbespruch: »Man trifft die nettesten Leute auf einer Honda!«

MCQ3188: Die fehlenden Jahre im Leben des Steve McQueen

Heute ist es unter den Hollywoodstars nichts Besonderes mehr, Motorrad zu fahren. Auf einem Bike zu fahren, gilt heute bei den Männern als cool und bei den Frauen als sexy. Aber in den Jahren zwischen 1960 und 1970 war es nur ein Schauspieler, der das Motorradfahren bekannt machte – Steve McQueen. Er trug dazu bei, daß Biking zu einem regelrechten Sport wurde, während es vorher als riskante und verrückte Besessenheit tollkühner Spinner gegolten hatte. Noch bevor seine Schauspielerkarriere begann, fuhr McQueen Motorrad, er beteiligte sich an Rennen, errang Ansehen als ernstzunehmender Konkurrent bei anderen Rennfahrern und nahm an Querfeldeinfahrten und Langstreckentouren teil. 1966 testete er für das Magazin *Popular Science* Dirttrack-Bikes und Straßenmotorräder. 1971 war er auf dem Titel von *Sports Illustrated* abgebildet. Damals promotete er das Cross-Country-Rennfahren mit Motorbikes. Und in den Jahren vor seinem Tod 1980 übertraf sein Interesse an Fahr- und Flugmaschinen sogar seine Lust zum Schauspielern.

Nachdem McQueen sich für seine Rolle in *Flammendes Inferno* 1974 zusätzlich zu seiner Gage noch eine prozentuale Beteiligung am Einspielergebnis auszahlen ließ, wurde er zum damals höchstbezahlten Filmstar der Welt. Allein an diesem Erfolgsfilm verdiente er fast vierzehn Millionen Dollar – in den 70ern eine astronomische Summe. Etwa um dieselbe Zeit wollte McQueen dem

Ein Steve McQueen, wie ihn Kinobesucher nicht kennen: mit Indian-T-Shirt und Vollbart *Foto: Barbara McQueen Brunsvold*

»Plastik«-Lebensstil Hollywoods den Rücken kehren. Er wollte seinen Horizont erweitern und sein Leben vereinfachen. Seine Liebe zu motorisierten Fahrzeugen spielte bei dieser großen Flucht aus dem Rampenlicht von Hollywood eine wichtige Rolle. 1976 war McQueen 46 Jahre alt und entschlossen, die ihm verbleibende Lebenszeit seinem Hobby zu widmen: dem Sammeln und Restaurieren aller Arten von Motorrädern, Autos und schließlich auch noch Flugzeugen!

Um die gleiche Zeit wurde ein junges Fotomodell namens Barbara Minty eines der gesuchtesten und meistfotografierten Covergirls Amerikas. Barbara war auf einer Farm in Oregon aufgewachsen, aber schon als Teenager faßte sie den Entschluß, dem Landleben Lebewohl zu sagen; sie flog nach New York City und bekam einen Model-Vertrag bei der Ford Agency. Sie erschien auf den Titelseiten vieler Zeitschriften wie *Cosmopolitan* und *Vogue*, und *Sports Illustrated* zeigte sie oft als Bademodenmannequin.

1976, als sie in Idaho ein wenig ausspannte, bekam sie einen Anruf ihres Agenten. Ob sie wohl auf einen Sprung nach Los Angeles kommen könne, um dort über ein Filmpojekt zu sprechen? Steve McQueen sei daran interessiert, sie in einem seiner Filme als Indianerin einzusetzen.

»Ich war 24 Jahre, erfolgreich und verdiente gutes Geld«, erinnert sich Barbara. »Ich flog nach Los Angeles. Ich wußte nur, daß ich Steve McQueen, den berühmten Filmstar, treffen sollte. Aber der Mann, der mich dort empfing, war ziemlich klein und struppig. Er war nicht untersetzt, eher von recht kräftigem Körperbau. Ich hatte keine Ahnung, daß er in Wirklichkeit so aussah. Wahrscheinlich erwartete ich jemanden wie Paul Newman. Ich glaube, ich brachte nur zwei Worte über die Lippen, während er einfach dasaß, mich von oben bis unten musterte und dazu sein Bier mit Eiswürfeln trank. Dann war es vorbei, und ich ging wieder.«

Nach diesem Treffen sagte Barbara zu ihrem Agenten: »Dieser Mann hat etwas Besonderes an sich. Mein Gott, ich mag diesen Mann, sehr sogar, ich glaube, ich liebe ihn!«

Ihr Agent war verblüfft: »Wie kannst du ihn *lieben?* Du hast doch nur zwei Worte mit ihm gesprochen.«

Am nächsten Tag, als sie am Swimmingpool des Hotels lag, kam McQueen auf sie zu und stellte sich ihr noch einmal richtig vor.

»Darf ich Sie zu einem Bier einladen?«

Als die beiden dann miteinander plauderten, stand McQueen mitten in einem Satz plötzlich auf und ging davon. »Ist wohl doch nur so ein typischer Spinner aus Hollywood«, dachte Barbara, nahm ihr Buch und las weiter. Aber kurz darauf kam Steve zurück, nahm sie beim Arm, führte sie in die Sauna des Hotels und schloß die Tür. Dann überschüttete er sie mit einer Flut sehr persönlicher Fragen.

»Es waren alles sehr ernsthafte Fragen. Wie meine Ansichten und Gedanken über eine ganze Menge Dinge seien. Was für Wertvorstellungen ich hätte? Die Fragen, die er mir stellte, waren eher die Art von Fragen, die ein Vater einem jungen Mann stellt, der seine Tochter heiraten möchte.«

McQueen lud sie anschließend zum Abendessen in seinem Haus ein. Barbara sagte – wenn auch ein wenig zögernd – zu.

»Ich klingelte an der Haustür, er öffnete mir persönlich. Drinnen saßen zwei blonde Mädchen auf der Couch. Als ich – seine kleine Prinzessin – erschien, jagte er die Girls hinaus. Später machten wir zusammen in seinem Wagen eine Tour und kamen erst einen Tag später wieder zurück. Na ja, so hat damals alles angefangen ...«

Während der folgenden Monate trafen sich die beiden – er lebte in Los Angeles und sie in New York – alle zwei Wochen in Denver. Ihm machte die Wirkung von Bier in dem hochgelegenen Staat Colorado Spaß. Wenn sie sich in Idaho trafen, fuhr McQueen manchmal die ganze Strecke von Kalifornien mit dem Wagen dorthin, wobei er sich während der Fahrt mit »Vitamin C«-Pillen munter hielt. Dann fuhren die zwei weiter nach Montana, wo sie die herrliche Landschaft genossen und sich nach Ranch-Häusern umsahen. Barbara beschloß, New York City zu verlassen. Sie wollte nach Kaifornien umziehen, einfach um zu sehen, wie sich diese seltsame Beziehung entwickeln würde.

Jener Steve McQueen, in den sich Barbara verliebte, hatte eine bittere, schwere Kindheit und eine nicht minder harte Jugend hinter sich. Sein Vater arbeitete zeitweilig als Pilot und verließ die Familie, als Steve noch klein war. Seine Mutter konnte ihm keine Geborgenheit geben; sie schickte Steve in eine Anstalt für schwererziehbare Jungen, in die California Junior Boys Republic in Chino, wo man ihm die Registriernummer MCQ3188 gab. Auch seine weiteren Lebensdaten sind recht chaotisch. In einer Biographie McQueens heißt es, er habe mit 16 Jahren bei der Handelsmarine angeheuert, sei aber dann in Port Arthur, Texas, desertiert und habe dort in einem Bordell einen Job als Tellerwäscher angenommen. Danach soll er ein unstetes Leben als Holzfäller, Taxifahrer, Schustergehilfe und Boxer geführt haben. 1952, mit 22 Jahren, ging er zur US-Marineinfanterie – zum Marine Corps – und geriet dort sofort mit seinen Vorgesetzten aneinander. Als er nach einem Wochenendurlaub zwei Wochen lang nicht zurückkam, wurde er wegen unerlaubter Entfernung von der Truppe zu 41 Tagen Bunker verknackt. Aber letztlich leistete er seinen Wehrdienst ohne weitere Probleme ab und wurde 1954 aus dem Marine Corps ehrenhaft entlassen. Danach weckte eine Freundin Steves Interesse an der Schauspielerei. Nach zwei Jahren Ausbildung wurde er in das hochangesehene Actors Studio von New York aufgenommen, als einer von nur zwei Kandidaten aus zweitausend Bewerbern.

Vor seiner Karriere als Filmschauspieler wurde McQueen einer der ersten Fernsehsuperstars; er spielte den Kopfgeldjäger Josh Randall in der Erfolgsserie *Wanted: Dead or Alive.* Zu seinen bekanntesten Kinofilmen, in denen er die Hauptrolle spielte, gehören *Die glorreichen Sieben, Gesprengte Ketten, Bullitt, Thomas Crown ist nicht zu fassen, Papillon* und *Kanonenboot am Yangtse-Kiang,* für den er eine Oscar-Nominierung erhielt.

Steve McQueen wurde einer der ersten Hollywoodstars, die mehr als eine Million Dollar Gage für einen Film verlangen konnten. Als er Barbara Mitty begegnete, steckte er jedoch gerade in einer für sein weiteres Leben entscheidenden Krise. Er sehnte sich nach Ruhe und Ausgeglichenheit. Freilich hätte er zu diesem Zeitpunkt weiter Filme drehen und damit Millionen Dollar verdienen können, aber er hatte den Zeitdruck und die ewige Hast und Eile satt. Er sehnte sich nach einer zuverlässigen Lebensgefährtin und einem ganz normalen Privatleben zu Hause. Einfach nach all dem, was ihm in seiner Jugend gefehlt hatte. Steve und Barbara lebten ab 1976 zusammen, kurz nachdem er sie in der Sauna »verhört« hatte.

Auch seine äußere Erscheinung änderte McQueen in seinem neuen, entspannten und freieren Leben. Mit den langen, wuscheligen Locken, der Drahtgestell-Brille und dem struppigen Bart erkannte ihn kaum jemand auf der Straße. Kurz nachdem Barbara in seine Villa in Malibu eingezogen war, kam er eines Tages im Overall und mit einer alten Harley-Gepäcktasche nach Hause.

»Barbara«, sagte er, »heute werden wir uns ein Motorrad zusammenbauen.«

McQueens Garage war voll mit allen möglichen Motorrädern. Einer seiner größten Schätze stand mitten in seinem Wohnzimmer – das Red Bike, eine Indian Board Track Racer vom Anfang des 20. Jahrhunderts. Im Laufe der Jahre war dieses Motorrad geradezu zu einem Monument im Wohnzimmer all seiner Häuser geworden, in denen er je gelebt hatte.

Barbaras erste Motorradfahrt mit McQueen war auch ihr allererstes Erlebnis auf dem Rücksitz einer schnellen Maschine. McQueens Rat-Bike war, wie die meisten Rat-Bikes, eine schmutzige und schmierige Mischung aus allerlei Ersatzteilen und – der Persönlichkeit seines Fahrers. McQueens Motorrad war ursprünglich eine 48er Indian Chief, bevor das Gefährt zu seiner späteren Form »ge-

Steve McQueen auf einer seiner mit viel Mühe restaurierten Indian
Foto: Barbara McQueen Brunsvold

choppt« wurde. Während sich Barbara auf dem Rücksitz an ihn klammerte, sauste McQueen mit ihr die Kanan Dune Road hinab, bog in den San Diego Freeway ein und flitzte dann hinunter zum Pacific Coast Highway.

Vor der Rückfahrt nach Malibu stoppte McQueen am berühmten Rock House, um mit Barbara ein Bier zu trinken. »Mir liefen die Tränen in Strömen über die Wangen, so hatte ich weinen müssen«, erzählte Barbara später. »Ich wußte zwar, daß Steve ein guter Fahrer war, aber er schien mir doch recht leichtsinnig zu sein. Ich hatte Todesangst. Wenn ich heute daran zurückdenke, war es natürlich schon toll, mit Steve McQueen eine Motorradfahrt zu machen, aber damals konnte ich nur noch jammern: ›Hilf mir! Bring mich nach Hause, ich will dich nie wiedersehen!‹ Heute glaube ich, daß er einfach sehen wollte, wieviel ich aushalten konnte. Solche Sachen machte er gern, es war so seine Art.«

Auch nach dieser Angstpartie gingen die Überraschungen für Barbara weiter. Eines Tages kam er nach Hause und sagte leichthin: »Honey, ich habe gerade einen Hangar und ein Flugzeug gekauft.«

Santa Paula liegt etwa 15 Kilometer im Landesinneren von Ventura, ganz in der Nähe von dem Ort, wo McQueen und sein Freund, Sam »Mr. Indian« Pierce, ihre umfangreiche Sammlung antiker Indians, Harleys und Aces untergebracht hatten. Steve hatte die kleine Stadt »wiederentdeckt« und tatsächlich die Flugzeughalle auf dem kleinen Flugplatz von Santa Paula gekauft. »The Hangar« wurde das neue Zuhause von Steve und Barbara.

Steve McQueen auf einer uralten Harley vor dem Hangar, in dem Barbara und er zwei Jahre lang wohnten *Foto: Barbara McQueen Brunsvold*

»Wir wohnten fast zwei Jahre im Hangar, und es war prima«, erinnert sich Barbara. »Der Hangar wurde sein Club. Drinnen standen zwei Flugzeuge und an die 25 Motorräder. In der einen Ecke stand unser Ehebett, und in der anderen war die kleine Küche. Wo die Dusche war, weiß ich nicht mehr, aber wenn man aufs Klo wollte, mußte man mit Schlüsseln im Freien herumstolpern. Nach einer Weile installierten wir auch Licht im Hangar, denn immer, wenn ich nachts einmal aufstand, war es so finster, daß ich mir die Lenkstangengriffe der Motorräder in den Bauch rammte.«

Das Leben im Hangar mit McQueen verlief ungemein friedlich und angenehm. Der zum ölverschmierten Mechaniker verwandelte Hollywoodstar fühlte sich endlich in seinem Element. Und viele Freunde, die in der Nähe des Mini-Flugplatzes lebten, wurden Dauergäste im Hangar, wo McQueen in Socken und biertrinkend ein beliebter Gastgeber war. Wenn Barbara morgens noch im Bett lag und ihren ersten Kaffee trank, brauchte sie nur auf einen Knopf zu drücken, dann öffnete sich die ganze Vorderfront des Hangars, und vor ihren Augen erschienen die Start- und Landepisten der Flugzeuge vor dem Hintergrund der sonnenbeglänzten Berggipfel. Tag für Tag kamen Biker, Mechaniker und Piloten vorbei, um mit Steve ein Glas zu trinken, an der Werkbank zu arbeiten oder um einfach nur ein bißchen zu plaudern.

Steve und Barbara machten gemeinsam viele lange und ruhige Motorradtouren durch die Gegend. Gelegentlich fuhr Steve auch allein zu rauheren Fahrten ins Gelände. Als Biker hatte er sich bis dahin einen wesentlich ruhigeren Fahrstil zugelegt (ausgenommen freilich, wenn er wieder einmal auf seinem Rat-Bike losraste). Mit Barbara und ein paar alten Freunden besuchte Steve gerne alte Bike-Shows oder Motorradtauschbörsen, wo er nach Ersatzteilen für seine zahlreichen Restaurierungsprojekte

Ausschau hielt, an denen er mit »Mr. Indian« gemeinsam herumbastelte.

Alles in McQueens neuem Leben war entweder alt oder aus alten Teilen wieder zusammengeflickt – Motorräder, Autos, Möbel, Haushaltsgeräte und eine Menge alter Benzinpumpen und Meßgeräte. Die einzigen modernen Geräte, auf denen Barbara bestanden hatte, waren eine Waschmaschine und ein Wäschetrockner.

»Die Waschmaschine, der Trockner und ich waren die einzigen Dinge in Steves Leben, die jünger als 50 Jahre waren.«

Hollywood hatte McQueen zwar reich gemacht, aber seine armseligen Jahre in der Erziehungsanstalt prägten noch immer seine Einstellung zum Geld. Es gab einige Leute, die behaupteten, McQueen sei ausgesprochen geizig gewesen.

»Steve hatte eine Neigung zum sparsamem Leben«, erzählt Barbara. »Manchmal fuhren wir zum Einkaufen einfacher Baumwollkleidchen für mich zu einem dieser billigen K-Mart-Läden. Für Steve mußte Kleidung nicht teuer sein, solange die Sachen gewaschen und gebügelt waren und nett aussahen. Natürlich habe ich dann auf dem Heimweg geschmollt. Andererseits aber war er der Meinung, daß man immer die besten Schuhe haben mußte, die es zu kaufen gab. Zu diesem Zweck kauften wir schon mal in den teuersten Designerboutiquen italienische Luxusschuhe für 300 Dollar das Paar.«

Neben Baumwollkleidchen, T-Shirts, Jeans und teuren Schuhen war der Haushalt der McQueens auch mit jenen T-Shirts mit dem Aufdruck »FREE SONNY« reichlich bestückt. Steve hatte sechs oder sieben meiner »FREE SONNY BARGER«-T-Shirts im Haus, die Barbara in der Öffentlichkeit tragen sollte.

»Steve erklärte mir, Sonny Barger sei ein wichtiger Bike-Fahrer; er sitze zu Unrecht im Gefängnis und müsse freigelassen werden. ›Zieh das Hemd an!‹ bat er mich anschließend. Ich tat es und zog reichlich erstaunte und mißtrauische Blicke auf mich.«

In einem Artikel in *Sports Illustrated* kritisierte McQueen 1971 den Film *The Wild One* und behauptete, dieser Marlon-Brando-Film habe »Motorradrennen um 200 Jahre nach hinten geworfen.« Privat hatte er jedoch eine ganz andere Meinung über die Outlaw Biker, von denen ihn etliche auch gern im Hangar besuchten.

»Er sagte mir, daß ich, falls ich jemals mit einem Fahrzeug eine Panne oder sonstigen Ärger hätte und am Straßenrand stünde und ein Mitglied eines solchen Clubs vorbeikäme, ruhig dessen Hilfe in Anspruch nehmen solle. Ich könnte ihnen vertrauen. Es würde mir nichts Schlimmes passieren. Diese Leute würden mir bestimmt helfen. Er meinte sogar, wenn die Politiker im Lande genauso Ordnung hielten, wie die Clubs ihre Mitglieder behandelten, dann hätten wir alle viel mehr Freiheit. Ich glaube, er bewunderte die Ehrbegriffe der Clubs, und er betonte immer wieder, daß man sich bei diesen Bikern auf Abmachungen und geschäftliche Zusagen per Handschlag absolut verlassen könne.«

Steves Interesse an Motorrädern und Autos verlagerte sich bald fast ausschließlich auf Flugzeuge. McQueen wollte unbedingt Pilot werden wie sein Vater. Fliegen wurde zu seinem wichtigsten Hobby, und wie zuvor mit den Motorrädern schaffte er sich eine regelrechte Flotte von Flugzeugen an. Wenn er eine Maschine sah, die ihm gefiel, kaufte er sie sich sofort. Er verbrachte einige Stunden damit, auf dem Klo das Magazin *Trade-A-Plane* zu studieren, um seine Kollektion zu bereichern. Bei seiner Liebe zu Flugmaschinen zeigte sich auch wieder seine Neigung, Altes, Antikes und Ausrangiertes zu restaurieren. Zu diesen generalüberholten Maschinen gehörten

Steve McQueen und Red Wolverton, ein großer Motorradrennfahrer
Foto: Barbara McQueen Brunsvold

auch seine beiden Stearman PT-17 Doppeldecker und die absolute Rarität, das Pitcairn PA-8 Postflugzeug von 1931!

Trotzdem kehrte McQueen 1978 noch einmal ins Filmgeschäft zurück, als er in dem in Tucson, Arizona, gedrehten Western *Ich, Tom Horn* die Hauptrolle übernahm. Steve war zwar ein geübter Reiter, aber er konnte Pferde nicht ausstehen. »Wenn ein Pferd es je lernt, mir einen Martini auszugeben«, sagte er einmal in einem Interview mit dem *TV Guide,* »dann werde ich lernen, Pferde zu mögen.« Er nahm seinen Hund mit zu den Dreharbeiten, ein Tier, das von allen Crew-Mitgliedern zutiefst gehaßt wurde. (Irgendwann verschwand dieser Hund dann auch auf mysteriöse Weise.) McQueen, der früher den Ruf eines notorischen Schürzenjägers hatte, war seiner Barbara absolut treu, und die beiden trennten sich nur selten für kurze Zeit. Bei den Dreharbeiten in Tucson verschmähte das Paar das Apartment in einem Luxushotel, das ihnen zur Verfügung gestanden hätte, und zog es vor, in einem Wohnmobil zu leben, das in der Nähe des Filmsets jenseits eines Hügels stand. Und jede Nacht fuhren die beiden unter dem Sternenhimmel von Arizona Motorrad, tranken ihr Bier, machten Schießübungen und spielten mit den Coyoten.

Im folgenden Jahr drehte McQueen seinen letzten Film *Jeder Kopf hat seinen Preis*, der 1980 herauskam und die Geschichte eines modernen Kopfgeldjägers erzählt. Während der Dreharbeiten an diesem Streifen zeigten sich die ersten Anzeichen von McQueens Krankheit. Nachdem der Film abgedreht war, erkrankte er nach der Rückkehr nach Santa Paula ernsthaft. Sein nächster Film, der in Taipeh gedreht werden wollte, wurde daraufhin sofort abgeblasen.

Anfang des Jahre 1980 heirateten Steve und Barbara. Sie zogen aus dem Hangar in ein renoviertes und neu eingerichtetes Haus in Santa Paula, wo auch die Trauung im kleinsten Familienkreis gefeiert wurde. Wochenlang umschlichen Reporter und Paparazzi der Boulevardpresse die Villa des Paares. McQueen postierte schließlich einen mit einer Schrotflinte bewaffneten Angestellten vor der Tür, um die ungebetenen Gäste fernzuhalten.

»Er litt unter Nachtschweiß und konnte tagelang nicht schlafen«, berichtet Barbara. »Irgend etwas stimmte nicht mit ihm. Schießlich ging er zu einem Arzt in Santa Paula. Der flippte bei der ersten Untersuchung fast aus und schickte ihn sofort nach Beverly Hills zu weiteren Tests. Dort stellte sich bei der Untersuchung seiner Lunge heraus, daß Steve Krebs hatte.«

Die genaue Diagnose ergab, daß McQueen an einem Mesotheliom litt, einem tödlichen Lungenkrebs, der gemeinhin durch Asbest-Einwirkung entsteht. Schon im

Steve mit seiner schönen Frau Barbara auf dem Rücksitz
Foto: Barbara McQueen Brunsvold

Marine Corps war er mit Asbest in Berührung gekommen, ebenso durch die Bremsbeläge seiner Rennwagen und die Innenauspolsterung der Rennfahrerhelme. Trotzdem ist nach Barbaras Einschätzung nicht unbedingt erwiesen, daß Steves Krebstod allein durch Asbest-Einwirkung verursacht worden ist.

Sicher war nur noch eines: Steve McQueens Tage waren gezählt. Nach einigen Wochen in Mexiko, wo er sich einer experimentellen Krebstherapie unterzog, kehrte McQueen nach Santa Paula und zu Barbara zurück. Kurz danach begannen seine Nieren zu versagen. Am 7. November 1980 starb Terrence Steve McQueen in Juarez. Er war nur 50 Jahre alt geworden.

Als bislang Überlebender einer Krebserkrankung kann ich nur sagen, daß Steve McQueen das Musterbeispiel eines wahren Mannes ist und einer der ersten Schauspieler war, die das Motorradfahren ernst nahmen.

Eine der tollsten Szenen aus den Filmen mit McQueen ist der berühmt gewordene Motorradsprung in dem Streifen *Gesprengte Ketten* von 1963, der Geschichte einer Flucht aus einem deutschen Kriegsgefangenenlager. Zwar vertrat Stuntman Bud Edkins den Filmstar bei dem gewagten Sprung während der Dreharbeiten, aber McQueen vollbrachte – freilich ohne Kameras – denselben Sprung, einfach um zu zeigen, daß er es genauso gut konnte wie Bud Edkins.

Nach seinem Tod verstreuten sich der Besitz und der Reichtum McQueens in alle Winde. Mehr als 210 Motorräder, 55 Automobile und fünf Flugzeuge wurden versteigert. Im Jahr 2001 wurden für McQueens historisches Postflugzeug Pitcairn PA-8 bei einer Versteigerung in Chicago 294 000 Dollar bezahlt. Dasselbe Rat-Bike, auf dem sich Barbara einst auf der Interstate 405 zu Tode geängstigt hatte, steht heute in einem Spielkasino in Laughlin, Nevada.

»Ich brach in Tränen aus, als ich es dort sah«, erzählt Barbara. »Es sah noch genauso aus, wie er es in die Garage gestellt hatte. Sogar sein Schlafsack war noch hinten festgeschnallt.«

Steve McQueen hat der Welt das Legat hinterlassen, daß auch ein hochbezahlter Filmstar ein ganz normaler Mann sein kann. Er trug sein geliebtes kariertes Flanellhemd, das er sogar einmal in einem seiner Filme getragen hatte, so lange, bis es ihm fast vom Leibe fiel. Seine Haare und sein Bart wuchsen so schnell und wild wie Unkraut.

Und seine Lieblingsbeschäftigung bestand darin, mit den anderen Jungs abzuhängen, Bier zu trinken und über Motorräder zu sprechen.

»Mit Steve zusammen zu leben und zu fahren war das Tollste und Schönste, was es geben konnte«, sagt Barbara über die vier Jahre, die sie mit Steve McQueen verbracht hat. »Und ich habe in ihm den Menschen geliebt, nicht den Schauspieler.«

R.I.P. MCQ 3188. Rest in Peace, Ruhe in Frieden, MCQ3188.

Moto Guzzi Ron auf seiner einsamen Fahrt zum Nordpol

Weil ich Mitglied meines Motorradclubs bin, ist Kanada für mich verbotenes Gebiet, dorthin darf ich nicht fahren. Die wenigen Male, an denen ich meine kanadischen Bike-Brüder zu sehen bekomme, sind unsere World Runs. Natürlich habe ich nicht das geringste gegen Kanadier; es sind lediglich die kanadischen Bullen, die ich nicht ausstehen kann. Und das beruht offenbar auf Gegenseitigkeit. Aber genau wie die USA hat Kanada von Küste zu Küste alles, was das Herz begehrt: Riesenstädte, endlose Prärien, grüne Berge und Hügel, Inseln und Häfen und – fast menschenleeres und weites Land bis hinauf zum Nordkap. Und diese Region Kanadas wird nur von den Zähesten und Überlebensfähigsten bewohnt.

Moto Guzzi Ron ist ein begeisterter Motorradfan aus Portland, Oregon, der bei seinen Fahrten selbst größte Entfernungen nicht scheut. Im normalen Leben ist Ron Computerfachmann und Softwarespezialist, aber er ist beileibe keiner jener durchschnittlichen RUBs (Rich Urban Biker = Reicher Stadtbiker) von Portland. Ganz im Gegenteil. Er gehört zu einer Gruppe ausdauernder Motorradfahrer, die sich »Iron Butt Association« (Eisen-Hintern-Verein) nennen. Um zur IBA gehören zu dürfen, muß ein Fahrer zunächst den Test »Saddlesore 1600 Run« bestehen. Dafür braucht man zwei Zeugen, einen beim Start und einen am Ziel, zur Bestätigung der Fahrt plus eidesstattlich bekräftigte Benzinquittungen nach jeweils

500 Kilometern, um zu beweisen, daß man die 1600 Kilometer in 24 Stunden bewältigt hat. Moto Guzzi Ron gehört in dieser Gruppe zur Kategorie der einsamen Fahrer. Ron, der sich selbst einen motorisierten Anarchisten nennt, mag Solo-Fahrten sehr viel lieber als Runs mit einer Gruppe, bei denen man sich immer nach dem langsamsten Biker zu richten hat.

Gelegentlich nimmt Ron auch seine Old Lady mit, aber sie mag nicht länger als sechs bis sieben Stunden mitfahren. Darum läßt sie ihm wie jede vernünftige Frau den Freiraum, den er braucht. Und dann rauscht er davon. Meistens vier Tage lang mit jeweils 14 bis 16 Stunden pro Tag im Sattel auf dem Highway.

Moto Guzzi Ron fährt seit seinem zwölften Lebensjahr Motorrad. Seinen Namen hat er bekommen, weil er eine Vorliebe für italienische Spezialrennmaschinen der Marke Guzzi hat, die seit 80 Jahren in demselben kleinen Ort in Italien gebaut werden. Ron hatte auch britische Bikes – Triumphs und Nortons – ausprobiert und sich an Harleys versucht. Aber Harleys langweilten ihn, und japanische Motorräder fand er zu perfekt, außerdem besaßen sie nicht das Drehmoment und die Persönlichkeit, die er sich von einem Bike wünscht. Hondas fuhren nicht gerade die nettesten Leute, und BMWs hatten ebenfalls nicht genügend Wucht und Elan. Eine einzige Testfahrt auf einem Italo-Bike hat ihn überzeugt; seitdem fährt er nur noch Guzzis.

Für normale, kürzere Fahrten benutzt er eine Guzzi California EV, die (wie er steif und fest behauptet) die meisten anderen Sportmaschinen wie lahme Enten erscheinen läßt – besonders nachdem er in den Auspuff ein H-Rohr eingebaut und die PS-Leistung der Maschine von 74 auf 91 frisiert hat. Für längere Fahrten bevorzugt Ron eine schmalschlanke, schwarze Guzzi vom Typ Quota 1100. Sie ist eine Kombination aus Rennmaschine und

Tourenbike, mit der man selbst bei hoher Geschwindigkeit querfeldein, bergauf und auf sehr steinigem, unebenem Boden im Gelände fahren kann. Die Firma Guzzi testete eine Quota 1100 bei einer Rennfahrt durch die glühend heiße Sahara auf einer Strecke von 14 000 Kilometern. Das Motorrad war für eine so lange und schwere Beanspruchung geeignet und kam mit fliegenden Fahnen am Ziel an.

Zu den tollsten und wildesten Geschichten von Moto Guzzi Ron gehört seine Fahrt zum Nordpol im Sommer 2000. Ron wollte mit seiner Guzzi Quota unter dem Nordlicht zum berühmt-berüchtigten Yukon Territory und zum Arctic Klondike brausen und dabei Orte wie Whitehorse, Tuktoyaktuk und Dawson ansteuern. Er war sich darüber klar, daß die Straßen verheerend sein würden, zumal noch nie ein Biker versucht hatte, auch nur in die Nähe des Nordpols zu fahren.

Es war Ende Juni, und Ron plante, von Portland bis nach Anchorage ordentlich aufzudrehen und schnell anzukommen und dann nach Osten über Tok zur kanadischen Grenze zu fahren. Den von der Royal Canadian Mounted Police kontrollierten Yukon wollte er in Richtung Dawson durchqueren. Danach sollte es auf der Fahrt zum Nordpol weiter bis nach Inuvik gehen, einem abgelegenen Vorposten in den Northern Territories.

Das sollte eine ausgedehnte Sommerfahrt werden. Ron packte seine Sachen unter dem grauen, bedeckten Himmel von Oregon zur Abfahrt zum Yukon Territory, wo die Sonne im Sommer niemals untergeht. Mit seiner Maschine war die Fahrt von Portland über Seattle nach Vancouver fast ein Katzensprung. Mühelos durchquerte Ron British Columbia und Alaska, aber dann begann seine Pionier-Reise. Für einen Solo-Biker kann das Fahren im Yukon geradezu desolat sein. Lange Stunden fuhr Ron, ohne auch nur einem einzigen Menschen zu begegnen. Auf dem Robert Campbell Highway fuhr er fast 900 Kilometer, bevor er ein menschliches Wesen erspähte. Die Idealgeschwindigkeit auf seiner Quota pendelte sich auf 150 Stundenkilometer ein. Und jetzt gab es für ihn kein Zurück mehr, sein Ziel war, die Northern Territories soweit es ging zu durchfahren und dann in Richtung Nordpol weiterzudüsen – auf Biegen und Brechen.

Wenn man so mutterseelenallein auf einem Highway dahinbraust, schärfen sich die menschlichen Sinne. Anfangs kommt es zum inneren Dialog; man spricht mit sich selbst. Aber nach einer Weile reduziert sich diese Aktivität auf einen reinen Gehirnvorgang; das Selbstgespräch endet. Jene kleine Stimme, die da im Kopf plappert und faselt, verschwindet langsam im Schweigen. Viele Biker gelangen so zu einer freien Form der Meditation, nur daß man dabei alle Dinge viel intensiver wahrnimmt. Weit weg von zu Hause und allem Alltäglichen muß der Fahrer für alle Eventualitäten bereit und gewappnet sein.

Diesen Test mußte auch Ron absolvieren, als er den Highway 8 im Northern Yukon hinauffuhr und auf die gefährlichste Straßenstrecke ganz Nordamerikas gelangte. Auf den ersten Blick ist der Dempster Highway ganz friedlich. Als Ron aber zur Einfahrt zum Dempster kam, begrüßte ihn ein großes Schild mit der ominösen Aufschrift: »Warnung. Keine Nothilfsdienste auf dieser Strecke. Fahren Sie vorsichtig.« Und, Mann, das war kein Witz! Der Dempster ist eine 734 Kilometer lange kerzengerade Route, und seine Fahrbahn besteht eigentlich nur aus einer Anhäufung von zerstampftem Schiefergestein. Nun aber ist Schiefer eine Gesteinsart mit rasiermesserscharfen Kanten, und wenn man langsam darüberfährt und der Schieferbelag unter den Reifen knirscht und mahlt, werden ständig kleine Fetzen Gummi aus den Pneus geschnitten. Unter solchen Bedingungen halten Reifen nicht länger als maximal 300 Kilometer.

Moto Guzzi Ron mit zusätzlichen Tanks und Reifen für seine gefährliche Fahrt auf dem Dempster Highway *Foto: Ron Braithwaite*

Der Dempster führt auf seinem Weg nach Inuvik durch flaches Gelände, das im Westen an das Delta des Mackenzie-Flusses grenzt. Östlich dieses Highways liegen ausgedehnte grüne Wälder mit etlichen Seen in himmelblauer Farbe, der größte von ihnen ist der Campbell-See, unmittelbar südlich von Inuvik. Der Highway wurde auf steinhartem Permafrost (eine ständig gefrorene Bodenfläche) angelegt, worauf eine drei Meter dicke Schicht Schiefer-Split gehäuft. Er ist ziemlich eintönig für die wenigen Benutzer; außerdem fallen seine Seitenstreifen stark ab, wodurch die Straße so schmal wird, daß zwei Fahrzeuge nur schwer aneinander vorbeikommen.

Ron hielt es für das Beste, den Dempster mit etwa 130 Stundenkilometern und genau in der Mitte zu befahren, so daß seine Guzzi Quota ähnlich darüber hinweghuschte wie ein Rennboot mit wenig Wasserkontakt über das Wasser »schwebt.« Auf dem ersten Abschnitt des

Dempster begegnete Ron nach etwa 120 Kilometern einer Gruppe von BMW-Sportwagenfahrern. Sie hatten schon wieder gewendet und die Rückfahrt begonnen; diese Straße war einfach zuviel für sie. Nach rund 300 Kilometern kam Ron an einem Camper vorbei, dessen Pickup bereits den dritten Platten hatte. Der Ärmste steckte wirklich in einem schlimmen Dilemma; er würde wohl tagelang auf Hilfe warten müssen.

Nach weiteren 300 Kilometern traf er auf ein Wohnmobil am Straßenrand. Ein Mann und seine Tochter standen weinend dabei und berichteten Ron, daß ein Abschleppfahrzeug gekommen sei, der Fahrer aber allein 1500 Dollar dafür haben wolle, den Camper an die Schleppkette zu nehmen. Zusätzlich verlangte er pro Kilometer Schleppstrecke 20 Dollar. Nun ist aber der Dempster Highway Teil eines arktischen Naturschutzgebietes, in dem es streng verboten ist, ein Pannenfahrzeug stehenzulassen. Die kanadische Regierung setzt in diesem Gebiet eigens Hubschauber ein, die solche Fahrzeuge aufspüren und sie durch die Luft abtransportieren. Wer dann seinen Wagen zurückhaben will, muß ein kleines Vermögen an den Staat blechen. Der reinste Straßenraub. Ron hatte etwa 600 Dollar bei sich und nicht die geringste Absicht, seine Fahrt durch Yukon auf dem Beifahrersitz irgendeines geldgierigen Abschleppfahrers zu beenden. Für ihn waren all diese beängstigenden Erlebnisse auf dem Dempster nur ein Grund mehr, diesen bedrohlichen Highway noch schneller und verbissener hinter sich zu bringen.

Moto Guzzi Ron schaffte den Dempster an einem einzigen Tag. Am Ende des Highways am Stadtrand von Inuvik erhoben die Ortsansässigen ihre Biergläser und prosteten ihm zu. Er war der erste Motorradfahrer, den sie seit einem Jahr gesehen hatten. Die Szenerie dort war noch erstaunlicher, als Ron sie sich vorgestellt hatte. Das

Wetter war nicht schlecht: etwa 26 Grad Celsius, kein Regen oder gar Schnee. Zu seiner Linken galoppierte eine Riesenherde von 25 000 Karibus; zur Rechten trotteten Bären und Elche friedlich nebeneinander her. Und am Himmel über ihm zogen Adler mit Spannweiten von drei Metern ihre Kreise. Seine Solo-Fahrt war tatsächlich ein spektakuläres Abenteuer geworden.

Als Ron in Tuktoyaktuk kampierte, sah er Indianer, die neben den Waldpfaden seltsame Steinhaufen aufschichteten. Es sah aus wie eine Szene in *The Blair Witch Project*. Im übrigen ging die Sonne in Tuktoyaktuk niemals unter; 24 Stunden Tageslicht konnten schon ein eigentümliches Empfinden von Zeitlosigkeit auslösen.

Hinter Tuktoyaktuk, in den nördlichsten Gefilden der Northern Territories, stellte Ron seine Maschine ab und ließ sich von einem einmotorigen Kleinflugzeug über das Polargebiet mit dem ewigen Eis fliegen. Als er aus dem Flugzeug auf die schier endlosen Flächen dauergefrorenen Meeres hinabsah, entdeckte er zu seiner Verwunderung, daß Inidaner dort unten sogar eine Art Straße durch die Eiswüste angelegt hatten. Diese Tiefkühl-Tundra sah zwar von oben recht verlockend und friedlich aus, war aber für jemanden auf zwei Rädern mit Sicherheit eine üble Rutschpartie.

Jetzt konnte Ron seiner Familie und seinen Freunden berichten, daß er es wirklich bis zum Nordpol geschafft hatte!

Auf seiner Rückfahrt auf dem Dempster kam ihm ein riesiger, mit Baumstämmen beladener Lastzug entgegen. Seit Stunden hatte Ron keine Menschen gesehen. Als der Sattelschlepper an ihm vorüberdonnerte und der Fahrer sein Horn aufbrüllen ließ, hüllte er Ron in eine riesige, wirbelnde Staubwolke. Ron trat auf die Bremse und verlangsamte seine Fahrt, während der Truck davonbrauste.

Es herrschte absolute Windstille, und der Staub wollte einfach nicht zu Boden sinken. Ron fuhr langsamer und blieb fast stehen, denn er merkte, daß er kaum noch etwas sehen konnte. Noch nie war er bei einer seiner Fahrten in einer so seltsamen Lage gewesen. Er konnte nur noch das Knirschen des Schiefersplits unter seinen Reifen hören und spüren. Ron hielt an und starrte in den Staubnebel. Es dauerte noch etliche Minuten, bis sich der Staub endlich verzog. Und als er wieder etwas sehen konnte, bemerkte er, daß er mit seiner Maschine nur etwa einen Meter von einem 60 Meter tiefen Abhang entfernt stand. Erst jetzt sah er, daß die Straße eine Biegung nach links machte, und er in einem zu weiten Bogen nach rechts gefahren war. Hätte er nicht angehalten, hätte die abenteuerliche Reise von Moto Guzzi Ron hier tödlich geendet. Er wäre mit seiner Maschine über den Abhang hinausgeflogen, es hätte »*Arrivederci,* Baby« geheißen, und er und seine Guzzi wären spurlos verschwunden gewesen.

Während der Nächte durchstreifen Grizzlys die kanadische Wildnis nach Futter. Um die Bären von seinen Lagerplätzen fernzuhalten, ernährte sich Ron nur von tiefgekühlter Trockennahrung, die keinen Geruch ausströmt, der Bären anlocken könnte. Als er einmal neben dem Yukon-Fluß kampierte, entdeckte er am nächsten Morgen nur knapp zwei Meter neben seinem Zelt einen Riesenhaufen Bärenscheiße.

Ron erreichte Fort Nelson im nördlichsten Gebiet von British Columbia, einer ländlichen Gegend, in der es aber eine Stadt mit einer Harley-Niederlassung gab. Nun erst hatte Ron das Gefühl, in die menschliche Zivilisation zurückgekehrt zu sein. Nachts um 23:30 Uhr tankte er an einer Sebstbedienungstankstelle in Fort Nelson auf; es war der 4. Juli. Da tauchte plötzlich ein anderer Biker auf einer Harley neben ihm auf. Ron bewunderte die Harley des anderen, und ihr Fahrer hatte noch nie in seinem Leben eine Guzzi gesehen. Die beiden kamen ins Gespräch, und der Harley-Fahrer fragte Ron, wo er in der kommenden Nacht kampieren wollte. Ron erklärte, daß er das 24stündige Tageslicht nutzen wolle, ein paar Stunden weiterfahren und dann irgendwo neben dem Highway übernachten. Daraufhin wurde der Harley-Typ sehr ernst.

»Du weißt hoffentlich, daß dies hier ein gefährliches Bärengebiet ist...«

»Na ja, ich bin ja immerhin schon seit zwei Wochen hier draußen«, antwortete Ron.

»Nee, nee, Mann«, widersprach der andere. »Ich erzähl dir hier keine Märchen. Du wirst kaum glauben, was mir und meinen Freunden erst vor ein paar Tagen passiert ist.«

Und dann erzählte er Ron eine der haarsträubendsten Motorradgeschichten, die Ron je gehört hatte.

Der Biker und seine vier Kumpel waren mit ihren Freundinnen auf dem Rücksitz durch den Yukon gefahren. Als sie auf dem Alaska Highway etwa 70 Kilometer nördlich von Fort Nelson waren, stürzte ein riesiger Grizzly auf der Jagd nach einem Reh aus dem Unterholz hervor. Das Reh machte einen verzweifelten, zehn Meter weiten Sprung über das Gebüsch, um dem Bären zu entkommen. Es landete auf dem Highway und stieß dabei eine der Frauen vom Rücksitz des Motorrads. Ihr Freund und Fahrer schaffte es gerade noch, nicht auch noch mitsamt seinem Bike auf die Straße zu fliegen.

Aber die Frau lag bewußtlos neben dem blutenden, bewegungsunfähigen Reh auf der Straße.

Und der Grizzly kam beutelüstern aus dem Gebüsch, er war fast vier Meter groß und hatte 20 Zentimeter lange, scharfe Krallen. Er stieß ein fürchterlich röhrendes Brummen aus. Kein Zweifel: Jetzt würde er sich seine Beute schnappen. Der Grizzly ließ sich auf alle viere nieder, packte sowohl das Reh als auch die Frau und zerrte beide mit sich ins Gebüsch.

Die Biker hatten keine Schußwaffen bei sich. Aber selbst eine Kugel aus einer 44er Magnum hätte den Bären höchstens ein wenig geärgert. Da kam den Bikern eine Idee: Sie stellten sich mit ihren schweren Maschinen im Halbkreis um die Stelle, wo der Bär verschwunden war, und ließen die Motoren ihrer kaum schallgedämpften Harleys auf Vollgas dröhnen und donnern, bis der Bär das Reh und die Frau losließ und sich in die Büsche zurückzog.

Womit bewiesen wäre: Lauter Auspuff rettet Leben!

Ron sah das Gesicht des Harley-Fahrers, wie es sich beim Erzählen und in der Erinnerung an den Schrecken vor Angst verzog, und er nahm an, daß der Mann entweder verrückt war oder die Geschichte tatsächlich stimmte.

Als Ron nach Seattle kam, rief er seine Old Lady an. Meine Güte, hatte er nun Geschichten zu erzählen! Bei der Fahrt durch den Staat Washington geriet er in ein schweres Sommergewitter. Er fuhr zu einem Truck Stop, um dem Unwetter zu entgehen. Aber weil er ja ein Biker und kein Trucker war, wollte ihm das Arschloch, dem das Motel gehörte, kein Zimmer für die Nacht geben. Also fuhr Ron trotz des Wetters zurück auf den Highway und kämpfte sich durch die wolkenbruchartigen Güsse weiter, immer hinter einem Sattelschlepper her, wobei er gerade mal die Hecklichter des Trucks sehen konnte, um sich zu orientieren. Von der Staatsgrenze Oregons an konnte er dann ohne weitere Zwischenfälle nach Hause fahren.

Als er in die Straße seines Hauses einbog, ließ er den Motor so laut aufheulen, daß der Auspufflärm die ganze Umgebung weckte. Aber als Eroberer des Great Northwest, des Yukon Territory und des Nordpols fühlte er sich wie der König aller Biker. Nach seinen Abenteuern bei der Erforschung des höchsten Nordens des Klondike unter dem Nordlicht war er doch froh, wieder zu Hause zu sein. Er war zwar dem »Ruf der Wildnis« gefolgt, doch Johnny Cash hatte wohl recht mit seiner Behauptung, daß der beste Teil der Reise manchmal die letzte Meile der Rückkehr sei. Und Moto Guzzi Ron war wieder daheim, wenigstens bis zum nächsten Mal.

Bay Bridge zollfrei

Eines Tages waren ein paar Clubmitglieder und ich drüben in Frisco und hatten viel Spaß in einer Bar, als irgendein pampiger Klugscheißer unseren Kumpel Teddy The Wanderer beleidigte. Ted haute den Typ mit einem Schlag um. Aber offenbar hatte dieser Idiot einen Haufen Freunde, denn als Ted ihn flachlegte, brach in der Bar ein Tumult aus.

Na prima! Jetzt war die Kacke also am Dampfen.

Es wurde ein richtig guter Kampf. Wir waren 15 und die anderen so etwa 25. Wir schlugen sie rechts und links zusammen und schmissen sie dann gleich – Western Style! – aus der Tür raus. Die Verprügelten rannten nun die Straße hinab und hinauf, um Verstärkung zu mobilisieren, wodurch die Prügelei nur noch schöner wurde. Nun hatten wir frische Opfer. Gerade als die anderen so langsam merkten, daß für sie hier kein Blumentopf zu holen war, sah Cincinnati den Barkeeper aufgeregt am Telefon hecheln. Sofort schoß er auf den Mann zu und riß die Leitung aus der Wand.

»Sie haben die Bullen gerufen, Boys! Nichts wie weg!«

Wir rannten auf den Bürgersteig hinaus und traten auf die Kickstarter unserer Bikes. Wir müssen ausgesehen haben wie eine Reihe Motorkolben: allesamt auf und nieder, auf und nieder! Jemand tippte mir auf die rechte Schulter, und ich sah Johnny Satan, der versuchte, vom Rinnstein loszukommen. Er hatte eine schnuckelige, kleine Frisco-Jungfrau auf seinem Rücksitz, außerdem war er stark angetrunken, und das Mädchen behinderte seinen Start allein durch ihre Gegenwart.

Einer von uns sprang von seinem Bike, griff sich ein Billardqueue von einem Zuschauer am Straßenrand und knallte der Tussi eins aufs Ohr. Einfach nur, um ihr klarzumachen, daß sie im Wege war, versteht sich. In diesem Moment ließ Johnny den Kupplungsgriff schnappen, die Maschine schoß davon, und die Spielmaus, die sich nach dem Schläger umgesehen hatte, schwebte zwei Sekunden lang frei in der Luft.

Damals gab es noch nicht viele Reifen, die für Harleys geeignet waren. Es gab den Avon, den Goodyear Double Eagle (absolut wertlos) und als besten von allen den Beck K-555. Johnny fuhr jene Becks, denn ein Eagle-Reifen hätte in so einer Situation einfach nur durchgedreht und die Maschine seitwärts geschleudert. Man mußte eben warten, bis der Reifen griff, bevor man vorankam. Aber nichts von alledem: Die Becks von Johnny waren Traction-Reifen, viel zu griffig in dieser Situation. Und als er die Kupplung schnappen ließ, bäumte sich das Vorderrad himmelwärts auf.

Johnny schoß mit seiner Maschine quer über die Straße und rammte gleich zwei geparkte Autos. Sein putziges Sweetheart hatte inzwischen einen eleganten Salto rückwärts geschlagen und war perfekt auf der Schnauze gelandet. Wäre es ein Turnwettkampf gewesen, hätten all unsere Boys 'ne »10« hochgehalten.

Dann donnerten wir vom Tatort davon, überzeugt, daß alle den Start geschafft hatten und unsere Kolonne komplett war. Als wir auf den Highway 101 flitzten, der zur Bay Bridge und nach Oakland führt, sahen wir nur noch rote und blaue Lichter vor uns blitzen und flackern und hörten die Sirenen jaulen: Die Bullen rasten uns entgegen, hinein nach San Francisco! Wir schafften es, über die Brücke zu kommen, aber an den Maut-Durchlässen auf der Oakland-Seite wartete schon die andere Hälfte der Californian Highway Police auf uns. (Das war noch zu der Zeit, als man für beide Richtungen Brückenzoll blechen mußte.)

Jetzt saßen wir wohl in der Falle: Wir stoppten, um den Zoll zu zahlen, aber die Bullen standen bloß um uns herum und wußten nicht, was sie mit uns anfangen sollten. Als wir alle noch am Brückenrand darauf warteten, wie es nun weitergehen würde, hörten wir das Röhren der Motoren zweier heranrasender Bikes. Erst da wurde uns klar, daß Big Dexter und Pee Wee nicht mit uns gekommen waren. Die beiden versuchten, uns einzuholen. Aber jetzt schlossen die Bullen die Schranken an den Mauthäuschen, doch Dex und Pee Wee verringerten ihr Tempo nicht ein bißchen! Jeder der beiden suchte sich eine Stelle aus und – brrruuuch! Kleine Stücke der Holzbarrikaden wirbelten durch die Luft. Die Bullen unternahmen noch nicht einmal den Versuch, den beiden nachzurasen, um sie einzuholen.

Witzig! Wir hatten immer geglaubt, diese Sperren seien aus reinem Stahl, und nun stellte sich heraus, daß sie aus dünnem Holz waren! Wenn man richtig auf diese Sperren losjagte, bei Vollgas das Vorderrad hochsteigen ließ, dann traf man die Gitter genau in der Mitte. Big Dexter und Pee Wee sei Dank! Sie hatten uns gezeigt, wie man Geld sparen konnte, und danach geschah es in manch später Nacht, daß wir die Maut nicht bezahlten, sondern ihre Sperren zu Kleinholz machten!

Nan und ihr Schrotthaufen

Motorradfahren in New Hampshire oder in Vermont ist wie der Unterschied zwischen Jekyll und Hyde oder Himmel und Hölle. Der motorradfreundlichere Staat ist New Hampshire. Dort findet die alljährliche Bike-Rallye von Laconia statt, und dort gibt es keine Sturzhelm-Vorschriften. Wenn man hingegen im Staate Vermont ohne Helm erwischt wird, dann zögern die Bullen nicht eine Sekunde, einem einen 117-Dollar-Strafzettel um die Ohren zu hauen. Selbst wenn man gerade erst auf der Brücke über den Connecticut River ist, der die Grenze zwischen New Hampshire und Vermont bildet.

Als Hippy Nan ihren Motorradführerschein in New Hampshire machte, schwor sie Stein und Bein, niemals ein anderes Bike zu fahren als eine Harley! Als Nan sechs Jahre alt war, hatte ihre Mutter einen tollen Freund, einen eingeschworenen Biker. Mamas Romeo trug eine alte Kapitänsmütze und fuhr eine Panhead FL mit riesigen ledernen Satteltaschen, an denen Fransen baumelten und Silberschnallen blitzten. Little Nan drehte bei dem Gedonner des Bikemotors vor Freude durch, und als sie heranwuchs, glich ihre Vorliebe für Harleys genau ihrem Geschmack, was Jungs anging.

»Ich war die Sorte Mädchen, die in der Schule fast nur Einser bekam, aber mir gefielen immer nur die schlimmsten Jungen, die man sich denken konnte.«

Ihre erste Harley war eine kohlschwarze 86er Sportster 883. Es war wirklich ein Wunder, daß die Bank ihr den Kredit für den Kauf gewährte. Der Bankangestellte in der Kreditabteilung sah Nan mißbilligend an. Warum kaufte sie sich denn nicht etwas Nützliches wie einen Caravan? An dem Tag, als sie das neue Motorrad nach Hause fahren durfte, schaffte sie es kaum, aus dem Showroom des Verkäufers ins Freie zu kommen. Ihre ersten Kilometer auf dem heißen Ofen waren eine recht wackelige Angelegenheit, aber nachdem sie 2000 Kilometer auf dem Tacho hatte, war ihr Selbstvertrauen enorm gewachsen. Im ersten Sommer mit der neuen Maschine goß es an den meisten Wochenenden in Strömen, aber Nan fuhr eisern weiter – der Regen störte sie nicht. In wenigen Monaten hatte Nan bei Ausflügen in die White Mountains von New Hampshire bereits 16 000 Kilometer abgerissen.

Bald nachdem Nan Bike-Fan gewoden war, trennte sie sich von ihrem Old Man und siedelte nach Kalifornien über. Ihr Ex sollte einstweilen das Motorrad behalten und die Raten pünktlich an die Bank zahlen. Als Nan aber nach ein paar Monaten wieder nach New Hamphire zurückkehrte, hatte sie sofort die Bank am Hals wegen 1200 Dollar ausstehender Ratenzahlungen plus Verzugszinsen. Sie fand schnell einen Job in der technischen Abteilung einer Fabrik, wo sie während der Nachtschicht an der Drehbank schuftete. Ihre Nahrung bestand damals nur aus billiger Dosenwurst und Muffins. Aber immerhin war sie innerhalb kurzer Zeit ihre Schulden los und hatte außerdem so viel zusammengespart, daß sie sich eine uralte Triumph kaufen konnte. Trotzdem schuftete sie weiter, um sich eines Tages wieder ein Bike ihrer Träume leisten zu können.

Eines Tages passierte es. Nan war über die Brücke nach Vermont gefahren und entdeckte im Schaufenster eines schrulligen alten Motorradmechanikers eine 60er Panhead. Es war eine alte Maschine, aus zahllosen Ersatzteilen

Nan in Pose und mit Tattoos *Foto: Marjorie Goodness*

neu zusammengebaut und angeblich in fahrbereitem Zustand. Der alte Grundierlack blätterte vom Rahmen ab. Die Elektrik war in einem hoffnungslosem Zustand, und die Frontgabel sah trostlos aus. Aber irgend etwas Uriges und Wuchtiges glaubte Nan verrückterweise dennoch in dieser 60er Panhead zu sehen, und sie schlug alle Bedenken in den Wind: Dieses Urvieh von Bike mußte sie einfach haben.

Nan war eine durch und durch gutherzige, normale Frau, aber sie hatte nun einmal diese seltsame Vorliebe für alte Querköpfe und Spinner, die sich nun auch auf Motorräder übertrug. Ihre Besessenheit von dieser Panhead glich in vieler Hinsicht der Art und Weise, wie sie sich durchs Leben schlug. Und so stürzte sie sich wieder einmal Hals über Kopf in eine riskante Beziehung. Sie hätte sich schließlich einen neuen Bankkredit erkämpfen und ein neueres Bike kaufen können. Aber ihre kopflose Verliebtheit in jene klassische Panhead war typisch für sie:

Nan verknallte sich in das Schlechte, Häßliche und – völlig Unzuverlässige!

»Was willste 'n für das Ding haben?«

Der Alte, dem der Shop gehörte, war auch so ein seltsamer verschrobener Typ; er zögerte und jammerte herum. Na ja, meinte er, verkaufen könne er es eigentlich gar nicht. (Was hat es denn dann im Schaufenster zu suchen?) Der, dem das Bike gehöre, habe schon eine ganze Menge Geld hineingesteckt. (Wieviel ist eine ganze Menge?) Außerdem sei noch ein neues Getriebe für die Maschine bestellt und unterwegs. (Und wann soll es eintreffen?)

»Dann frag ihn doch mal, was er dafür haben will.«

Nach endlosem Hin und Her zwischen dem Besitzer und dem alten Mechaniker einigten sich die beiden auf einen Preis für die Panhead – 3500 Dollar und keinen Cent weniger. Inzwischen fuhr Nan in ihren Träumen schon dauernd auf der Maschine. Sie mußte sie einfach haben – auf Biegen und Brechen.

»Frag ihn mal, ob er meine Triumph in Zahlung nimmt – plus Bares natürlich.«

Und wieder begann das endlose Hin und Her, eine volle Woche lang. Schließlich konne Nan es einfach nicht mehr abwarten. Was mußte sie denn sonst noch tun, um endlich mit dem Kauf zu Potte zu kommen?

»Zum Teufel«, sagte sie sich. »Ich würde mit Hinz und Kunz ins Bett steigen, um das Bike zu kriegen.« Also bequatschte sie den Besitzer, mit ihr in ein mieses Motel zu gehen, wo sie mit ihm auf der Matratze landete.

Nan blätterte das Bargeld hin, schob die Triumph daneben und lud die Panhead auf einen Kleintruck (ohne das listige Grinsen des Schweinehundes zu bemerken, der sie über den Tisch zog). Sie war überzeugt, den tollsten Kauf aller Zeiten gemacht zu haben. Als sie das Bike dann aber im Laden eines Freundes ablud, um es zur ersten Fahrt bereitzumachen, stand sie fassungslos vor der bitte-

Nans Panhead im Urzustand *Foto: Marjorie Goodness*

ren Wahrheit. Kick, kick, kick. Nichts. Kick, kick, kick. Nada, niente, nothing – pffff. Was für eine Enttäuschung. Ihre heißgeliebte Panhead war nichts anderes als ein Schrotthaufen!

Jemand schlug Nan vor, die Maschine zu einem Wundermann von Mechaniker, zu »Mook dem Heiler« zu bringen. »Nur« rund 150 Kilometer von Nans Zuhause entfernt. Mook war das Urbild eines ölverschmierten Motorradmechanikers. Nachdem er sich ausgiebig in ein schwarzes Eisenbahnarbeiter-Schnupftuch geschneuzt hatte, warf er erst einen mißtrauischen Blick auf die Panhead und dann einen auf die angstvoll wartende Nan. Dann brach er in eine Haßtirade aus.

»Oh, nein! Nicht noch eine Panhead! Das ist doch nur noch Schrott!«

Mook »der Heiler« war fürwahr ein Typ mit Vergangenheit. Er hatte schon etliche Male im Bezirksknast eingesessen und war dafür bekannt, Leute zu vermöbeln, wenn er zuviel getrunken hatte. Nachdem er aber den berüchtigten Motorradclub verlassen hatte, bei dem er jahrelang Mitglied gewesen war, hatte er geheiratet und war nach Connecticut gezogen. Dort machte er eine Werkstatt auf und genoß schon bald den Ruf, hervorragende Arbeit als Mechaniker zu leisten. Es ging ihm gut, und er leistete sich auch keine Ausrutscher mehr, nachdem er den Alkohol aufgegeben hatte. Zugegeben – er war ein harter Grobian, aber wenn er sagte, daß er etwas in Ordnung bringen und reparieren könne, dann hielt er sein Wort. Mook konnte Ersatzteile schmieden, die sich kein Mensch erträumen, geschweige denn kaufen konnte.

Nach ein paar weiteren schmutzigen Redensarten, die wohl aus seiner Knastzeit stammten und die Nan noch nie gehört hatte, fuhr sie ihm ins Wort:

»Verstehen Sie was von Panheads?«

»Lady«, knurrte Mook, »ich hasse diese fucking Bikes!«

»Sie sollen es ja nicht heiraten – können Sie es in Gang bringen?«

Da wurde Mook ein wenig sanfter. Er wußte, daß sie wußte, daß er genau wissen mußte, daß man sie abgezockt hatte. Vielleicht war es die Verzweiflung, die er in Nans Gesicht sah, aber vielleicht hatte er auch einfach Mitleid mit diesem Stück Schrott. Vielleicht war es auch einfach nur, weil Freitag war. Jedenfalls kannte sich Mook mit den unmöglichsten Herausforderungen, die ihm über den Weg kamen, aus, und in diesem Falle nahm er sie an.

»Passen Sie auf. Lassen Sie das Ding hier, dann will ich mal sehen, was wir damit machen können.«

Betonung auf »wir.«

Am nächsten Wochenende kam Nan wieder in Mooks Werkstatt. Gemeinsam zerlegten sie die Panhead. Was sie dabei fanden, war eine absolute Katastrophe. Kein Wunder, daß das verfluchte Ding nicht ansprang. Der Motor war nicht vollständig vorhanden. Und die meisten Verbindungsteile waren verkehrt herum und nur provisorisch montiert. Unter der Leerlaufrolle war eine Schraube mit Linksgewinde abgebrochen und mit Kitt wieder eingesetzt worden. (Als Mook das sah, kotzte er beinahe vor Wut!) Völlig ausgeschlossen, daß dieses Bike damit fahren konnte! Das Motorrad war praktisch reiner Schrott. Das einzig Brauchbare daran war das Getriebe. Kein Wunder: Es war nagelneu! Mook schüttelte angewidert den Kopf.

»Lady, Sie sind voll angeschissen worden!«

»Das ist mir leider auch klar«, versetzte Nan.

Aber Mook machte es Nan nicht gerade leicht. Dieses Vehikel in fahrbereiten Zustand zu bringen sollte auch für *sie* Mühe und Arbeit bedeuten. An den meisten Abenden arbeitete Mook nach Ladenschluß bis in die Nacht an der 60er, und Mook bestand darauf, daß sie dabei war, um mit ihm gemeinsam das Ungetüm von vorne bis hinten auseinanderzunehmen. Er zeigte ihr, was kaputt war, was repariert werden mußte und warum und was gerettet werden konnte. Dann schickte er sie los, um nach Ersatzteilen zu suchen. Es gab nichts auf dem normalen Markt, womit das Bike instand gebracht werden konnte. Nan durchkämmte jede Motorradwerkstatt von Antrim bis nach Wolfboro.

Aber Nan ließ sich nicht lumpen. Sie wurde richtig verbissen, lernte eifrig von ihrem Meister und erledigte alle notwendigen Laufereien, auch wenn sie ständig von ihren Freunden verspottet wurde, weil sie sich mit ihrer Panhead so hatte anschmieren lassen.

Diese Panhead zu retten war inzwischen zu einer Art Mission für Nan geworden. Was immer für ein Ersatzteil fehlte, sie fand es. Welche Schraube neu angeschraubt werden mußte, sie schraubte sie an. Als Nan schließlich sogar die allerletzte Dichtung für ihre Ruine gefunden hatte, war endlich der Augenblick der Wahrheit gekommen. Sogar Mook klang ganz aufgeregt, als er Nan anrief:

»Komm um Punkt acht morgen früh hierher!«

Sie meldete sich bei ihrer Fabrik krank, bestieg einen Greyhound und kam ein paar Minuten vor acht bei Mooks Werkstatt an. Mook hatte die letzten Handgriffe an der Panhead ausgeführt. Bei einer Portion Kentucky Fried Chicken und einem Sixpack Rolling Rock checkten Nan und Mook noch einmal jede Kleinigkeit an dem Monstrum. Selbst der abgebrühte Mook mußte zugeben, daß die Maschine nun verdammt toll aussah. Die Startmechanik war so fein getunt, man konnte den Kickstarter sogar mit der Hand niederdrücken – und der Motor röhrte auf! Das schwarze Bike mit den Silberstreifen fuhr genauso großartig, wie es aussah. Da kamen die beiden auf den Gedanken, ein Foto zu schießen und es an eine Zeitschrift zu schicken – *Outlaw Biker* sollte es nach Mooks Meinung sein –, in der Hoffnung, daß man es dort drukken werde.

An das *Outlaw Biker Magazine*: »Ich schicke euch diese Fotos, denn ich habe dieses Bike einmal als angeblich noch fahrenden Schrotthaufen gekauft. Ärgerlicherweise aber war das einzige, was lief, der Schweinehund, der mir die Maschine verkauft hatte – er machte sich auf und davon. Ich schreibe euch diese Zeilen auf der Verpackung von Kentucky Fried Chicken, denn ich kann mir kein Briefpapier mehr leisten. Mit freundlichen Grüßen, Hippie Nan.«

Nan fuhr das Monstrum zurück nach Hause, glücklich bis zum Delirium. Die Reifen berührten bei der Fahrt kaum den Asphalt. Natürlich war sie erschöpft und ausgepumpt von all den Nächten, in denen sie mit Mook an der Harley gewerkelt hatte, aber sie hatte sich während dieser Zeit auch ein tolles Wissen über die Mechanik von Harleys erworben. Sie hatte unendich viel gelernt bei der

Ein wahres Kunstwerk: Nans Panhead nach der Generalüberholung
Foto: Marjorie Goodness

Arbeit in Mooks Werkstatt. Von oben bis unten schmutzig von Öl und Schmiermitteln, immer ein Bier dabei schluckend und über die »Psyche« ihres Motorrads nachdenkend, hatte sie Anatomie und Innenleben von Harleys erfaßt.

Nan kam sich nun irgendwie leer und nutzlos vor, nachdem diese harte und intensive Arbeit geleistet war, aber die Panhead hatte bereits Unsterblichkeit errungen, da *Outlaw Biker* das Foto abdruckte – eines der allerersten Fotos vom Motorrad einer Frau, das je erschien.

Nach einer geraumen Weile sah sich Nan dann aber doch nach einer ganz neuen Harley um. Sie besorgte sich die 99er Low Rider von einer Freundin, die mit der Maschine schon bei ihrer ersten Ausfahrt gestürzt war und nun eine Todesangst vor dem Bike hatte. Aber auch für Nan war die Low Rider zu starker Tobak.

»Wenn ich auf den Tacho gucke und sehe, daß ich 150 Sachen draufhabe, dann ist mir das einfach zu schnell«, sagte Nan. »Wenn ich mich nicht schnellstens von der Low Rider trenne, werde ich wohl bald dem Tod ins Auge sehen. Außerdem könnte ich an diesem Gerät nicht einmal den Ölwechsel selber erledigen.«

Und so konnte sie sich schon bald wieder dem Neu-Zusammenbau eines Motorrads widmen, denn sie tauschte die Low Rider gegen eine klassische 70er FLH Shovelhead Police Special ein. Für den Beiwagen, den sie eintauschte, handelte sie eine Generalüberholung des Motors aus. Endlich hatte sie wieder eine Maschine, an der sie ihre neuerrungenen Kenntnisse erproben konnte, und außerdem war diese Maschine weitaus zuverlässiger als eine Panhead. Bei einer Ostküsten-Fahrt nach Florida funktionierte die neu aufgemotzte Police Special wie ein Uhrwerk. Auf der Fahrt von Titusville nach Daytona bei Sonnenaufgang über dem Meer kriegte Nan vor lauter Freude an der Fahrt eine Gänsehaut.

Nan arbeitet immer noch an der FLH, um ihr den allerletzten Schliff zu geben. Was die Panhead angeht – lang möge sie noch leben –, muß sogar Nan zugeben, daß nicht gerade viele Frauen so ein Bike neu zusammenbauen und fahren können. Die Pans sind einfach zu unzuverlässig. Und weil Nan fast immer allein auf Fahrt geht, bevorzugt sie dabei inzwischen ihre FLH, das Polizei-Bike.

Nan hat von Mook eine wichtige Lektion über Bikes und das Leben gelernt: Manche Beziehungen, wie zum Beispiel die zu Motorrädern, lohnen es nicht, dafür zu kämpfen und sie zu kitten, wenn man sich im ersten Impuls Hals über Kopf in sie hineingestürzt hat. Und zu einmal eingegangenen Verpflichtungen gehören Geduld und eine ruhige Hand. Und es ist gut zu wissen, was über

Nans derzeitiges Motorrad: eine generalüberholte 70er FLH Shovelhead Police Special ohne Beiwagen *Foto: Marjorie Goodness*

Harleys gesagt wird: Wenn sie nicht gerade zu einem Nichts zerschmolzen ist, wird eine gute Harley immer wieder von den Toten auferstehen.

Unlängst kam Nan wieder einmal an Mooks Werkstatt vorbei – Jahre, nachdem sie dort mit ihm an der Panhead geschuftet hatte. Die Tür war verschlossen und verriegelt. Nan guckte durch das Fenster in die Werkstatt; drinnen war alles finster und leer. Als Nan ihre Police Special wieder startete, gab sie Mook und seiner Werkstatt noch das Abschiedszeichen mit erhobener Hand und fuhr nach Hause.

Fast ein halbes Jahrhundert: Der East Bay Dragons MC

1959, zwei Jahre nachdem mein Club die Straßen von Oakland zu befahren begann, wurde in East Oakland ein weiterer Club gegründet. Seit 1959 ist der East Bay Dragons Motorcycle Club einer der angesehensten afroamerikanischen Motorradclubs in den USA. Während meiner wilden Biker-Tage in Oakland bin ich den »Drachen« oft begegnet.

Die Zeit vergeht wie im Fluge, und es ist kaum zu fassen, daß ein Club wie die East Bay Dragons schon bald sein 50jähiges Bestehen feiern wird. Während all dieser Jahre war Tobie Gene Vorsitzender der Dragons, die ihn am Tage der Clubgründung zu ihrem Präsidenten gewählt hatten.

Anfangs waren die East Bay Dragons ein Automobilclub. Aber sehr bald wurden sie ein Motorradclub. Und das hatte seinen Grund.

»Die meisten Gründungsmitglieder waren verheiratet und hatten schon eine Familie«, erinnert sich Tobie Gene. »Und damals war es noch nicht so wie heute, wo jeder Haushalt zwei oder sogar drei Autos hat. Damals gab es nur einen Wagen pro Familie.«

Das war für manches Clubmitglied, das mit dem Auto an Meetings und Clubereignissen teilnehmen wollte, problematisch. Denn zu Hause brauchten die Old Ladys den Wagen für die Versorgung der Familie. Deshalb stiegen einige Dragons schnell auf Bikes um. Tobie Gene fuhr

Der East Bay Dragons MC vor den Türen von Helen's Bar-B-Que im September 1966: Joe Louis, Tiger Paw, Albert Guyton, David Byrd, Corky, Tobie Gene, Jay Pettis, Bags (liegend), James Hooker, Butch, John Smith, Willie »Poor Hop« Harper, Wally Eps, Aubrey Wesley (v. l. n. r.) *Foto: East Bay Dragons MC*

Tobie Gene (links) und ein Mitglied der East Bay Dragons mit dem Club-Emblem auf dem Rücken seiner Jacke *Foto: Paul Butler*

schon damals auf seiner 51er EL Panhead durch die Gegend um die East 14th Street.

»Schließlich«, berichtet Tobie, »stand einer von uns bei einem Meeting auf und sagte ›Wir sollten einfach Schluß mit den Autos machen und uns Motorräder besorgen, dann hat der Ärger ein Ende‹.«

Das war das Signal zum Umsteigen, und der East Bay Dragons MC wurde vom Motorclub zum Motorradclub mit rot-grün-goldenen Patches auf dem Rücken ihrer Lederjacken. Bevor die Dragons ihr eigenes Clubhaus hatten, trafen sie sich bei Helen's, einem Barbeque-Lokal an der 85th und G-Street, nicht weit vom damaligen Hauptquartier der Black Panther Party entfernt. Bei Helen's gab es neben der Theke noch einen Extra-Raum, in dem die Dragons ihre ersten Meetings abhielten. Und immer, wenn die Dragons mal kein Clubhaus hatten, weil sie auf der Suche nach einem neuen Haus waren, konnten sie auf Miss Helen zählen, bei der sie stets willkommen waren. Nicht zu vergessen, daß es bei ihr auch die allerbesten Barbeque-Ribs gab.

Bis auf den heutigen Tag haben die Dragons etwas von der alten Autoclub-Mentalität beibehalten. Tobie Gene war zwar immer derjenige, der neue Clubmitglieder zu Vorsicht, Besonnenheit und Sicherheit ermahnte, aber in den Gründerjahren der Dragons lag das Hauptinteresse der Biker in der Entwicklung immer schnellerer, leichterer und für Rennen geeigneter Motorräder. Damals konnten sich die Dragons noch keine Harleys leisten, also sparten sie sich die hohen Ausgaben, indem sie ihre eigenen Maschinen zusammenbauten. Das »Ritual« dieses Baus selbstgebastelter Motorräder fand immer in der riesigen Werkstatt von Tobie Gene statt. Praktisch jedes Clubmitglied war von Beruf Mechaniker und hatte bei Tobie eine Maschine stehen. Damals ging es vor allem um das »Chop-

Filthy Phil Baker als stolzer Motorradbesitzer *Foto: Paul Butler*

ping«, um das Abbauen nicht unbedingt erforderlicher Teile des Motorrads und das Schlankermachen der Maschinen, damit sie wendiger gehandhabt und schneller beschleunigt werden konnten. Einer der Dragons, Johnny Mendez, hatte es immer sehr eilig, sein Bike aufzumotzen, daher bestimmte er das Tempo der anderen bei der Arbeit, denn jeder wollte mit ihm Schritt halten. Noch heute gehören die East Bay Dragons zu den Besten, wenn es um das Aussehen und die Leistung ihrer Motorräder geht.

»Wir liegen in einer Art ständigem Wettstreit miteinander«, erzählt Filthy Phil Baker. »Wer hat die schönste Lackierung, den besten Chrom, das schnellste Bike, den tollsten Motorklang oder die meisten Kilometer auf dem Tacho? So geben wir unseren jüngeren Mitgliedern einen Anreiz. Bei uns geht's um Lackierung und Chrom, aber auch um die beste Instandhaltung der Maschinen, was manchmal ganz schön ins Geld geht. Denn wir geben eine Menge Kohle für Qualitäts-Chrom, Speziallackierung und sogar solche Dinge wie Weißwandreifen aus.«

Im Gegensatz zu den meisten afroamerikanischen Bike-Clubs rümpfen die Dragons die Nasen über Biker, die auf Full Dressers, den sogenannen Parade-Bikes, durch die Straßen von East Bay donnern. Niemals hat man je einen Dragon auf einem solchen Angebergefährt, womöglich noch mit einem Waschbärenschwanz an der Radioantenne, herumfahren gesehen. Ganz im Gegenteil: Die Dragons erleichterten ihre Motorräder um alles Entbehrliche, sie verkürzten alle Hebel- und Schaltarme und bauten ihre eigenen Vorderradgabeln an, was sie mit Vorliebe in den Campus-Werkstätten des Oakland Laney College machten.

»Wir konnten die Full Dresser Harleys nicht ausstehen«, gibt Tobie Gene offen zu. »Wir nannten sie immer ›Müllwagen‹. Wir waren nun mal allesamt und uneingeschränkt Chopper.«

Genau wie viele andere Biker kauften die Dragons gebrauchte Full Dresser und »choppten« sie, indem sie allen überflüssigen Kram beseitigten. So manche Satteltasche, die Hunderte Dollar gekostet hatte, landete im Wasser der Oakland-Bucht. Ein 21 Zoll – 52,5 cm – großes Vorderrad ohne Bremsvorrichtung fanden die Dragons prima. Alledings nur, bis die Polizei von Oakland genau dieses streng verbot. Es folgten Strafzettel wegen fehlender Vorderbremsen, besonders verrückter Richtungsblinker, extrahoher Rücksitzlehnen, erhöhter Fußstützen, seitwärts angebrachter Nummernschilder und nur eines Rückspiegels. Während die Dragons mit der Polizei von Oakland im Laufe der Zeit Waffenstillstand schlossen und in Frieden lebten, wurden sie bei Ausfahrten in benachbarte Städte von dortigen Bullen oft mit Warnungen begrüßt wie: »Wenn Sie auch nur einen Fuß auf unseren Boden setzen, dann landen Sie im Knast!«

Friedliche Motorradfahrer waren eines, eine rasend dahindonnernde Horde von 30 und mehr Maschinen auf der Main Street brachte damals ziemlich viele Biker hinter Gitter.

»Jedesmal, wenn wir nach San Leandro hineinfuhren«, erinnert sich Tobie, »und von der 105th Avenue in die Davis Street einbogen, empfingen uns dort schon die Bullen, verteilten Strafzettel und forderten uns unmißverständlich auf, umzukehren und nach Oakland zurückzufahren. Und an jeder Straßenecke standen weitere Bullen auf Posten, um sich zu vergewissern, daß wir auch wirklich wieder abhauten.

Eines Tages rollten wir über die Bay Bridge, ein ganzer Haufen von uns, und wir drückten auf die Tube. Und plötzlich kamen die Highway-Bullen und stoppten uns alle, weil wir die extralangen Vordergabeln mit den extrahohen Fußstützen fuhren. Einer der Polizeioffiziere glotzte unsere kleinen 21-Zoll-Vorderräder an und konnte nicht begreifen, wieso die Front-Enden unserer Maschinen so hochstanden. Wir hatten einfach ein paar Slugs in die Lagerung der Lenkung eingefügt, so daß das vordere Ende des Rahmens um acht Zentimeter höher aufragte. Wir standen um die Cops herum und lachten, weil sie einfach nicht kapierten, wieso unsere Bikes vorne so hochragten.«

Das »Chopping« ihrer Maschinen war bald das Markenzeichen der East Bay Dragons, und nur ein Mitglied (einer der Mitgründer des Clubs) durfte einen Full Dresser fahren, aber er war auch derjenige, der in seinen Satteltaschen alle notwendigen Werkzeuge und Ersatzteile verstaute, die während der Club-Runs vonnöten sein konnten. Eines Tages beschloß der Club, eine »Harley Only«-Gruppe zu werden. Bis auf den heutigen Tag lautet die Regel: Wenn du ein Dragon bist, dann kannst du entweder eine Sportster, eine Shovelhead, eine Road King oder was auch immer fahren, aber wenn es keine Harley ist – dann kannst du es vergessen.

Heute ist diese Regel voll akzeptiert, aber damals war es noch recht schwierig, ein anständiges Motorrad aufzutreiben, das man sich auch leisten konnte. Ich hatte 1969 immer ein paar Harleys an der Hand, die verkäuflich waren, aber ich reservierte sie meist für die Mitglieder meines eigenen Clubs. Einige Bike-Fans, wie zum Beispiel Tobie Gene, gaben die Suche irgendwann auf und kauften sich statt einer Harley eine Maschine von einer anderen Motorradfirma.

»Es war irre schwer, Harleys zu finden, für die unsere Kohle ausreichte«, erzählt Tobie. »Als ich einmal knapp bei Kasse war, verkaufte ich meine Harley und wollte mir statt dessen eine Honda 750 besorgen. Eines Tages, als ich gerade nach Hause kam, belagerten 18 Dragons mein Haus. Ich dachte schon, einer von uns sei ums Leben gekommen, also sprang ich aus meinem Auto, rannte zu den Boys und fragte sie.

›Hey, was ist los, Jungs?‹

›Wir haben gehört, daß du dir eine Honda kaufen willst.‹

›Ja – stimmt!‹, bestätigte ich.«

1969 kostete eine Honda 750, die gerade neu auf den Markt gekommen war, 1300 Dollar, und Tobie besaß 2400 Dollar. Also konnte er die Honda in bar bezahlen und brauchte nicht mehr für eine Harley zu sparen.

»Anschließend hatten wir ein Meeting, bei dem ich mir vorkam wie ein Hase bei einer Treibjagd«, erinnert sich Tobie. »Alle waren furchtbar wütend und aufgeregt, besonders Bags, unser Vizepräsident. Die Dragons *haßten* japanische Bikes, besonders diese kleinen 350er und 450er. Solche Maschinen waren doch nur etwas für andere Clubs in anderen Stadtteilen, wie etwa die Vagabonds.«

Aber schließlich war Tobie der Präsident der Dragons und wurde von den anderen Dragons hoch geachtet. Letztlich gipfelte das Debakel in einer Debatte über die

Frage, ob Dragons andere Bikes fahren durften als Harleys. Tobies Stellvertreter Bags befürchtete, daß, falls Tobie wirklich die Honda 750 kaufen und fahren würde, einer schauderhaften Entwicklung Tür und Tor geöffnet wären: Dragons, die eine 750er fuhren, hatten sicher auch Kumpels mit 350ern und 450ern, die sich dann ebenfalls eine 750er zulegen und womöglich um Aufnahme bei den Dragons bitten könnten. Was für eine Schande für die East Bay Dragons!

Tobie forderte eine Abstimmung. »Also, was wird nun?« fragte Bags die Mitglieder. »Wollen wir alle Harley Davidson Chopper fahren, oder wollen wir ein gemischter Club werden, in dem einige 750er Hondas fahren?«

Das Abstimmungsergebnis lautete einstimmig: Nur Harleys oder Ausschluß aus dem Club! Der einzige, dem eine Honda zugestanden wurde, war Albert Guyton, einer der Clubgründer, der sich von seiner knappen Knete gerade erst mit Ach und Krach eine Honda 750 gekauft hatte. Tobie aber blieb von da an bei Harleys.

»Für Albert machten wir eine Ausnahme, denn er war wirklich ein guter Kumpel und schon ziemlich betagt. Als er dann aber aus Altersgründen ausschied, du liebe Güte, da durfte man noch nicht einmal darüber reden, ob man dem Club mit einem japanischen Bike beitreten könnte.«

Ich war 17 Jahre alt, als Tobie ganz in unserer Nähe in der 23rd Avenue wohnte. Tobie war damals 20, und wir trafen uns oft im Doggie Diner und tranken Kaffee mit seinem jüngeren Bruder Joe Louis. Damals entstand eine gute Freundschaft. Etwa zwei Jahre später fuhr ich eine frisierte Harley, die ich »Orange Crate« – Apfelsinenkiste – getauft hatte. Es war eine Knucklehead M74 in der Oakland-Farbe Orange mit viel Chrom und auf hohes Tempo getunt. Damals fuhr Tobie noch seine EL Panhead.

Bags, viele Jahre lang Vizepräsident der East Bay Dragons, beim Reparieren seiner Reno Express *Foto: Paul Butler*

Das war keine 74er (1210 Kubikzentimeter), sie hatte nur einen 61er Motor (1000 Kubikzentimeter). Tobie war ganz angetan von meiner Orange Crate. Für 700 Dollar, versprach ich ihm, würde ich sie ihm verkaufen.

700 Bucks waren damals ein Riesenhaufen Geld. Für seine EL hatte Tobie nur die Hälfte davon geblecht. Der Typ, von dem er das Motorrad gekauft hatte, war ein Nachbar namens Fletcher. Aber Fletcher hatte selbst noch nicht alle Raten für die Panhead bezahlt, er hätte sie also eigentlich gar nicht verkaufen dürfen. Als Tobie seine Maschine in die Harley-Davidson-Werkstatt an der 82nd Avenue brachte, um sie durchchecken zu lassen, brüllte ihn Cliff, der Werkstattbesitzer, an: »Laß deine Finger davon!«

»Wovon?«

»Von meinem Bike! Ich suche schon fast drei Monate danach!«

Vorbei der Wunsch, meine Orange Crate zu kaufen. Jetzt mußte Tobie zu Fuß laufen – und war um 350 Dollar ärmer. Nachdem er Fletcher gewaltig unter Druck gesetzt hatte, bekam er wenigstens sein Geld von ihm zurück. Danach entschied er sich für eine Sportster. Aber das Affentheater hörte damit immer noch nicht auf.

Eines Tages war Tobie mit seiner Sportster mit rund 90 Sachen unterwegs. Gerade hatte er das Bike frisch gewaschen. Als er bremsen mußte, passierte – nichts! Die Bremse griff nicht! Tobie stand vor der Wahl, entweder in ein Haus oder in einen geparkten 53er Chevvy zu rasen. Er entschied sich für das Haus...

Er versuchte noch, die Sportster flachzulegen, aber die Maschine blieb stur auf Kurs. Als Tobie gegen einen Rinnstein knallte, ließ er das Bike los, das unbeirrt weiterfuhr. »Verflucht«, dachte Tobie, »ich hab nicht mal 'ne Versicherung, und nun rast dieses Mistvieh auf zwei Rädern auch noch ins Schlafzimmer irgendeiner alten Dame hinein...«

Aber wie durch ein Wunder knallte das Motorrad nur gegen einen Baum, und während Tobie am Straßenrand fassungslos zusah, wickelte es sich ein paarmal um den Stamm, als sitze ein Geist darauf, der ein Kunststück versuchte. Endlich kam die Sportster zum Stillstand, und Tobi kam es vor, als würde sie zu ihm sagen: »Okay, Tobie, du Narr, jetzt stehst du da und glotzt mich an und tust nichts! Gleich komm ich zurück und beiß dich!«

Und genauso war es dann auch! Das Motorrad knallte ihm mit voller Wucht gegen das Bein. Als Tobies Frau an jenem Abend nach Hause kam, lag er immer noch zitternd im Bett, und sein Knie war auf die dreifache Größe angeschwollen. Drei Wochen lang mußte er Gips tragen, vom Knie bis zu den Knöcheln waren sämtliche Bänder gerissen.

Die besten schwarzen Biker von Oakland sind mit Tobie und dem East Bay Dragons MC gefahren, darunter Pfarrer Jack Green und Mo Holloway. Das Dröhnen ihrer Harleys hat so manchen jungen Schwarzen von East bis West Oakland begeistert. Schon als Schuljungen sahen Typen wie (Filthy) Phil Baker und Byron »Bap« Baptiste staunend den in Leder und Jeans gekleideten Clubmitgliedern hinterher, wenn sie auf ihren total verrückt aufgemotzten Maschinen durch die Straßen von Oakland donnerten. Sie schworen sich, eines Tages auch jenes rot-grün-goldene Emblem auf dem Rücken ihrer Jacken zu tragen.

»Nachdem ich die Schule hinter mir hatte und anfing zu arbeiten«, berichtet Phil, »sparte ich eisern meinen Lohn und konnte mir endlich auch ein Motorrad leisten. Damit fuhr ich schnurstracks zum Helen's und trat dem Club bei. Das war 1970.«

Phil war einer der letzten, die sich während der Helen's-Zeit dem Club anschlossen. Nach einer dreimonatigen Probezeit, in der er Besorgungen machen mußte oder einfach nur mit den anderen Probanden abhing, wurde er Voll-Mitglied. Bald darauf wurde Miss Helen krank und mußte ihr Barbeque-Lokal schließen. Kurze Zeit später ließ die Stadt das Gebäude abreißen. Inzwischen unterhält der Club ein großes Gebäude an der East 14th Street, einer der Hauptstraßen von Oakland.

Willie Harper und Willie Josh gondelten eines Tages mit ihrem 63er Corvair durch Oakland, als sie zum ersten Mal drei Dragons auf dem Cypress Freeway dahinrasen sahen. Die Chopper der drei waren bis ins letzte Detail verchromt, und die Kerle trugen Jeans, schwarze Polizeistiefel und Jeanswesten über ihren Lederjacken. Willie trat kräftig auf den Gashebel, um sich die Burschen näher anschauen zu können, aber ihre Bikes waren viel schneller als der Corvair.

Kurz danach erschien Willie vor dem Clublokal der Dragons in einer Lederjacke und auf einer Honda 250.

Wenn er gehofft hatte, den Clubmitgliedern mit seiner Maschine zu imponieren, hatte er sich bitter getäuscht. Die Dragons brachen bei seinem Anblick in schallendes Gelächter aus.

»Alle lachten mich aus und setzten sich abwechselnd auf meinen ›Drahtesel mit Motor‹«, erzählte Harper. »Dann sagten sie zu mir: ›Komm wieder, wenn du 'ne Harley hast!‹«

Willie Harper war heilfroh, als er seine 250er loswurde. Er hatte nach einem Unfall mit der Honda auf dem Highway mit 32 Stichen zusammengenäht werden müssen. Und dann hatte er wirklich einmal Glück. Für 85 Dollar ergatterte er eine 57er Panhead! Endlich eine Harley! Mit der Hilfe eines Freundes »choppte« er das Bike und brachte den winzigen Tank zu Tommy, dem Griechen, zum Lackieren. Eine Verchromung konnte er sich nicht mehr leisten, also sprühte er Silberfarbe über seine Maschine.

Jetzt war er bereit, sich den Dragons zum zweiten Mal vorzustellen.

Aber die Dragons stellten Willie noch weiter auf die Probe. Nach dem Meeting folgten Joe Louis und Sonny Wash ihm nach Hause, nahmen dort seine 57er Panhead auseinander und verstreuten die Einzelteile über den Boden von Willies Garage.

»Komm wieder, wenn du das Ding zusammenhast«, sagten die beiden und fuhren davon.

Zufällig kam Tobie Gene kurz darauf bei Willie vorbei, und er sah sofort, in welchem Dilemma Willie steckte, und bot seine Hilfe an.

»Bring das ganze Zeug zu mir nach Hause«, sagte er, »dann werden wir das Ding schon wieder zusammenkriegen.«

Gemeinsam bauten sie das Bike Stück für Stück, Schraube für Schraube wieder zusammen, und so lernte

Willie von Grund auf alles, was ein Biker von Motorrädern wissen muß. Und nun hatte Willie auch endlich eine Maschine, die schnell genug war, Tobie, Lulu und Hooker auf dem Freeway hinter sich zu lassen. 32 Jahre später ist Willie, den die anderen Mitglieder »Poor Hop« tauften, noch immer ein hochangesehenes Clubmitglied.

In der Zeit, bevor unser Bruder Van ein East Bay Dragon wurde, pflegte er an Sonntagnachmittagen mit seiner Frau und seinen beiden Kindern Ausflüge mit dem Auto zu machen. Als er auf der East 14th Street an die Kreuzung mit der 94th Avenue kam, warteten neben ihm vor der roten Ampel drei Dragons auf ihren dumpf brummenden Bikes: Bags, Jay Pettis und Poor Hop. Van wohnte zwar auch in Oakland, aber er hatte diese Typen noch nie gesehen. Er rief den Bikern aus dem Seitenfenster zu: »Hey! Könnt ihr für meine Kinder mal 'nen Wheelie machen?«

»Nee – so'n Kram machen wir nicht mehr.«

Die Ampel zeigte noch immer Rot.

»Nicht mal für meine Frau?«

»Nee ...«

»Auch nicht für mich?«

Die Ampel schaltete auf Grün und alle drei Bikes schossen los, die Vorderräder hoch in der Luft, und Bags, der ewige Showman, schaltete sogar in der Luft in den nächsten Gang um.

Und bei Van hatte es auf einmal gefunkt! Er fand diese Biker toll. Seine Frau las sofort seine Gedanken und meinte vorsorglich: »So'n Ding brauchst du doch nicht!«

Aber es war zu spät. Der Wunsch nach einer solchen Maschine hatte sich in seinem Kopf festgesetzt.

»Mein Gott!« dachte Van. »So eine muß ich auch haben.«

Vans erstes Bike war eine ziemlich verkommene Pan-

Van und eine seiner aufgemotzten Harleys *Foto: Paul Butler*

head ohne Schutzbleche, mit einem ausgefransten Sattel und völlig verrostet. Aber die Mühle fuhr! Van reparierte die Panhead so gut es eben ging. Dann schloß er sich den Dragons an.

Noch heute schwört Van Stein und Bein, daß niemand ein Bike besser aufpolieren und aufmotzen kann als er. Er habe, so sagt er, einige der schnellsten Bikes in ganz Oakland gebaut. (»Nur die *Touch of Gold* von Bruder Bap kommt meinen Bikes nahe.«) Dem stimmen die meisten Dragons vorbehaltlos zu. Die ersten von Van aufpolierten Bikes waren einfach hübsch anzusehen, aber daß sie auch schnell sein mußten, das wurde Van erst klar, nachdem er mit Tobie Gene und einigen anderen Dragons auf dem Freemont Drag Strip bei einem Rennen hoffnungslos zurückfiel.

Heute sind alle Maschinen, die aus Vans Werkstatt kommen, nicht nur toll anzusehen – sie sind auch die schnellsten!

Eines Tages richteten Tiger Paw und Van eine schon ziemlich verrottete 72er Low Rider wieder so weit her, daß Van meinte, einen weiten Run auf ihr wagen zu können. An einem Sonntagmorgen war die Maschine fahrbereit, und Van rauschte auf ihr davon. Kurz vor Mittag fuhr Van aus Oakland hinaus und auf den Highway. Etwa eine Stunde später, bei der Kreuzung mit dem Highway 5, landete Van in einem Schlagloch, woraufhin sein Vergaser davonflog. Die Schrauben hatten sich durch die ständige Vibration gelockert. Van sammelte die Einzelteile zusammen, fand auf dem Feld neben der Straße einige Stücke Draht von alten Zäunen und befestigte den Vergaser damit ganz fest an seiner alten Stelle.

Natürlich ließ sich Van durch diesen Zwischenfall nicht von der Weiterfahrt abhalten und fuhr wie ein Wilder, in der Hoffnung, bald eine Reparaturwerkstatt zu finden, in der er den Vergaser wieder normal verschrauben könnte. Nachdem er Texas und Oklahoma hinter sich gelassen hatte, wurde er nachts in der Nähe von Albuquerque allmählich ziemlich müde und erschöpft von der anstrengenden Fahrt. In der Ferne sah er schon die Lichter der Stadt, und nur die Aussicht, dort ausruhen zu können, hielt ihn noch davon ab, am Lenker einzuschlafen.

In diesem Augenblick sah er etwas Rundes vor sich auf dem Highway liegen. Im letzten Moment riß er den Lenker herum, um dem runden Ding auszuweichen, aber sein Fuß stieß mit voller Wucht dagegen! Er spürte einen rasenden Schmerz. Panik erfaßte ihn. Zunächst dachte er, das runde Etwas habe ihm den ganzen Fuß abgerissen. Was war nur geschehen? Er mußte schnellstens in die Stadt und zu einem Arzt, damit er nicht verblutete. Doch dann überlegte er es sich noch einmal, fuhr an den Straßenrand und zog seinen Stiefel aus. Sein Fuß war dick angeschwollen und tat rasend weh, aber es war kein Blut zu sehen! Und jenes runde Ding war inzwischen zur Seite gerollt.

Was war es?

Ein toter Armadillo – ein Gürteltier!

Ebenso wie fast alle Biker-Clubs haben auch die East Bay Dragons erlebt, wie sich die Mode bei den Motorrädern über die Generationen hinweg verändert hat. Die Touring Bikes und die Full Dressers, über die man vor Jahren noch die Nase rümpfte, sind heute in und haben die meisten Chopper von damals verdrängt. Fahrkomfort wie Windschutzscheiben verhindern heute die Schmerzen in Schultern und Genick, die früher bei einer ganztägigen Fahrt mit 130 Stundenkilometern unvermeidbar waren. Vorüber sind auch die Tage, an denen man am Straßenrand Biker dabei beobachten konnte, wie sie ihre Motorräder mühsam reparierten. Elektronische Zündung und Einspritzer statt Vergaser verhindern so manche Panne, und außerdem ist die Zahl der voll mit Computern ausgerüsteten Vertragswerkstätten so stark angewachsen, daß sie den größten Teil der Wartung und Instandsetzung von Motorrädern übernehmen.

Bei den Dragons sind inzwischen viele der treuesten und altgedienten Mitglieder in die »ewigen Biker-Gründe« eingegangen. Brother Bags starb 1999 bei einem Unfall auf der Rückfahrt vom alljährlichen Street Vibrations Run. Bereits verstorben sind auch Mighty Quinn, Wild Man, Burlermore, Bobby, Big Mac, Sam, Donald, Ken, Juice, Pete, Steve und McCoy.

Die Mitglieder, die 30 oder 40 Jahre hinter sich haben wie Tobie Gene (der drei Kinder großgezogen und zwei davon aufs College geschickt hat), Joe Louis, James Hooker, JC, Sonny Wash, Ezell, Big Al und Sweet Lee unternehmen noch immer ihre alljährlichen Fahrten nach

Präsident Tobie Gene auf seinem Bike und Byron »Bap« Baptiste

Foto: Paul Butler

Fresno, Los Angeles, Reno und Las Vegas. Langzeit-Mitglieder wie Paul, Eddie, Stranger Man, Cat Man, Charles, Cat Daddy, Lil' Mac, Dirty Red, Pretty Tony, Joe Joe, Super Coop, Leon, Shorty und Melvin treffen sich mit den jüngeren Bikern des Clubs wie Dave, Car Wash, Fuller, Boopie, Fat Dragon, Crazy, Limo, Pac-Man, Webb, Lil'Al, Capt'n Hook und G-Man zu Ausfahrten auf dem Highway. Seit 20 Jahren haben Dragon-Mitglieder den Club in Sturgis und bei anderen großen Runs vertreten. Es heißt, daß viele Dragon-Mitglieder von anderen Clubs dorthin übergewechselt sind, daß aber niemand, der erst einmal bei den East Bay Dragons eingetreten ist, jemals wieder in einen anderen Club wechselt.

Schwarze Biker haben eine starke Tradition begründet, denn afroamerikanische Motorradausfahrten und Events wie zum Beispiel das alljährliche National Black Riders Round Up werden inzwischen von mehr als 100 000 Bike-Enthusiasten besucht. Zahlreiche Bike-Clubs wie die Soul Brothers, die Chosen Few und die Defiant Ones, die gemischt sind, nehmen immer mehr schwarze Biker auf.

Nur wenige Clubs aber existieren schon so lange wie der East Bay Dragons MC. Seit 1959 sind die Dragons eine gewohnte Erscheinung auf den Straßen von Oakland, und sie nähern sich nun mit Riesenschritten einem halben Jahrhundert unter dem Motto: *Ridin' high und livin' free.*

Jerrys Kids

Welcher Biker wünschte sich nicht, er hätte noch seine allererste Harley? Wie wäre es wohl, wenn einer smart – oder bekloppt – genug wäre, alle seine Motorräder aufzubewahren? So daß alle verrückten, gefährlichen oder waghalsigen Momente eines Biker-Lebens jedesmal wieder vor einem stünden, wenn man seine Garage betritt! Tür auf, und da wären alle »Kids«, alle Maschinen, aufgereiht, eine neben der anderen, und jeder Unfall und jede Konfrontation mit den Bullen würde noch einmal lebendig. Um es geradeheraus zu sagen: Dafür müßte einer entweder steinreich oder total bescheuert sein. Im Falle von Crazy David trifft letzteres zu.

Die 54er Panhead. Crazy David wuchs in einer Familie auf, die einer stranggläubigen Adventisten-Sekte angehörte und auf einer Ranch im Central Valley in Kalifornien lebte. Davids Vater war Baumaschinenfahrer und arbeitete meistens auf Großbaustellen in San Francisco. Seine ständige Abwesenheit hatte zur Folge, daß eine Menge Verantwortung für die Ranch auf Davids Schultern lastete.

David wurde zu Crazy Dave von dem Tag an, als er sein erstes Motorrad bekam, eine Bonanza, ein Mini-Bike (Mini-Rakete) mit einem 100-Kubikzentimeter-Motor, wie üblich bei Dirt-Bikes, und mit einem Fünfganggetriebe. Seinen Spitznamen erwarb er sich, weil er mit diesem Mini-Bike über Gräben und Zäune springen konnte.

Im Alter von 15 Jahren gehörte es zu Davids Aufgaben, das Heu auf der Ranch einzufahren. Dazu benutzte er den alten, rostigen 63er Ford Pickup seines Vaters. Eines Tages, als David im Gemischtwarenladen der Gegend einkaufte, machte ihm ein grauhaariger Alter ein Angebot, das er einfach nicht ablehnen konnte. Der Alte brauchte für seine kleine Farm einen Pickup, hatte aber nicht genug Geld, um sich einen zu leisten. Er fragte David, ob er das alte Familienvehikel gegen ein Motorrad eintauschen würde.

Allein bei dem Wort Motorrad spitzte David die Ohren, wie es wohl jeder andere Fünfzehnjährige auch getan hätte. Also folgte er dem Alten zu seiner Ranch und siehe da: Dort stand sie, eine Full Dress Harley-Davidson, eine prachtvolle 54er Panhead! Der Deal, den ihm der Alte anbot, war denkbar simpel: Bike gegen Pickup! Völlig hingerissen vom Anblick des Motorrads fing David an zu grübeln. Sollte er sich auf den Handel einlassen?

»Mann«, erklärte er dem Alten in Vorahnung dessen, was ihm zu Hause blühen würde. »Mein Dad macht mich kalt, wenn ich das tue!«

Der Alte dachte kurz nach, dann sagte er: »Bestimmt nicht, wenn ich dir noch 100 Dollar extra gebe. Dann hast du in jedem Fall ein gutes Geschäft gemacht.«

Das Motorrad war seit Jahren nicht mehr gefahren worden, daher dauerte es vier Stunden, bis der Motor endlich wieder satt brummte. Nach einem Schnellkurs in Sachen Fahren gondelte David auf dem Hof des Alten herum wie ein Rodeo-Clown und legte die Panhead ein paarmal beinahe flach. Als Dave es schließlich schaffte, sich einigermaßen sicher auf der Harley zu halten, folgte ihm der Alte zu Davids Ranch, um die Papiere für den Pickup in Empfang zu nehmen. Als Davids Vater am folgenden Freitag nach Hause kam, lautete seine erste Frage: »Hey – wo ist mein Truck?«

David konnte seine Harley Full Dresser zwar noch nicht ordentlich fahren, aber wie ein Harley-Biker auszusehen, das hatte er schnell drauf. Mit seiner Lederjacke im Stil von *Der Wilde* und seiner neuen gelglänzenden Frisur sah David aus wie jener Johnny, den Marlon Brando gespielt hatte. Eines Sonntagmorgens fuhr er mit seinem Motorrad zu einem Nachbarn, der eine Milchwirtschaft betrieb und sich sehr viel mehr für seine Sonntagszeitung interessierte als für Davids neues Motorrad. Dave parkte sein Bike genau vor dem großen Wohnzimmerfenster des alten Mannes.

Als David starten wollte, um wieder nach Hause zu fahren, wurde ihm zum ersten Mal klar, daß zum Bike-Fahren mehr gehört, als den coolen Typ zu spielen. Denn als er den Starter kräftig durchtrat, sprang der Motor zwar an, aber es kam im Verdichtungstakt zu einer gewaltigen Fehlzündung. Der Knall und die Erschütterung waren so gewaltig, daß Dave in die Luft und durch das Wohnzimmerfenster geschleudert wurde. Total verstört und wütend rappelte er sich zwischen den Glasscherben vor dem Nachbarn auf. Der Alte guckte indessen kaum über den Brillenrand von seiner Zeitung auf, klopfte seine Tabakspfeife aus und meinte beiläufig: »Dave, du bist ja noch heil und in einem Stück ... Willst du denn zum Frühstück bleiben?«

Und damit wandte er sich wieder seiner Pfeife und seiner Zeitungslektüre zu.

Die 56er Panhead. Als David 18 Jahre alt war, geriet er in das Umfeld anrüchiger Banditen aus Central California. Als er einmal wegen eines Dragster-Rennens mit der Polizei in Konflikt geriet, wurden Indian, Swede und Little Ugly auf ihn aufmerksam. Die drei waren Mitglieder eines übel beleumundeten Clubs, der sich Barhoppers nannte. Crazy Dave wurde als Anwärter aufgenommen.

Inzwischen fuhr Dave eine fast schrottreife, aber noch einmal aufgemotzte 56er Panhead. Nachdem er mit der Maschine einen Totalschaden baute, setzte er ihren Motor und ihr Getriebe in einen alten Harmon-Rahmen ein, der eine besonders breite Hintergabel und eine 16-Overstock-Springer-Vordergabel hatte. Das recht seltsame Gefährt erregte mit seiner altmodischen Verschalung Aufsehen.

»Es war wirklich kein Show-Bike, aber es war auch keine lahme Ente. Und es hatte eine Masse Chrom«, erklärt Dave.

Dave und seine Kumpel Frank, Indian, Swede und Ugly machten kurze Zeit später mit einer Gruppe von 15 Bikern eine Tour nach La Grange und in die Berge bei Sonora. Die Biker kamen aus drei verschiedenen Kleinstadt-Clubs, die eigentlich miteinander verfeindet waren. Aber an jenem Tag fuhren sie ganz friedlich miteinander, das Wetter war herrlich und niemand hatte Böses im Sinn.

Als sich die Gruppe der Dead Man's Curve näherte (fast jedes Kaff in Kalifornien hat so eine »Kurve des toten Mannes«), hatten sie so um die 130 Sachen drauf. Alle schalteten runter, als sie das Schild sahen, das vor einer 90 Grad scharfen Biegung in der Senke warnte. Alle – außer Frank! Die Dead Man's Curve war durch einen starken Stacheldrahtzaun von einer Rinderweide getrennt. Frank raste mit seiner Sportster ungebremst und mit vollem Tempo die abschüssige Straße hinunter und – schaffte die Kurve nicht! Sein Bike schoß geradeaus weiter und genau in den Zaun hinein.

Frank verlangsamte seine Fahrt nicht und fetzte mit 100 Stundenkilometern in den Stracheldrahtzaun, der ihm buchstäblich den Kopf vom Rumpf abriß.

Die Gruppe sah mit Entsetzen zu, wie Franks Kopf – mit Sturzhelm und Schutzbrille – durch die Luft flog und auf das Feld kullerte. Einer der Biker mußte sich bei diesem Anblick übergeben. Einige der schlimmsten aus der

Bande hauten schnell ab, weil sie nicht der Polizei begegnen wollten. Dann kam der Notarztwagen – zu spät, da war nichts mehr zu retten. Der grauenhafte Unfall war jahrelang Gesprächsthema unter den Leuten aus dem Central Valley und wurde schließlich zu einer Art Mythos. Und wenn man Crazy Dave fragt, schwört er Stein und Bein, daß alles wirklich so geschehen ist.

»Mann, ich war dabei!«

In der darauffolgenden Woche kam es im Clubhaus der Barhoppers zu einem bösen Streit. Ein Mitglied jagte einem anderen eine Pistolenkugel in den Bauch. Da nahm Little Ugly Crazy Dave besorgt beiseite und gab ihm einen guten Rat.

»Dave, du brauchst diese Art von Bullshit nicht. Dazu bist du doch noch zu jung. Bleib ruhig crazy, aber geh in die Army oder mach sonstwas. Hau lieber ab von hier!«

Das war an einem Samstag. Am folgenden Montagmorgen meldete sich Crazy Dave bei der Air Force und legte seine 56er Panhead bis zu seiner Rückkehr auf Eis.

Die 67er Shovelhead. Nach einer langen Zeit des Fliegens und der Pilotenausbildung kaufte sich Dave als erstes nach seiner Entlassung vom Militär eine 67er Shovelhead Harley. Und er war immer noch jener Crazy Dave der früheren Jahre. Um die Kohle, die er zum Leben brauchte, schnell zusammenzukriegen, ließ er sich mit einem Banditen in Florida auf einen Waffenschmuggel ein. Er fuhr auf seiner Shovelhead quer durch die USA bis nach Florida. Dort stellte er seine Harley ab, stieg um in eine nagelneue Corvette und fuhr nach Fort Lauderdale, um dort eine Ladung Uzi-Maschinenpistolen abzuliefern, die in seinem Kofferraum lag. Die Waffen, die legal in einem US-Staat an der Ostküste eingekauft worden waren, sollten an eine Gruppe gefährlicher Gangster-Typen aus Jamaica verkauft werden.

Als Dave im offenen Corvette-Cabrio die Interstate 95 entlangraste, genoß er den klaren Sternenhimmel und freute sich schon auf seinen Profit. Etwa in der Gegend von Jupiter, 90 Kilometer vor Fort Lauderdale, hielten ihn die Highway-Bullen mit gezogenen Pistolen an. »Scheiße!« dachte Dave, während er mit beiden Händen am Lenkrad saß und die Bullen seinen Wagen untersuchten. »Irgend jemand muß mich verpfiffen haben.«

Nachdem das Waffenlager im Heck zum Vorschein kam, landete Dave für eine Nacht im Bezirksknast von Dade County. In dem mehrstöckigen Gefängnis saßen einige der übelsten Verbrecher Amerikas ein, darunter auch ein paar prominente kolumbianische Drogenbosse und der frühere Diktator von Panama, Manuel Noriega, der in seiner Zelle Hof hielt. Crazy Dave hingegen hatte nicht das Kaliber der Häftlinge, die in Einzelhaft gehalten werden mußten, also hatte man ihn in eine Großzelle für 20 Mann gesteckt. Er nutzte die Zeit seiner Inhaftierung, indem er Bekanntschaft mit »Knastologen« machte, die sich im Drogenhandel auskannten. Es waren nicht die schlechtesten Typen, fand er. Nachdem bekannt wurde, daß Dave gegen 200 000 Dollar Kaution auf freien Fuß gesetzt werden sollte, drückten ihm etliche dieser Ganoven Zettel in die Hand, Kassiber, auf denen Namen, Telefonnummern und Botschaften für draußen standen.

Die Überwachungskameras des Gefängnisses hatten diese Zettelübergaben jedoch aufgezeichnet, und der Haftrichter zeigte sich bereit, alle Anklagen gegen Dave wegen Waffenschmuggels fallenzulassen, wenn er der Polizei besagte Kassiber übergäbe. Dave antwortete: »Nie und nimmer«, und die Durchsuchung seiner Person förderte nichts zutage. Aber Crazy Dave war für die Drogen- und Waffenfahnder der ATF von Dade County eben doch nur ein kleiner Fisch, sie waren hinter den Schmugglern und Dealern großen Stils aus Lateinamerika her. Also wurde er mit Hilfe seines Rechtsanwalts gegen eine Geldstrafe von 2500 Dollar laufengelassen. Weil die Uzis legal erworben waren (es gab sogar Quittungen für den Kauf), bot ihm das Gericht die Rückgabe der Waffen an. Aber Crazy Dave hatte nur noch einen Wunsch: Er wollte Florida so schnell wie möglich hinter sich lassen.

»Mann«, erzählte er seinem Anwalt, »mir ist es scheißegal, ob sie die verdammten Dinger einschmelzen und eine Statue von Jesus Christus daraus machen.«

Damit waren Daves Tage als Waffenschmuggler vorbei, bevor sie überhaupt begonnen hatten. Er konnte es kaum erwarten, sich wieder auf seine Shovelhead zu setzen und so schnell wie möglich westwärts Richtung Kalifornien zu donnern. *Muy pronto* – aber ruck, zuck! Diesen *Scarface*-Typen aus Miami fühlte er sich eben doch nicht zugehörig.

Die 99er Wilde Glide. Inzwischen teilt sich Dave seine Zeit ein: zwischen Ausfahrten auf seiner 99er Wilde Glide auf dem Pacific Coast Highway und – Auftritten als Jerry Garcia! Tatsächlich hat Dave als Vierzigjähriger eine erstaunliche Ähnlichkeit mit dem verstorbenen Gitarristen der Grateful Dead entwickelt. Er hat dieselben Gesichtszüge und das lockige Haar; das einzige, was ihn deutlich von Jerry Garcia unterscheidet, ist der Ringfinger der linken Hand: Dave hat ihn noch – im Gegensatz zu Garcia. Wenn Dave im schwarzen T-Shirt und in Sweatpants erscheint und eine leicht verstimmte Gitarre spielt, ist es praktisch unmöglich, einen Unterschied zwischen ihm und dem psychedelischen Chef der Grateful Dead von damals zu erkennen.

Daves Auftritte als Imitator von Jerry Garcia begannen ausgerechnet in Minnesota. Garcia war gerade erst gestorben, und Crazy Dave spielte zu der Zeit Leadgitarre in einer Bar-Band. Die trauernden Dead-Fans hielten eine

Totenwache für ihren Helden Garcia, in einem Lokal, das sich Red Caboose Bar nennt. Plötzlich tauchte Crazy Dave dort mit einer Sonnenbrille und in schwarzem T-Shirt, dem Markenzeichen Garcias, wie eine Erscheinung aus dem Grab auf. Im Nu brach ein Tumult aus. Frauen mit schwarzen Rosenbuketts und Teddybären näherten sich Dave zutiefst ehrerbietig. Als Dave dann auf die Bühne stieg und zusammen mit der Gratefuld Dead Cover Band der Caboose Bar auf seiner Gitarre *Truckin'* und *Casey Jones* spielte, drehten die trauernden Garcia-Fans total durch.

Bald darauf machte Dave seinen Auftritt zu einer profitablen Gelegenheitsbeschäftigung; er fügte noch tanzende Skelette und Trockeneisnebel hinzu und brachte sogar eine Dead-typische Version von *Touch of Grey*. Seitdem hat er etliche Gedenkkonzerte für die Grateful Dead gegeben, kommt Verpflichtungen als Model nach und tritt in Fernsehwerbespots auf.

Aber natürlich donnert er lieber auf seiner Wilde Glide Harley herum. Getreu seiner Neigung, Jerry Garcia nachzuahmen, hat Dave seine Wilde Glide mit holographischen Bildern von Totenköpfen und tanzenden Skeletten bemalen und lackieren lassen.

»Wenn du an meiner Maschine vorbeigehst, streckt der Sensenmann die Hand nach dir aus«, sagt er.

Crazy Dave liebt seine Glide über alles, aber die 54er und die 56er Panheads gehören nach wie vor zu »seiner Familie«. Er schwört, daß er bis zu seinem Todestag all seine Motorräder behalten und pflegen wird. Sie sind schließlich alle mit ihm durch dick und dünn gegangen. Für Crazy Dave sind seine Bikes wie Kinder, eben Jerrys Kinder.

David Crosby und Cincinnati

Es ist eine Menge Scheiß über David Crosby von Crosby, Stills, Nash und die Byrds geschrieben worden. David ist ein guter Freund von Cincinnati, und beide halten diese Freundschaft in Ehren. Über Crosby ist viel Schlimmes gesagt und geschrieben worden, von Leuten, die es eigentlich hätten besser wissen müssen. Natürlich hat sich Crosby eine Zeitlang zum »Freebasing« von Crack verleiten lassen (etwas, das Cincinnati persönlich miterlebt hat und zutiefst mißbilligte; während dieser Zeit ließ sich Crosby auch nicht bei Cincinnati sehen, weil er seine Einstellung kannte), aber Crosby begeht selten zweimal denselben Fehler.

Von allen Berühmtheiten, die uns begegnet sind, war Crosby einer der wenigen, die den Mumm hatten, für sich und ihre Fehler voll einzustehen. Crosby war auch einer der ganz wenigen, die nach dem Fiasko von Altamont für den Club eintraten. Er hat eine wunderbare, hochtalentierte Frau und einen Sohn, der ebenfalls ein großartiger Musiker ist. Wir haben ihn schon eine ganze Weile nicht mehr gesehen, aber er ist noch immer unser Freund und ein feiner Kerl.

Jedes Jahr findet in Nordkalifornien der Redwood Run statt, der von der Gesellschaft der Nordkalifornischen Harley-Davidson-Händler veranstaltet wird. Seit einigen Jahren hatten wir uns daran beteiligt, und Cincinnati und Preacher wollten schon immer gern einmal im Benbow

David Crosby, das berühmte »C« von CSNY – Crosby, Stills, Nash & Young *Foto: Alvan Meyerowicz/Michael Ochs Archives, com.*

Inn im Norden übernachten. Das Gasthaus war berüchtigt und stand am Ufer des Russian River. Es war einfach supercool, so cool, daß die beiden es nie schafften, dort ein Zimmer zu bekommen.

Cincinnati war gerade ganz in der Nähe des Gasthauses angekommen, als plötzlich David Crosby neben ihm auftauchte. Er hatte nach Cincinnati gesucht, um ihm den Schlüssel für ein Zimmer neben seinem eigenen Zimmer im Benbow Inn in die Hand zu drücken. Selig, es endlich geschafft zu haben, in dem Gasthaus zu übernachten, steckte Cincinnati den Schlüssel in seine Hosentasche und – vergaß ihn völlig!

An diesem Samstagabend plante Cincinnati, eine Gruppe gestandener Bikerinnen um Punkt 22 Uhr auf einer Anhöhe in der Nähe des Benbow Inn zu treffen. Die Ladys hatten alle Motorräder, die ihnen ihre Ehemänner – lauter erfahrene Biker – geschenkt hatten. Die Frauen genossen an Abenden wie diesen endlich selbst einmal das Vergnügen, von dem ihre Männer ihnen immer wieder vorschwärmten. Jahr für Jahr sorgten die Girls dafür, daß ihre Old Men erst einmal richtig auftankten und so betrunken wurden, daß sie die Burschen nur noch in ihre Betten zu rollen brauchten. Dann setzten sie sich auf ihre Maschinen und fuhren zu der Anhöhe, um dort Cincinnati zu treffen. Dieses Ritual war im Lauf der Jahre immer beliebter geworden, ja, es war sogar ein wenig außer Kontrolle geraten. Inzwischen brausten mehr als 20 Frauen – die meisten auf Sportsters – zu ihrem traditionellen Treffen.

Cincinnati nannte die Gruppe seine Sportster-Gang. Zusammen mit den Bikerinnen fuhr er die bergigen Straßen entlang, wobei sie immer wieder Zwischenstopps in einigen Bars einlegten. Cincinnati zeigte den Frauen auch etliche Plätze, die in keinem Touristen-Führer zu finden waren und brachte sie alle bei Tagesanbruch wieder unversehrt zu ihren besseren Hälften zurück.

An diesem Samstagabend jedoch erzählten zwei Ladys Cincinnati, daß im Vorjahr jemand verraten habe, daß sie ohne ihre Ehemänner durch die Bars gezogen waren. Da hatte Cincinnati eine Idee, und er zog den Zimmerschlüssel, den David Crosby ihm zugesteckt hatte, aus seiner Hosentasche.

»Hmmm. Benbow Inn. Heiliger Scheiß! Folgt mir, Ladys!«

Kurz darauf rollten rund 20 Sportsters (mit Cincinnati im Gefolge) vor das Gasthaus, und die Frauen besuchten die Bar in der Lobby des Hauses. Dort befand sich aber nur ein einziger Mensch: der zu Tode gelangweilte Barkeeper, der mit seinen Eiern spielte (mit den Sol-Eiern auf dem Tresen). Cincinnati konnte es nicht fassen! Da standen jede Menge Motorräder vor dem Gasthaus, und kein einziger Biker war in der Bar? Wie konnte das angehen? Cincinnati kam zu dem Schluß, daß die hochanständigen Motorradbesitzer und -fahrer der besseren Gesellschaft offenbar keine Lust hatten, sich ein bißchen zu amüsieren.

Cincinnati untersuchte erst einmal die Jukebox der Bar und griff sich an den Kopf. Was gab es da? Vaughn Monroe, Andy Williams, Johnny Mathis ... Nicht einen Song, den man auch nur seinem Hund zum Anhören zugemutet hätte. Er fragte den Barkeeper, wo das Zimmer soundso zu finden sei. Dann ging er das Risiko ein, an David Crosbys Tür zu klopfen, und zu seinem Glück öffnete Davids Frau Jan.

»Jan, Darlin', ist Cros da?«

»Der ist in einem anderen Zimmer bei 'nem Freund.«

Cincinnati erzählte Jan von seinem Problem. »In der Bar gibt's eine Jukebox, in der ist nur Scheiße drin, aber es gibt auch ein Klavier. Meinst du, wir kriegen David dazu, ein bißchen für uns darauf zu klimpern?«

»Und ob! Klarer Fall!« rief Jan begeistert. Dann holten sie David aus dem Zimmer des Freundes.

Inzwischen aber hatte sich die Bar des Hauses mit zahlreichen RUBs (Respektablen Urbanen Bikern) gefüllt, die an Cincinnatis Sportster-Gang Gefallen fanden und die Ladys zum Tanzen nach der Schnulzenmusik aus der Jukebox aufforderten. Die Bar glich plötzlich einem Treff von »Swinging Singles«. Aber als Crosby sich ans Klavier setzte, spielte und sang, merkten die feinen Herren schnell, daß dies eigentlich eine Privatparty war und verschwanden. Anschließend hatten Cincinnati und die Bikerinnen einen herrlich ausgelassenen Abend. Der völlig verdutzte alte Barkeeper wußte kaum, wie ihm geschah; er sah aus wie eine Art Rumpelstilzchen, das von einem Ende des Tresens zum anderen hüpfen mußte, um allen Wünschen und Bestellungen nachzukommen. Nachdem er zum letzten Drink und Feierabend aufgerufen hatte, zog Cincinnati mit seiner Sportster-Gang vor die Tore des vornehmen Benbow Inn, um sich in Hof und Garten ebenso ungeniert wie ungesittet weiter miteinander zu amüsieren, wobei auch die letzten Hemmungen – und Hüllen – fielen, während Crosby und seine Frau Jan zurück auf ihr Zimmer im Inn gingen.

Nach jedem Redwood Run konnte man sicher sein, wo Cincinnati am Sonntagmorgen zu finden war: am Imbiß-Wagen seines Freundes Jingo, eines Biker-Bruders aus Daly City. Auch dieser Sonntagmorgen bildete keine Ausnahme: Cincinnati war da! Morgens um sieben Uhr! Preacher, der die halbe Nacht von einem anderen Event in Berdoo zum Redwood Run gefahren war, freute sich, Cincinnati zu sehen. Auf dem Rücksitz hatte Preacher seine Old Lady, die von der langen Fahrt völlig erschöpft war. Er fragte Cincinnati, wo er denn ein Zimmer finden und ein wenig ausspannen könne.

»Kein Problem«, sagte Cincinnati, »komm mit…«

Als sie an die Abzweigung zum Benbow Inn kamen, winkte Cincinnati Preacher dort hinein.

»Da rein?« fragte Preacher fassunglos.

Grinsend versicherte Cincinnati: »*Yeah, man!*«, und zog seinen Zimmerschlüssel aus der Tasche. Worauf Preacher in brüllendes Gelächter ausbrach.

Als die drei durch die Lobby gingen, winkte Jan Crosby Cincinnati aus dem Restaurant zu. Die drei gingen zu Jans Tisch und sie fragte Cincinnati: »Darf ich dir einen Kuß geben?«

»Aber sicher – wofür?«

Cincinnati beugte sich zu Jan hinab, um sich seinen Kuß zu holen. Dabei flüsterte sie ihm zu, sie und David hätten gestern, als sie gerade am Einschlafen waren, aus dem Garten das Kichern und Schäkern von Cincinnati und seiner Sportster-Gang gehört und hinter dem Vorhang versteckt zugesehen, wie er es wie ein langhaariger und bärtiger wilder Waldgeist mit einer Lady nach der anderen getrieben hatte. Danach, so vertraute Jan Cincinnati ganz leise an, seien sie und David höchst angeregt zurück in ihre Betten gehüpft und hätten eine der besten Nächte ihres ganzen Ehelebens verbracht.

Die Sage von Repo Jim

Jedes Jahr um die Osterzeit steigt ein Riesen-Barbeque am Lake Worth, rund 30 Kilometer von der Stadt Fort Worth entfernt, wobei auf mehreren Bühnen Rock'n'Roll-Bands spielen und die begeisterten Fans sich mit texanischen Grillspezialitäten vollschlagen. Außerdem findet dort auch die alljährliche Klapperschlangen-Show statt, ein ganz besonderes Ereignis, das es vermutlich nur in Texas gibt. Tollkühne Männer führen mit den hochgiftigen Reptilien die waghalsigsten Sachen vor: Sie schwingen sie wie Lassos an den Schwänzen über ihren Köpfen oder »tanzen« mit ihnen. Einige spielen mit den »Rattlers« in Schlafsäkken, andere küssen ihre Lieblingstiere.

Animal hatte die Nase voll von der verrückten Schau.

»Zum Henker mit dem Schlangen-Quatsch!« sagte er und fuhr nach Jack County zu seinen texanischen Biker-Brüdern, den Rebel Souls, um mit ihnen zu feiern und Gras zu rauchen.

Als Animal und seine Biker-Brüder ihre Joints kreisen ließen, nahm Repo Jim einen extra tiefen Zug. Er war an diesem Abend ganz besonders froh – auch ohne Gras –, denn er hatte gerade eine fast neue 82er FLH Shovelhead Harley gefunden und gekauft. Nun konnte er endlich die Triumph loswerden, auf der er seit Jahren fuhr.

Repo Jim hieß so, weil er einer der ungewöhnlichsten »Repo«-Männer war. (Ein »Repossession Man« ist ein Vollzugsbeauftragter von Auto- oder Motorradhändlern, die ihre Fahrzeuge auf Ratenzahlungsbasis verkaufen. Seine Aufgabe besteht darin, säumigen Zahlern ihre noch nicht voll abgezahlten Autos oder Motorräder wieder abzunehmen und zurück in die Firma zu bringen.) Darauf verstand sich Jim wie kaum ein anderer. Diesen Beruf üben eigentlich nur sehr mutige, raffinierte – oder verrückte – Männer aus. Die Leute, die ein Repo-Mann besucht, empfangen ihn oft mit Schrotflinten, Pistolen oder Messern und veranstalten die irrsten Sachen, um ihn daran zu hindern, mit ihren Cars, Trucks oder Bikes davonzufahren. Repo Jim war sehr geduldig bei der Ausübung seines schweren Berufes. Wenn er jemanden dabei beobachtete, wie er das Haus verließ und zu einem Laden fuhr, um sich ein Päckchen Zigaretten oder sonst etwas zu kaufen, folgte er ihm unauffällig. Dann sprang er in dessen vor dem Laden abgestellten Wagen, brachte – auch ohne Zündschlüssel – den Motor in Gang und preschte davon. Manchmal nahm Repo Jim zu seinem Schutz auch Taz mit, ein Mitglied des Rebel Soul Clubs. Und Taz bestätigt: Keiner beherrschte die hohe Kunst dieses Jobs so bravourös wie Jim, der Repo-Mann.

Als das Barbeque-Fest am Lake Worth zu Ende ging, wurde es Zeit, zum 2500 Club zu fahren, um dort den abendlichen Schlummertrunk zu nehmen, dem eine Reihe von »Nightcaps« folgen konnte. Es war kurz vor Sonnenuntergang, als die Biker-Brüder vor dem 2500 Club anrollten, um nach dem anstrengenden Partytag dort die Nacht zu verbringen.

Repo Jim und seine Old Lady beschlossen jedoch nach ein paar Stunden in der Bar, noch in dieser Nacht nach Hause zu fahren. Repos bester Freund Bubba, der mit seinem Auto zum 2500 Club gekommen war, bot an, Repo auf der Fahrt zu folgen. Sollte Repo mit seiner neuen Shovelhead Probleme bekommen, würden Bubba und sein Sohn zur Hand sein, um zu helfen. Animal und die ande-

Animal, Repos Old Lady und Repo Jim – nur wenige Stunden vor Repo Jims frühem Tod (v. l. n. r.) *Foto: Ed »Animal« Cargill*

ren partylustigen Biker winkten den Heimfahrern hinterher.

Kaum zwei Stunden später kam Bubbas Sohn völlig aufgeregt und atemlos zurück in den Club. Die gemeinsame Heimfahrt hatte ein unerfreuliches Ende gefunden. Auf dem Highway hatte Repos Shovelhead plötzlich gestreikt – Motorpanne! Bubba und sein Sohn, die hinterhergefahren waren, vereinbarten mit Repo, daß Repos Frau und Bubbas Sohn bei dem kaputten Bike bleiben sollten, während Bubba und Repo zum Club zurückfahren wollten, um dort Hilfe und Ersatzteile aufzutreiben. Aber Bubba und Repo Jim kamen nicht weit: Ein 19jähriger ohne Führerschein, ohne Versicherung raste in einem »geliehenen« Auto in Bubbas Truck und zerlegte das Fahrzeug. Totalschaden! Das Schlimme war, daß Repo Jim ernstlich verletzt worden war und in die Notaufahme eines Hospitals gebracht werden mußte, während Bubba ohne Schramme davonkam.

Animal und die anderen Biker-Brüder fuhren sofort zum Krankenhaus, um sich nach Repo Jim zu erkundigen. Sie hielten in der Notaufnahme die ganze Nacht über Wache aus Sorge um Jim. In dem Krankenhaus war man daran gewöhnt, Patienten mit Messerstichen, Opfer von Verkehrsunfällen oder Drogenmißbrauch so schnell wie möglich abzufertigen: sie zu verbinden, zu verpflastern, mit Medikamenten zu versorgen und dann schnellstens wieder zu entlassen.

Erst bei Sonnenaufgang wankte Repo Jim – aus eigener Kraft – aus der Notaufnahme. Die übernächtigten Rebel Soul Biker bestiegen ihre Harleys und begleiteten Repo Jim nach Hause.

Repo hatte starke Schmerzen, er war verwirrt und konnte kaum sprechen, während Animal und die anderen Jungs bei ihm ausharrten, um sich zu vergewissern, daß er über den Berg war. Als Repo endlich einschlief, fuhren die Biker einigermaßen beruhigt nach Hause. Am nächsten Morgen jedoch klingelte das Telefon bei Animal Sturm. Repos Old Lady war am Apparat. Sie hatte Jim wecken wollen, um ihm seine Medizin zu geben, aber ihr Mann lag stocksteif und tot im Bett.

Jetzt wurde es richtig chaotisch. Jims Beisetzung mußte arrangiert werden, aber er hatte keine einzige Versicherung abgeschlossen. All seine Ersparnisse waren für die Shovelhead draufgegangen. Da erwies sich sein Club als wahre Familie. Animal und die anderen Biker, die ja auch alle ständig knapp bei Kasse waren, wollten unter allen Umständen eine richtig ehrenvolle Motorradclub-Beerdigung für Jim veranstalten.

Animal hatte einen alten Kumpel, einen gewitzten Geschäftsmann namens Cowtown, der eine Motorradwerkstatt alten Stils bei Fort Worth besaß. Cowtown hatte eine Idee: Vor ein paar Wochen hatte er einige Motorräder repariert, die einer Drogenfahndungseinheit der Polizei gehörten. Die Bullen hatten Cowtown mit Särgen entlohnt, die sie vor kurzem bei einer Drogenrazzia beschlagnahmt hatten. Cowtown hatte alle Särge verkauft, und sie waren auch alle bezahlt worden – mit einer Ausnahme. Nun wollte Cowtown diesen Sarg wieder in Besitz nehmen – so wie Repo Jim es mit unbezahlten Autos und Bikes getan hatte. Diesen Sarg schenkte Cowtown dem Rebel Soul Club.

So wurde das Problem gelöst, Repo Jim würdevoll zu bestatten. Fünf Tage nach seinem Tod hatten seine Biker-Kumpane alles unter Kontrolle. Repo Jims Mutter informierte die 82nd Airborne – die Fallschirmjäger-Einheit, bei der Jim im Vietnamkrieg gedient hatte –, die für die Flagge, die Totenparade und die Salutschüsse am Grab sorgte. Biker von sechs anderen Outlaw-Clubs kamen zur Bestattung. In jenem schwarzen und chromverzierten Sarg, den die Bullen beschlagnahmt und den Cowtown mit Hilfe der Biker dem säumigen Käufer wieder abgenommen hatte, trug man Repo Jim zu Grabe – zu den Klängen von Jimi Hendrix' *Purple Haze*. Die Fahne seines Regiments bedeckte den Sarg. Es war ein letzter Tribut für einen Rebel Soul Biker und einen der besten »Repossession«-Männer von Texas. Fahr zu, Repo Jim, in die ewigen Fahrgründe der Outlaws und Harley-Fans!

Do It Yourself, Dead On Arrival

DOA – Dead On Arrival (bei Ankunft tot) – war der Spitzname eines Bikers, der ein Nonstop-Partygänger war und bei wilden Partys oft schon in dem Zustand erschien, in den andere erst am Ende der Feier geraten. Einige nannten ihn auch »Dead Man Walking« – wandelnder Leichnam –, weil DOA bereits 14 Unfälle mit Totalschaden hinter sich hatte, seit er vor 20 Jahren begonnen hatte, Motorrad zu fahren. Genauer gesagt waren ihm nur zwei dieser Crashs mit dem Motorrad passiert; alle anderen waren Auffahrunfälle mit Autos. Bei dieser Statistik überlegten es sich die Leute zweimal, bevor sie in einen Wagen stiegen, hinter dessen Lenkrad DOA saß.

Für Runs stand DOA eine Auswahl von drei Harleys zur Verfügung. Für Kurztouren hatte er eine 73er Sporty mit vergrößertem Hubraum. Die zweite Maschine war eine 83er XLX Sportster. Und für Großfahrten nahm er seine mattblaue 90er Harley FLHS Electra Glide mit 1340 Kubikzentimetern und V-Twin.

Dies ist die Geschichte vom schlimmsten Unfall, den DOA je gebaut hat. Glücklicherweise passierte er nur ein paar Kilometer von seiner Wohnung entfernt. Es war ein bitterkalter Wintertag, der Pearl Harbor Day, in Pennsylvania. DOA rollte sich aus seinem Bett, ging nach draußen und fand sofort, daß es ein schöner Tag für eine Tour sei. Und es war ihm auch vollkommen egal, daß er erst am Tag zuvor von einer Solo-Fahrt zu den Schlachtfeldern von

DOA unterwegs – diesmal noch unversehrt *Foto: R. Scott Edwards*

Gettysburg zurückgekommen war. Mit dieser Fahrt hatte er seinen persönlichen Rekord aufgestellt: In knapp vier Stunden hatte er sein Ziel erreicht.

Wenn man auf dem Weg nach Gettysburg durch den Teil des Staates fährt, der sich Pennsylvania Dutch nennt (wegen der holländischen Bevölkerung), muß man ganz besonders auf zwei Gefahren achten. Erste DOA-Sicherheitswarnung: Vorsicht vor den altmodischen Kutschen, mit denen die Amish People herumgondeln. Wenn man mit einem Affenzahn um eine Kurve fegt, kann es passieren, daß man plötzlich in eine Pferdekutsche hineindonnert. Und das kann recht häßlich ausgehen. Zweitens muß man auf die zahllosen Pferdeäpfel achten, mit denen die ländlichen Straßen übersät sind. Eine falsche Lenkbewegug auf dem Chopper – und die Bodenhaftung der Reifen ist zum Teufel. So kann man auf einem Haufen Pferdemist ganz schön durch die Gegend schleudern, was mitunter schlimme Folgen hat.

An diesem Tag war DOAs Freundin sauer auf ihn (wie immer), weil er am Tag zuvor wieder in der Gegend herumgefahren war, ohne sie zu fragen. Um den Hausfrieden wiederherzustellen, vesprach er ihr, sie zu einer jener Farmen hinauszufahren, auf denen man sich seinen Weihnachtsbaum selbst aussuchen und absägen kann. DOAs guter Freund und alter Kumpel Duke und dessen Old Lady hatten versprochen, mit ihrem Pickup vorbeizukommen, damit sie alle gemeinsam ihren Christbaum holen könnten.

Das hieß für DOA, daß ihm bis zu Dukes Ankunft noch ein paar Minuten blieben, in denen er »eben mal schnell eine Runde« in der kalten Winterluft auf seinem Bike fahren wollte.

Er holte seine 83er Harley XLX aus dem Schuppen, und als er zum Haus zurückging, um Lederjacke und Sturzhelm zu holen, fing seine Old Lady wieder an, zu schimpfen. »Laß das, DOA, was soll der Unsinn, jetzt noch mal wegzufahren. Ich kenne dich doch – wenn du erst auf deiner Maschine sitzt, kann es Stunden dauern, bis du wiederkommst.«

»Ach, was redest du nur«, erwiderte DOA. »Ich fahr doch bloß mal eben die Straße runter zum Marktplatz, drehe um und komme gleich wieder.« Diese Beschwichtigungen kannte seine Freundin in- und auswendig.

Die 83er Sporty donnerte durch die Winterluft. Das ist wirklich was Tolles, mit einer Harley in der frischkalten Morgenluft loszufahren, die bei der Kompression des

Motors wahre Wunder bewirkt. 1983 war das erste Jahr, in dem Harley-Davidson einen EVO-Motor in ihre Sportster-Modelle einbauten. DOAs Bike lief wie geschmiert. Von seinem Gundstük röhrte die Harley auf die Landstraße hinaus, und als DOA die Kupplung losließ, schoß die Maschine innerhalb weniger Sekunden von null auf hundert. Die Harmonie zwischen Ventilen und Auspuff klang wie Musik. Was für ein herrlicher Tag, um sich die kalte Luft um die Nase wehen zu lassen.

DOA war noch keinen Kilometer von seinem Haus entfernt, als er an der Baustelle eines neuen Wohnblocks vorbeikam, vor der etliche Baumaschinen standen und auf deren Zufahrt die Lkws eine Menge Sand und Kies mit ihren Reifen verstreut hatten. Auf diese kurvige Stelle kam DOA mit mehr als 100 Sachen zugerast.

Und dann passierte es! Alles dauerte nur ein paar Sekunden, aber DOA kam es vor, als seien es Stunden gewesen.

DOA schlitterte mit seinem Bike seitwärts und versuchte blitzschnell, es wieder auf Normalkurs zu bringen. Aber bei diesem Tempo hatte ihn die Fliehkraft schon so weit zur Seite gedrückt, daß er auf den ungepflasterten Straßenrand geriet, wo seine XLX durch haufenweise Kies und Sand rutschte. Wie ein bockendes Wildpferd warf die Sportster DOA ab, der über den Lenker seiner Maschine zurück auf den Highway flog und dort wie ein Gummiball hopsend die Straße entlangschlitterte. Weil er dummerweise den Reißverschluß seiner Lederjacke nicht geschlossen hatte, kratzte die rauhe Straßendecke schmerzhaft über seinen Körper. Er konnte sich jedoch noch auf den Rücken drehen, so daß nun das Leder statt seiner Haut abgeschürft wurde.

Wäre DOA auf seinem Kinn oder Hals gelandet, wäre er entweder sofort tot gewesen oder hätte sich zumindest das Rückgrat gebrochen, was ihn für den Rest seines Lebens zum Krüppel gemacht hätte. Aber sein Sturz auf die Straße war beileibe noch nicht das Schlimmste an diesem Unfall. Während DOA die Straße entlangrutschte, kam seine Sportster hinter ihm hergeflogen. Und als DOA sich mühsam auf der Straße aufrappelte, sah er zu seinem Entsetzen, daß sein Bike direkt auf ihn zuraste, als ob es auf ihn zielte. Hilflos mußte er zusehen, wie die Sportster auf ihrem Hinterrad holpernd auf ihn zuschoß. Dann landete die Maschine genau auf ihm, sie krachte auf seinen Brustkorb, brach ihm mehrere Rippen und lag schließlich quer über seinem Körper. Kaum noch fähig zu atmen und fast besinnunglos lag DOA unter seinem Bike, während die heißen Auspuffrohre ihm die Schenkel verbrannten.

Mit der Kraft der Verzweiflung wuchtete DOA mit seinem unverletzten Arm die verbogene und zerbeulte Harley von seinem Körper, zwang sich auf die Füße und schüttelte fassunglos den Kopf. Eine Gruppe völlig schockierter Passanten starrte ungläubig, als DOA, den sie schon für tot gehalten hatten, sich von dem Motorradwrack befreite und aufstand. Er sah schlimm aus. Seine Klamotten waren zerfetzt, seine blutige Brust starrte vor Sand und Schmutz, und sein linker Arm hing wie gelähmt an ihm herab. Er sah aus wie ein Monstrum, beinahe wie Frankenstein. Und so fühlte er sich auch. Ein älterer Mann rannte zu ihm und fragte ihn, ob er okay sei.

DOA, noch völlig verwirrt, bildete sich zwar ein, okay zu sein, aber als er das entsetzte Gesicht des alten Mannes sah, war er sich seiner Sache nicht mehr so sicher. Als erstes fragte er sich, ob er seine Sportster nach Hause fahren könne. Aber mit den Brüchen in seiner linken Hand und dem ausgekugelten Handgelenk hätte er noch nicht einmal die Kupplung betätigen können, selbst wenn die Maschine noch fahrbereit gewesen wäre. Das Bike war jedoch ein totales Wrack, und der noch einigermaßen gehfähige, aber schwer verletzte DOA ließ seine geliebte XLX am Straßenrand liegen und humpelte zurück nach Hause.

Seine Old Lady stolzierte schon wartend vor dem Haus auf und ab, sie war stocksauer.

»Wo ist denn das Motorrad?«

»Ich habe Scheiße gebaut und es verdammt noch mal ruiniert«, sagte DOA, wischte sich das Blut von seiner zerschrammten Stirn und fragte: »Interessiert dich zufällig, wie es mir geht?«

»Soll das heißen, daß wir uns heute keinen Weihnachtsbaum holen?«

Das reichte. DOA bekam einen rasenden Wutanfall und knallte seinen zerkratzten Sturzhelm gegen die Hauswand. In diesem Moment kamen Duke und seine Frau mit dem Pickup an. Ein Blick auf DOA genügte, und Duke rief entsetzt: »Sofort ab ins Krankenhaus!«

»Fällt mir im Traum nicht ein! Auf keinen Fall ins Scheißkrankenhaus«, jammerte DOA. »Und ich will auch nicht zum vierten Mal gefragt werden, was mit dem Weihnachtsbaum wird. Also los …«

Mit dem Truck holte Duke DOAs kaputtes Bike nach Hause. Danach fuhren sie alle zu der Farm, um den Christbaum zu holen. DOA sah zum Fürchten aus: noch immer blutverkrustet und mit zerrissenen Klamotten. Kinder rannten entgeistert vor diesem Zombie davon und vergruben ihre Gesichter in den Hosenbeinen ihrer Väter.

DOA litt übelste Schmerzen und stand die ganze Zeit unter Schock; er konnte kaum atmen. Um alles noch schlimmer zu machen, versuchte er trotzdem, das Tannenbäumchen abzusägen – mit gebrochenen Rippen und einem ausgekugelten Handgelenk! Als der Weihnachtsbaum im Haus verstaut war, versuchte Duke noch einmal, DOA zu überreden, ins Krankenhaus zu gehen. Er benutzte dafür einen Trick.

»Paß auf, DOA«, sagte Duke, »wir könnten doch bei

dieser Gelegenheit unseren alten Freund Zoomer im Spital besuchen!«

Zoomer war ein gestandener Alt-Biker – ein Triumph-Fahrer und richtiger Country-Boy –, der im Krankenhaus lag, weil ihn ein Pferd in die Brust getreten und ihm dabei einige Rippen gebrochen hatte.

Als Duke und DOA in sein Krankenzimmer kamen und Zoomer einen Blick auf DOA warf, platzte er vor Lachen. Er mußte so sehr lachen, daß er sich an die schmerzende Brust griff und damit alle Alarmvorrichtungen neben seinem Bett auslöste. Sofort kam eine ganze Notarzt-Mannschaft in Zoomers Zimmer gestürmt. Das brachte ein Faß zum Überlaufen: Die Oberschwester hatte endgültig die Nase voll von Zoomers Besuchern, bei deren Anwesenheit jedesmal Alarm ausgelöst wurde.

»Raus mit euch!« brüllte sie Duke und DOA an. »Alle beide – schert euch raus hier!«

DOA humpelte den Gang entlang, und Duke lenkte ihn in Richtung Notaufnahme. Als die beiden dort ankamen, hatten nur eine Krankenschwester und eine Schwesternschülerin Dienst, aber im Wartezimmer saßen etliche Grippekranke. Als finanzschwacher, aber gewitzter Biker versuchte DOA, der noch nie eine Krankenversicherung gehabt hatte, sich mit seinem Freund Zoomer herauszureden, und erklärte, er habe Atemprobleme, vermutlich einige Rippenbrüche und chronische Schmerzen in der Brust.

Die Stationsschwester, die den Schwindel natürlich durchschaute, erklärte, sie könne DOA nicht als Notfall behandeln, er sei ja bei vollem Bewußtsein, die Blutungen hätten aufgehört und im übrigen sei er ja auch in keiner Krankenkasse.

»Natürlich blute ich nicht mehr«, murmelte DOA leise. »Nach zwei Stunden Christbaumabsägen bei eisigem Winterwetter sollte das Blut ja wohl langsam gerinnen …«

»Nun, Sir«, knurrte die Schwester, »uns kommen Sie einigermaßen gesund vor.«

Da explodierte etwas in DOAs Kopf. Kein Wunder nach all der Scheiße, die er an diesem Tag schon hinter sich hatte. Wie viel schlimmer ging es wohl noch? Er schleppte sich zu der Tür, die zum benachbarten Zimmer führte.

»Ist Ihnen doch recht?« fragte er sarkastisch.

Die Schwester wußte nicht, was DOA meinte.

Da packte DOA sein linkes Handgelenk mit seiner Rechten, hielt es in den Türrahmen und trat mit aller Gewalt mit seinem Fuß gegen die Tür, die gegen sein dazwischensteckendes Handgelenk krachte. Der Aufprall der Tür war stark genug, um sein Gelenk wieder einzukugeln. Aber diese »Therapie« verursachte ein grauenhaftes Geräusch.

»Krrrrrach«. Das Monstrum Frankenstein hatte die Behandlung seiner kaputten Knochen auf seine Art ausgeführt.

Die Schwester war von diesem Geräusch und dem Anblick derart schockiert, daß sie sich in den Papierkorb neben ihrem Schreibtisch erbrach. Die Schwesternschülerin rannte davon, um die Krankenhauspolizei zu alarmieren.

»Mann, oh, Mann«, knirschte DOA, »jetzt geht's mir doch schon viel besser!«

Dann griff er sich eine Rolle Klebeband vom Schreibtisch der halb ohnmächtigen Stationsschwester und bastelte sich selbst eine hübsche Stütze für Arm und Gelenk. Inzwischen waren die Sicherheitsleute des Hospitals ins Zimmer marschiert und beförderten DOA aus der Tür der Notaufnahme hinaus ins Freie.

Eine Woche lang versorgte DOA seine Verletzung auf eigene Faust; die Abschürfungen heilten ab, aber das Handgelenk wurde niemals fachärztlich gerichtet. DOAs Kids freuten sich über ihren Weihnachtsbaum und seine

Old Lady meckerte nicht mehr herum. Sein linkes Handgelenk aber weist noch immer eine etwas seltsame Biegung auf. Aber was soll's? DOA sparte so eine Menge Geld, die er für Krankenhaus und Ärzte hätte bezahlen müssen. Und letzten Endes machte er seinem Spitznamen wieder einmal alle Ehre: Do It Yourself, Dead On Arrival. DIY, DOA.

Hinter Schloß und Riegel

Deadwood ist eine typische Westernstadt in den Black Hills von South Dakota, nicht weit von Sturgis am Highway 14A. Das Kaff wirkt noch heute wie aus der Zeit des Wilden Westens, es hat sich seit den Tagen von George Custer und Wild Bill Hickok kaum verändert. Die US-Regierung hatte 1868 mit den dort ansässigen Indianern einen Vertrag geschlossen, der ihnen das alleinige Wohnrecht in den Black Hills garantierte. Als aber in den Bergen Gold gefunden wurde, war es unmöglich, die weißen Goldgräber fernzuhalten. Typen wie Martha »Calamity Jane« Canary, Annie D. Talent, Poker Alice Tubbs und Potato Creek Johnny haben Deadwood zu einer gewissen Berühmtheit verholfen, ganz zu schweigen von denen, die regelmäßig die mit Gold beladenen Pferdekutschen aus Deadwood überfielen und ausraubten.

Das bekannteste Todesopfer von Deadwood war Wild Bill, der von einem Pistolero im Number One Saloon ermordet wurde, weil er zum Polizeichef der Stadt ernannt werden sollte. Die Outlaws der Stadt empfanden Wild Bills Auftauchen in den Bars als Bedrohung. Er wurde durch einen aus nächster Nähe abgefeuerten Schuß in den Hinterkopf getötet, während er Poker spielte und gerade zwei Asse und zwei Achten in der Hand hatte. Dieses Blatt erhielt später den Namen »Dead Man's Hand.«

Wer je in Sturgis gewesen ist und einen Abstecher nach Deadwood gemacht hat, weiß vermutlich: Obwohl sich

Deadwood voller Stolz als echtes Wildwest-Städtchen präsentiert, ist es verboten, auf der Hauptstraße ein Motorrad zu parken. Man darf sein Bike entweder in einer Ecke in der Nähe eines Saloons abstellen, oder man muß es auf dem normalen Parkplatz lassen.

Das Verbot kommt nicht von ungefähr: Einmal waren so etwa 20 von den Einprozentern aus den ganzen USA auf der Rückfahrt von einem USA Run. In der Abenddämmerung kamen wir in Deadwood an, besorgten uns schnell ein paar Motelzimmer am Stadtrand und schwärmten vor dem Zubettgehen noch einmal aus, um die Attraktionen der Stadt anzusehen.

Selbstverständlich landeten wir in einer der Bars, dem Famous Saloon, wo einst Wild Bill abhing, soff und Karten spielte. Gegen 23 Uhr beschlossen die meisten von uns, früh Schluß zu machen und ins Bett zu gehen, wir hatten schließlich einen langen Tag auf den Maschinen hinter uns.

Gerade als er am Einschlafen war, klingelte das Telefon neben Cincinnatis Bett. Griz war am Apparat. Im Famous Saloon gab es Ärger mit Train, RJ und Dru. Alle drei waren bereits im Stadtgefängnis gelandet. Cincinnati zog sich schnell wieder an und eilte zum Famous Saloon, allerdings nicht ohne zuvor noch Young Gil und Griz einzusammeln. Als Cincinnati und die Jungs bei dem Saloon ankamen, stand dort noch immer ein Menschenauflauf vor der Tür. Die Bullen waren drinnen, aber sie weigerten sich, Fragen zu beantworten oder gar irgend jemanden in die Bar zu lassen.

Da erschien der Barkeeper, um den Müll hinauszutragen. Cincinnati fragte ihn, was zum Teufel denn passiert sei. Der Barkeeper erzählte, Train sei im Keller der Bar gewesen und habe sich dort von einem leichten Girlie einen blasen lassen. Irgendein Teenager sei heruntergekommen, habe Train und das Mädchen gesehen und sei schreiend wieder nach oben in die Bar gerannt.

Das tugendhafte Mädchen, das sich gerade mit Trains bestem Stück befaßt hatte, wollte unter keinen Umständen seinen guten Ruf ruinieren und brüllte Train an, den Teenie sofort zu stoppen. Train hetzte hinter dem Jungen her und stellte ihn hinter der Bar. Jemand versuchte, ihn zurückzuhalten, aber Train legte das Bürschchen kurzerhand flach. Daraufhin ging irgendein anderer Idiot auf Train los, der auch diesen Mann ausknockte. Dann langte Dru über die Bar und schlug einem weiteren Mann die Schnauze ein.

Fazit: Ein paar Leute aus Deadwood lagen auf den Brettern, und etliche leere Whiskeyflaschen gingen zu Bruch. Ein nettes kleines Chaos. Cincinnati bat den Barkeeper, ihn, Gil und Griz mit in den Saloon zu nehmen. An der Bar saß der Polizeichef zusammen mit dem Barbesitzer, und allem Anschein nach planten die beiden nichts Gutes. Als der Oberbulle abzog, sprach Cincinnati ein paar deutliche Worte mit dem Besitzer, wobei ihm sofort klar wurde, daß der Chef des Saloons ein Trottel und dazu noch ein Opportunist war. Er behauptete, durch den Tumult sei ein Schaden von insgesamt etwa 800 Dollar entstanden. Wenn der Schaden bezahlt und Stillschweigen über die Sache bewahrt würde, würde er auch keine Anzeige erstatten.

In Ordnung, erklärte Cincinnati, das sei ein Deal.

Anschließend gingen Cincinnati, Gil und Griz zum Ortsgefängnis. Auf dem Weg dorthin kamen sie an ein hellerleuchtetes Haus, aus dessen Tür eine Frau mit Besen und Schrubbern kam.

»Ist das der Knast?« fragten die drei.

Die Frau erwiderte: »Nein, das ist ein Freudenhaus, ein Puff. Der Knast ist weiter runter an der Straße.«

»Haben Sie Puff gesagt?« fragten Cincinnati und die Jungs, überrascht und interessiert.

Danach gingen sie zum Knast. Am Schreibtisch saß derselbe Bulle, der in den Famous Saloon zu Hilfe gerufen worden war. Cincinnati und der Bulle erkannten sich natürlich wieder, schließlich hatten sie schon in der Bar böse Blicke getauscht.

»Soweit ich weiß, haben Sie drei von meinen Freunden hier eingesperrt. Ich bin gekommen, um zu fragen, gegen welche Kaution ich sie frei bekommen kann.«

Der Bulle erwiderte, eine Freilassung gegen Kaution gebe es nicht. Währenddessen hörte Cincinnati, wie Dru sich irgendwo in einer Zelle die Seele aus dem Leib schrie.

»Ihr blöden Deppen, bildet euch ja nicht ein, ihr hättet es mit ein paar Dorftrotteln zu tun«, schrie Dru. »Ihr seid doch die verdammten Hillbillys hier. Ich werde euch mehr Klagen an den Arsch hängen, als ihr zählen könnt.« Dru schien völlig außer Rand und Band. Man sah ihn direkt vor sich, wie er am Knastgitter hing und sich wie Jimmy Cagney aufführte.

Cincinnati bat den Bullen, nach hinten gehen zu dürfen, um Dru das Maul zu stopfen.

»Bitte«, brummte der Bulle mit steinernem Gesicht.

Als Cincinnati zu den Zellen kam, lag Dru friedlich auf seiner Pritsche, die Hände hinter dem Kopf – und brüllte wie ein Irrer. Als er Cincinnati sah, hörte er auf.

»Hey, Bruder, was hast du denn vor?«

»Ich versuche, diesen dämlichen Bullen dazu zu kriegen, euch gegen Kaution laufenzulassen.«

»Also meinst du, ich sollte lieber das Maul halten?«

Cincinnati kratzte sich hinterm Ohr und überlegte. Warum eigentlich? Allem Anschein nach ging Drus Gebrüll dem Bullen doch ganz schön auf die Nerven.

»Nee, Bruder – brüll ruhig weiter!«

»Cool«, sagte Dru und brüllte weiter.

Der Bulle sah enttäuscht aus, als Cincinnati zurückkam und Dru immer noch krakeelte. Es war sonnenklar, daß der Polizist völlig überfordert war und nur darauf wartete, daß am nächsten Tag der Richter aus Belle Fourche kommen würde und man mit ihm über Kautionen reden konnte.

Cincinnati fragte nach der Telefonnummer des Richters. Der Bulle sah ihn fassungslos an.

»Es ist ein Uhr in der Früh! Glauben Sie, ich wäre so blöd, Ihnen die Nummer zu geben?«

Cincinnati beruhigte den Bullen und erklärte, er wolle den Richter doch erst am nächsten Morgen anrufen, um die ganze Geschichte zu klären. Überraschenderweise gab der beschränkte Bulle Cincinnati daraufhin anstandslos die Nummer, so daß Cincinnati und die Jungs schnurstracks zur nächsten Telefonzelle rannten und die Nummer des Richters wählten.

»Ah, Euer Ehren. Wir haben Ihre Nummer von dem Polizeichef hier in Deadwood, und er hat uns geraten, Sie anzurufen.«

Der völlig verschlafene Richter verfluchte den dämlichen Bullen.

»Was zum Teufel ... Dieses blöde Rindvieh ... Der weiß doch, wann die Entscheidungen über Kautionen getroffen werden ... Verdammt genau weiß dieses Kamel, daß ich morgen früh um zehn ins Gericht komme.«

Cincinnati lief zurück in den Knast und erzählte dem Bullen: »Hey, Officer, der Richter hat gesagt, Sie sollen ihn sofort anrufen!«

»Aber Sie haben doch gesagt, Sie würden ihn erst morgen früh anrufen!«

»Na ja, was soll ich sagen?« Cincinnati zuckte mit den Achseln. »Da muß ich Sie wohl angeschwindelt haben ...«

Der Bulle wählte die Nummer des Richters und fing an fürchterlich zu stammeln.

»Ja, Sir. Nein, Sir. Nein, nein, nie wieder, Sir. Okay, Sir.« Und dann in weinerlichem Ton: »Ja, Euer Ehren.«

Der Bulle legte auf und hatte Tränen in den Augen.

»100 Dollar pro Mann.« Der Arme klang höchst unglücklich.

Cincinnati und die Jungs setzten Train, RJ und Dru auf die Rücksitze ihrer Bikes, fuhren sie ins Motel und scheuchten sie in ihre Betten. Anschließend fuhren Cincinnati und Griz zurück zum Bordell, rannten die Treppen hinauf und klopften polternd an die Tür der Puffmutter.

Die schläfrige Madame öffnete. Die meisten Mädchen schliefen längst, erklärte sie müde. Dann müßte sie sie eben aufwecken, erwiderten die beiden Gäste beharrlich. Da verwandelte sich die verpennte Madame plötzlich in einen zornigen Kommandanten.

»Hopp, hopp, Bewegung, ihr blöden Nutten! Raus aus den verdammten Betten, bewegt euren Hintern. Wir haben Kundschaft!«

Cincinnati suchte sich das Girl mit den längsten Beinen aus und verschwand mit ihr in ihrem Zimmer. Das Freudenhaus sah noch genau so aus wie im 19. Jahrhundert. Auf der Kommode standen eine Wasserkanne und eine Schüssel zum Waschen der Intimzonen. Genau wie in den alten Westernfilmen. Nachdem Cincinnati und das Girl fertig waren, erzählte sie ihm, daß Wild Bill in genau diesem Zimmer verblutet sei, nachdem ihn die Kugeln getroffen hatten. Man habe ihn hier heraufgebracht, und in dem Bett, in dem sie beide eben gelegen hätten, sei Wild Bill dann gestorben.

Nachdem auch Griz seine Bedürfnisse befriedigt hatte, fuhren die beiden zurück ins Motel. Am nächsten Morgen trommelte Cincinnati den Rest der Gruppe zusammen, um gemeinsam zum Friedhof zu fahren, wo sie die Gräber von Wild Bill und Calamity Jane besuchten.

Deadwood liegt in der Talsohle eines sehr schmalen Canyons, der Friedhof hingegen am Berghang. Als die Biker nach ihrem Besuch den Berghang hinunterfuhren, ließen sie ihre Auspuffe mit Absicht besonders laut donnern, um die Bevölkerung auch ja aufzuwecken. Plötzlich fiel Cincinnati ein, daß der Besitzer des Famous Saloon noch auf seine 800 Dollar wartete, die für den Schaden vereinbart worden waren.

Die Biker-Gang bog in die Mainstreet ein, wo bereits eine Gruppe Schaulustiger herumstand, dann fuhren die Jungs zu dem Café, in dem sich Cincinnati mit dem Barbesitzer verabredet hatte. Dru, RJ und Train führten die Parade an. Und nun wurde sogar dem Trottel von Besitzer klar, daß die drei Verhafteten längst wieder auf freiem Fuß waren und er also nicht mal dünne Luft kriegen würde. Er bekam einen Wutanfall und schmiß vor Zorn seinen Hut in den Straßenstaub. An der nächsten Ecke hingen sämtliche Nutten aus den Fenstern des Puffs, winkten und jubelten und riefen Cincinnati und Griz »bye-bye« zu. Cincinnatis Old Lady, die hinter ihm auf dem Motorrad saß, fragte ihren Ehemann: »Cin, was haben die euch denn eben zugerufen?«

»Nichts Besonderes, Mädchen ...«

Der Salooneigentümer hatte aber, wie sich später erwies, erheblichen Einfluß in Deadwood. Nach diesem unerquicklichen Erlebnis haßte er die Einprozenter dermaßen, daß er aus Rache ein Parkverbot für sämtliche Bikes erwirkte. Von da an war es strengstens verboten, Motorräder auf der Hauptstraße von Deadwood abzustellen oder zu parken. Und das ist, Ladies and Gentlemen, noch bis heute der Grund dafür, daß kein Motorradfahrer – sei er, wer immer er will – auf der Hauptstraße von Deadwood sein Bike parken darf.

Die Geschichte von Sara und Ron

Sara, Absolventin einer Kunstakademie in Boston, ist eine absolute Motorradnärrin. Und Ron, ein Motorradkonstrukteur und -restaurator in Pittsburgh, ist Experte im Bemalen und Lackieren von Motorrädern. Auch er liebt nichts mehr, als sich auf seiner Harley den Wind um die Nase wehen zu lassen. Die beiden haben sich in Laconia auf einer Bike-Woche kennengelernt, als sie feststellten, daß ihre Motorräder beide schwarz und orange lackiert waren. Zuerst machten Rons Kumpels Witze darüber, daß seine Maschine dieselben Farben hatte wie Saras 96er Sportster 883, ein »Mädchen-Motorrad.« Aber während der festlichen Events der Veranstaltung befreundete sich Sara mit Ron und seiner Gang. Und Sara fiel gleich auf, daß Ron und seine Kumpels die seltsamsten Motorräder fuhren.

»Dieser Typ baut echt coolen Scheiß!« dachte Sara, als sie die Bikes begutachtete.

Ron hatte eine 73er Ironhead-Copper mit starrem Rahmen. Er besaß noch eine weitere Ironhead, die mit einem Hardtail und einer Swing-Gabel ausgerüstet war. Und dann war da noch eine 86er SSL, die er zu einer gechoppten Road King umgebaut hatte. Und dazu kam noch eine bildschön restaurierte 80er Shovelhead mit starrem Rahmen. Alle seine Motorräder hatte Ron selbst gebaut und lackiert.

Sara mit zwei von Rons Choppern Marke Eigenbau *Foto: Jim Nocera*

Sara war die Tochter eines Stahlarbeiters und immer Daddys Lieblingsgirl gewesen. Auch ihr hatte es Metall in allen Formen und Verwendungsmöglichkeiten angetan, ständig wühlte sie im Klempnerladen ihres Vaters herum und suchte sich die verrücktesten Teile zum Aneinanderschweißen heraus. Ihr Vater war außerdem ein begeisterter Motorradbastler und Fan antiker Autos. Als Sara ihren Führerschein bekam, brachten Vater und Tochter einen 66er Mustang so weit wieder auf Vordermann, daß sie damit wenigstens auf den Straßen Bostons herumgondeln konnte. Als der Mustang einen neuen Vergaser brauchte, erhielt Sara ihre Grundkenntnisse im Reparieren von Motoren. Und als sie später aufs Design-College in Massachusetts kam, fing sie an, ihre Vorliebe für Metall mit ihrer Ausbildung zur Kunstfotografin zu verbinden. Schon während ihrer Highschool-Zeit hatte sich Sara mit unzähligen enthusiastischen Bikern aus New England angefreundet und selbst Motorradfahren gelernt.

Boston ist eine ziemlich teure Stadt für Berufsanfänger, besonders wenn man dort als Künstler lebt. Nach dem erfolgreichen Abschluß ihres Design-Studiums verdiente sich Sara ihren Lebensunterhalt als freie Fotografin für verschiedene Zeitschriften. Damals waren Motorräder und Fotografieren für Sara noch zwei total voneinander getrennte Welten. Erst als sie den Motorradmechaniker Mark kennenlernte, wuchsen die Liebe zu Motorrädern und bildender Kunst zusammen.

Mark war genau wie Ron einer jener stillen Biker, im tiefsten Herzen Einzelgänger. Er arbeitete am liebsten in seiner winzigen Werkstatt in Methuen, Massachusetts, in der Nähe zur Grenze von New Hampshire. Sara hatte Mark über einen gemeinsamen Biker-Freund kennengelernt, nachdem sie begonnen hatte, sich für Motorrad-Sonderanfertigungen zu interessieren. Ihr wurde bald klar, daß Mark – ungeachtet des typischen Vollbarts und seiner langen wallenden Haare – ein genialer Künster war. Er fuhr eine 48er Panhead Harley, die er in einen coolen 60er Retro-Chopper mit hohen hinteren Fußrasten und einem großen King-and-Queen-Sattel umgebaut hatte. (»Eine der irrsten Maschinen, auf denen ich je im Leben gesessen habe«, schwärmt Sara.) Äußerlich besehen wirkte Mark wie ein schlimmer Finger, aber unter der harten Schale steckte ein lieber und hilfreicher Junge. Es dauerte nicht lange, und die beiden taten sich zusammen. Wenn sie ihn nicht bei seiner Arbeit störte, durfte Sara in seiner Werkstatt abhängen und ihre »verdammten« Fotos machen, während Mark friedlich an seinen Maschinen werkelte.

»Da habe ich Bikes, Motoren, Ersatzteile, Werkzeuge und was immer meine Aufmerksamkeit erregte, fotografiert. Meine Fotoausrüstung nahm immer mehr Raum ein, aber Mark schien das nicht sonderlich zu stören.«

Selbstporträt von Sara Laliberte *Foto: Sara Laliberte*

Nachdem sie zahllose Filmrollen in Marks winziger Werkstatt verschossen hatte, entdeckte Sara schließlich ihre fotografische Inspiration: Auf ihren Bildern kombinierte sie menschliche Körperpartien mit Motorradmechanik. Kolben und Zylinder bildeten Kompositionen mit den Kurven weiblicher Anatomie. So enstanden fast spukhafte, *Terminator*-artige Collagen aus Farben und Linien.

»Motorräder sind ja speziell für Männer konstruiert«, erklärt Sara. »Man gibt mit der Hand Gas und schaltet mit den Füßen. Ein Bike ist etwas Hartes, Rauhes, Kaltes und Schweres. Also suchte ich nach Möglichkeiten, all dies mit dem weiblichen Körper zu verbinden, der das genaue Gegenteil ist – weich und gerundet.«

Mark war so beeindruckt von diesen Fotos, daß er ihr riet, die Bilder einigen Zeitschriften anzubieten, die experimentelle Fotos abdruckten. Das Magazin *In the Wind* hatte einen Sonderteil mit dem Titel »500 No Shit«, was bedeutete, daß für Fotos, die sich zum Abdruck eigneten, 500 Dollar Honorar bezahlt wurden – no shit. Kein Jux ...

Eines Tages klingelte Saras Telefon, und am anderen Ende der Leitung war ein Freund, der sie wegen Mark anrief. Mark hatte gerade ein Bike restauriert, an das sich Sara genau erinnern konnte, denn sie hatte Fotos von der kunstvollen Lackierung des Tanks gemacht. Auf einer Probefahrt mit der Maschine war Mark in einen schweren Unfall geraten, den ein alter Mann mit seinem Wagen verursacht hatte. Auf dem Weg ins Krankenhaus war Mark gestorben. Sara war total schockiert. Nur ein paar Tage zuvor war sie bei Mark gewesen, und er hatte fröhlich in seiner Mini-Werkstatt gebastelt. Mark mit seiner für Biker so typischen Großherzigkeit, mit der er immer bereit war, anderen Bikern zu helfen, wie er schließlich auch Sara geholfen hatte. Nun war er für immer gegangen.

Ein Künstler am Werk: Ron malt Saras Zeichnungen auf Satteltaschen
Foto: Sara Laliberte

Am Ende der Bike-Woche in Laconia tauschten Sara und Ron ihre Telefonnummern aus, um in Verbindung zu bleiben. Nachdem Sara einmal nach Pittsburgh gekommen war, um mit Ron das Andy Warhol Museum zu besuchen, entschloß sie sich, in die berühmte Stahl-Stadt zu ziehen. Pittsburgh ist als ganz spezielle Biker-Stadt bekannt. Zu den Wochenendveranstaltungen wie »Pig Roasts« – Schweine-am-Spieß-Braten – kommen mitunter bis zu 6000 Biker. Und als besondere Biking-Attraktion gilt es, einerseits ganz gemütlich durch die Straßen der Stadt gondeln zu können und andererseits nur Minuten später auf den freien Highways von West Pennsylvania dahinzubrausen.

Rons Motorrad-Sonderanfertigungen haben ihm unter den Bikern von Pittsburgh zu einem legendären Ruf verholfen. Seit Sara auch in Pittsburgh lebt, hilft sie dabei, indem sie Collagen aus Motorrädern und Lichtbildner-Kunst verfertigt. Die beiden haben sich einen Laden in der Stadt gekauft und ihre eigene Schaufenstershow vor einer großen Werkstatt, in der Bikes restauriert und gefertigt, Ersatzteile geschweißt und Motorräder kunstvoll lackiert werden können, eröffnet. Inzwischen leben die beiden zusammen, sie sind unzertrennlich, arbeiten zusammen und lieben beide die Welt der Motorräder. Ihr Geschäft blüht, und sie erhalten sogar aus Cleveland, Ohio, Aufträge.

»Wir sind ein tolles Team – es ist fast beängstigend!« sagen die beiden.

Dann erschien im *In the Wind* Saras Foto von Marks letztem Bike. Es war eine ganzseitige Abbildung, und die Bildunterschrift lautete: »Im Gedenken an Mark, fahr hin in Frieden.«

Ron und Sara sind vollauf beschäftigt mit ihren Auftragsarbeiten an Motorrädern und immer neuen Designs. Ron hat seine Lackiertechnik perfektioniert und

Aus zwei mach sieben – eine Foto-Collage *Foto: Sara Laliberte*

fährt, wann immer es seine Zeit erlaubt, mit seinem Bike auf die Highways. Und was Sara angeht, so hat sie als Künstlerin ihr Thema gefunden: Collagen aus Motoren und weiblichen Körpern.

Die Ballade von Rocky's Green Gables

In Independence, Missouri, stand in der Nähe East Truman und Winner Road, ungefähr vier Meilen vom Town Square, eine hölzerne Taverne mit grünen Giebeln. Nach den Anfängen als Tanzlokal erwarb sich Rocky's Green Gables einen Ruf als Biker-Bar. Die Bude war weit und breit bekannt. Abgesehen davon, daß dort die Biker und Malocher aus der Nachbarschaft ihr Bier schlappten, zählten auch Arbeiter aus einer nahen Ölraffinerie zu den Stammkunden. Dem *Kansas City Star* zufolge besaß Rocky's Green Gables die zweitälteste Alkoholausschanklizenz in ganz Jackson County. Der Gerstensaft hielt den Laden am Laufen, aber die Motorradfans waren es, die ihm Atmosphäre verliehen. Einige Stammgäste glaubten, es wäre ihr Green Gables, über das Waylon Jennings 1973 in seinem Country-Klassiker *Honky Tonk Heroes* sang, doch der Song befaßt sich in Wirklichkeit mit einem anderen Green Gables in Waco. Aber was soll's.

Independence ist ein Vorort von Kansas City am Rande der Westgrenze Missouris. Von dort aus nahmen die amerikanischen Forscher Lewis und Clark die Erschließung des Westens in Angriff. Während der Wildwest-Ära bildete Independence als »Queen City of the Trails« den Ausgangspunkt für die Trecks der Westwanderer nach Santa Fé, Oregon und Kalifornien. Mormonengründer Joseph Smith jr. nannte es Zion, die Stadt Gottes auf Erden.

Die meisten Amerikaner kennen Independence als Geburtsort des Präsidenten Harry S. Truman, aber es ist auch als die Methamphetamin-Hauptstadt des Mittelwestens berüchtigt, wenn nicht gar der gesamten Vereinigten Staaten. Independence ist immer ein bikerfreundliches Kaff gewesen, eine Proletensiedlung, in der reichlich Arbeitsplätze verlorengegangen sind, die sich jedoch allmählich berappelt.

Der junge Jeremy war ein Biker, der auf der Straße vorm Rocky's Green Gables aufwuchs, er wohnte nur ein paar Häuser weiter. Als Milchbart, solange er noch seinen Drahtesel trat, sah er sich mit seinen Freunden aus sicherem Abstand das Tohuwabohu an, das die Biker verursachten, wenn sie auf ihren dröhnenden Öfen Rocky's mit Kies gestreuten Parkplatz ansteuerten oder verließen. Er hatte deutsche Wurzeln, kam aus einer Familie, die ständig an Hot Rods bastelte, frisierten Rennfahrzeugen, und auch Motorräder besaß (die man damals »Krad« nannte), und war für sein Alter ein langer Lulatsch. Heute ist er 1,85 Meter groß und wiegt 100 Kilo. Er erinnert sich noch genau an seine erste Mühle, eine 69er Triumph, die immer hinterm Haus im Schuppen eingeschlossen war. Jeremys Erzeuger John genoss in der Ortschaft hohes Ansehen als Mechaniker, Hot-Rod-Bastler und Bike-Chopper. Er fuhr alle möglichen Motorradmodelle und war ein guter Freund der lebenden Rennsportlegende Ed »Big Daddy« Roth. Wenn Roth wegen einer Autosportveranstaltung im Ort war, pofte »Big Daddy« immer im Gästezimmer der Familie.

Kein Wunder, daß sich Sohnemann Jeremy von Kindesbeinen an einen fahrbaren Untersatz wünschte, und seit er sich entsinnen konnte, dröhnte in den Straßen seines Heimatorts Independence das Rumoren von Motorradauspüffen.

Jeremy wuchs in einem Werkstatthof heran, in dem es von Kraftfahrzeugersatzteilen und Gokarts wimmelte. John düste meistens auf dieser oder jener Triumph umher, hatte aber immer auch ein, zwei Harleys bereitstehen, darunter eine superschnieke Super Glide, Baujahr Ende der 60er, mit Willie-G.-Glasfaserhinterfront, an der das Rücklicht eines 59er Caddie prunkte. Aus der Mehrzahl der Triumph-Maschinen, die durch die Werkstatt gingen, wurden Custom Chopper, ausgenommen die praktisch unbenutzte Bonneville Triumph, die im Schuppen eingesperrt blieb.

Jeremy behielt die Bonneville im Kopf. Als er 18 war, quatschte er seinen Alten an und ging ihm gewaltig auf den Senkel, weil er für den Start ins Biker-Dasein die Triumph aus dem Schuppen haben wollte. Aber John lehnte ab und argumentierte, er wäre noch zu jung für so ein Motorrad. Er könnte sich mit dem Bock die Knochen brechen und nebenbei ein tadelloses Krad zu Schrott fahren. Jeremy zog trotzdem den Schwanz nicht ein.

»Nun stell mal die Lauscher auf«, sagte er schließlich zu seinem Vater. »Ich bin alt genug, um zur Wahl zu gehen und als Soldat jemanden abmurksen zu dürfen, also kann ich mir ja wohl auch 'n Krad kaufen.« Zu guter Letzt lenkte John ein und überließ ihm die Bonneville Triumph. Von da an kreuzte Jeremy auf dem Ding in Independence durch die Straßen, ohne irgendwelchen Scheiß zu bauen. Als er 21 wurde, nahm John ihn zu seinem ersten (legalen) Besäufnis mit ins Rocky's Green Gables.

Vater und Sohn Jeremy fuhren auf ihren Kisten hin. An den Feuerstühlen, die davor parkten, erkannten sie, wer bereits da war. Jeremy zitterte die Hand, als er den grünen Türknauf drehte.

Wird schon gutgehen, sagte er zu sich. Ich gehör schließlich zu dem Haufen.

Die lange Holztheke war eine der ältesten im ganzen Umkreis Kansas Citys, und das Bier war ohne Zweifel am kältesten, sogar noch kälter als das Gebräu, das man in anderen Biker-Bars wie Frankie D.'s, The Other Place und

Faces Lounge kippen konnte. Eine der ersten Informationen, die Gäste im Rocky's Green Gables verklickert kriegten, war die Tatsache, daß der Typ hinter der Theke, der den Laden betrieb, überhaupt nicht Rocky hieß. Neulinge riefen manchmal nach Rocky, um eine neue Runde zu bestellen, aber in Wahrheit war ein Bursche namens Ron Inhaber des Lokals und stand als Wirt hinterm Tresen.

Die Jukebox war prall genug mit Southern Rock und C & W gefüllt, um Charlie Daniels abschmieren zu lassen. *Green Grass and High Tides* von den Outlaws war der beliebteste Titel, aber auch Songs von Waylon, Willie und Johnny Paycheck wurden oft gespielt. Über der Jukebox hing eine große Südstaatenflagge.

Alles hatte Ähnlichkeit mit einer Szene aus dem Film *GoodFellas,* dachte Jeremy während er den ersten legalen Drink seines Lebens schlürfte. Ein ganz typischer Querschnitt der Stammgäste saß in der Kneipe. Die lauteste Stimme, die man hörte, kam von Bürgermeister Ronnie, dem wirklichen, gewählten Bürgermeister von Independence, der auf einer piekfein gepflegten, kobaltblauen Road King durch die Stadt gurkte. Links neben ihm saß Danny, dem ein giftiger Metallic-Lack-Chopper gehörte, der in seinem früheren Leben eine Sportster gewesen war. Danach kam Mr. Big aus Milwaukee. Er fuhr schon sein Lebtag lang Harleys und besuchte gerade seinen Geburtsort, um (mit einem ganzen Rudel anderer Green-Gables-Stammgäste) ein HD-Firmenjubiläum zu begießen.

Bones, ein pensionierter Stahlarbeiter, blieb seit mehreren Jahren, genau wie John, bei gebrauchten Triumph-Choppern. Kerle wie Bones wußten, was das Reparieren alter Motorräder betraf, wo der Hund begraben lag. In der Gesellschaft seines Alten, Bones' und der übrigen Biker konnte Jeremy unbegrenzt den Green-Gables-Erfahrungsschatz anzapfen, um seinen Ofen jederzeit tipptopp am Laufen zu halten.

Die meisten Stammgäste waren Leute wie Jeremys Vater, nämlich Motorradfans aus Tradition, echte Werkler, die dauernd etwas an ihren Böcken zu montieren hatten und sie beim Fahren knallhart forderten. Das waren völlig andere Männer als die Mehrzahl der jüngeren Motorradfahrer, die Jeremy kannte und die nicht einmal den Ölwechsel selbst erledigten. Obwohl er jüngere Kumpels hatte, waren die Gemeinsamkeiten zwischen ihm und den älteren Semestern im Green Gables größer. Sie schütteten sich eimerweise Bier in die Gurgel, drehten volle Pulle die Motoren auf und genossen das Leben jeden Tag mit Vollgas.

Trotz der rauhen Fassade fühlte sich Jeremy beim Rumhängen im Rocky's Green Gables sauwohl, solange niemand zu sehr über die Stränge schlug oder etwa am laufenden Band kaltes Pabst Blue Ribbons schnorren wollte. Es gab selten Stunk, höchstens ab und zu eine Schubserei; jedenfalls viel seltener als die Raufereien am Eingang der schicken Dance Nightclubs, wo Jeremy mitunter als Rausschmeißer jobbte, um ein bißchen Kohle bar auf die Kralle zu verdienen.

Mit zunehmendem Alter verbrachten Jeremy und John immer mehr Zeit mit gemeinsamen Touren. Wer sie sah, hätte sie eher für Spezis als für Vater und Sohn halten können. Jahre später ließ John die Finger von den Triumph-Choppern und stieg auf eine nagelneue, perlweiße Heritage Softail mit großem Windschild und Packtaschen aus geprägtem Leder um. Auch Jeremy hatte in bezug auf Motorräder einen solideren Geschmack entwickelt, er tauschte die Bonneville gegen eine Harley Super Glide. Sie fuhren in den Norden, nach Sturgis, dort campten sie in den Black Hills und froren sich in der Kälte den Arsch ab.

»Jesses, wir kommen eben aus Missouri. Es ist doch August. Wie zum Henker sollten wir das ahnen?«

Wie der Vater so der Sohn – zwei gute Freunde:
Jeremy (links) und sein Vater John *Foto: Jeremy Povenmire*

Kurz vor der zweiten Tour nach Sturgis heiratete Jeremy. Über den üblichen Treueschwur hinaus verpflichtete sich die Braut auch, Jeremys Krad zu putzen. Er und seine Angetraute zogen ins einstige Haus der Großeltern, das in derselben Gegend wie Johns Haus stand. Seite an Seite parkten die Kawasaki Eliminator 600 seiner Frau und Jeremys Super Glide.

Das Schönste am Leben in Independence waren für Jeremy immer noch die gemeinsamen Fahrten. Wenn Rocky's Stammgäste den inoffiziellen Green Gables Run veranstalteten, bestanden sie darauf, daß John vorn rechts und Jeremy vorn links an der Spitze fuhren.

Los, ihr Parterrewichser, legt euch lang, und daß mir keiner zuckt! Das issen Überfall! Laßt 'n Zinken unten!«

1960, als Jeremy geboren wurde, gab es einen kleinen Bankräuber aus Independence mit Namen Guy, der zu der Zeit sein erstes Ding drehte. Guy tat sich in Jefferson City mit einem Fahrer zusammen, zu zweit zogen sie in Kansas City einen Raubüberfall ab und verpißten sich nach Südkalifornien, wo sie im weiteren Umkreis von Los Angeles noch mehr Banken um Knete erleichterten. Guy war 21, als die Bullen ihn schließlich aufspürten und einlochten. Weil er als der Aktivere hervorgetreten war – mit der Knarre gefuchtelt und die Befehle geschrien hatte –, wurde nur er bei der Gegenüberstellung mit Zeugen als Täter identifiziert. Als die Polizisten ihn ausquetschten und darauf drängten, daß er seinen Komplizen verriet, stellte Guy sich stur.

»Nee, Mann, wie ich noch Verbrecher war, hat man sein Kumpan nich verpfiffen.«

Das Bundesland Missouri hatte bald die Schnauze voll von Guy und seinem Komplizen und überstellte sie nach Kansas City. Guys Mittäter wurde zu 25 Jahren verknackt, aber vorher versuchte seine Freundin noch, ihm ein paar Metallsägen und Feilen ins Kreisgefängnis zu schmuggeln. Für diese bescheuerte Idee brummte man ihr zwei Jahre auf und entzog ihr das Sorgerecht für ihre Kinder.

Guy hatte danach fast acht Jahre lang eine Zelle in der Bundesstrafanstalt Leavenworth zum Wohnsitz. 1968 stand er auf der Straße, hatte kein Zuhause und keinen Beruf. Seit seinem vierzehnten Lebensjahr hatte das Motorradfahren in Guys Werdegang stets eine große Rolle gespielt. Seine erste Kiste war eine Cushman gewesen, für 50 Mäuse hatte er sie einem Schausteller abgekauft, der in Kansas City auf der 18th und der Minnesota Avenue Shows veranstaltete.

Nachdem er mit nichts als einem Anstaltsverbotsschein aus Leavenworth entlassen worden war, rackerte sich Guy fünf Jahre lang mit einem elenden Scheißjob nach dem anderen ab, bis er 1973 endlich eine anständige Arbeit fand; er fuhr Lastzüge und beförderte Automobile. Daß ihn dabei ständig Vierradfahrzeuge umgaben, änderte nichts an seinem Faible für Motorräder. Für 300 Mükken kaufte er sich eine 59er Panhead. Sie war im Originalzustand, als er sie bekam, und ein Schwergewicht; als er damit das erste Mal über die Straße fegte, war sie umgebaut und ein Chopper.

In den 70ern schloß Guy sich keinem Club an, obwohl er sich mit einigen Leuten vom örtlichen Einprozenter-Club in Kansas City traf. Guy war absolut kein kontaktfreudiger Typ, sondern ein Einzelgänger; er kam mit Geselligkeiten nicht zurecht, geschweige denn mit einem dreiteiligen Clubabzeichen.

Irgendwie schwirrten die 70er total unübersichtlich an Guy vorbei, und als die 80er Jahre anbrachen, war er nicht mehr als ein ewig umherstromernder Ex-knacki. Dann lernte er eine solide Flamme namens Rhonda kennen. Rhonda hatte einen zweijährigen Sohn und verstand etwas von Verantwortung. Bald waren die beiden verheiratet. Ein Jahr später hatten sie ein eigenes Kind und waren eine vierköpfige Familie.

Rhonda war Christin; Guy hatte nur wirres Zeug im Kopf, er war meistens völlig erledigt, mußte jetzt aber für eine Familie sorgen. Außer Motorradfahren hatte wenig irgendeine Bedeutung für Guy. Irgendwann lud ihn ein Arbeitskollege in die Kirche ein. Schon nach kurzer Zeit fand Guy am Ende eines Gottesdienstes zum Herrn, und er ging den schicksalhaften Weg durch den Mittelgang zum Altar.

Guy gab sich alle Mühe, »ein christliches Leben« zu führen – sich zu rasieren, regelmäßig zum Frisör zu gehen, einen Anzug zu tragen und ein Normalo zu werden. Aber weil er so häufig Motorrad fuhr, konnte Guy sich einfach nicht anpassen. Zwar nahm er an den Runs der Christian Motorcycle Association teil, doch die CMA-Knilche waren überwiegend Sonntagsfahrer.

Doch dann begegnete Guy einem Biker mit dem Spitznamen Bruder Bill the Baptist, der sich bei einem CMA-Run herumtrieb. Um mit ihm ins Gespräch zu kommen, ließ Guy ein paar Sätze über Bills Bock vom Stapel, eine Super Glide mit Dragbar-Lenker und schmalem Glide-Heckschutzblech. Er schilderte Bruder Bill, was sein Problem war. Seit langem zermarterte sich Guy nämlich schon die Rübe, wie er seinen alten Lebensstil mit seinem neuen Glauben versöhnen könnte.

Guy gestand Bill nach einigem Zögern den unerklärlichen Herzensdrang, sich irgendwie einer geistlichen Tätigkeit zu widmen, und daß er nicht wüßte, wie er anfangen sollte. Bill hatte Verständnis für diese Zwickmühle. Und irgendwer mußte die Biker-Gemeinschaft geistlich betreuen. Klar, das war ein wilder Haufen, aber auch diese Rowdys hatten ein Herz und eine Seele, und nicht selten hielten sie sich an ein strengeres Wertesystem und hatten ein ausgeprägteres Ehrgefühl, als man es einer durchschnittlichen Betschwester nachsagen konnte.

Bruder Bill nickte und war voller Sympathie für Guys Anliegen. Bill the Baptist trug nicht nur das dreiteilige Patch, also das Vereinsabzeichen eines örtlichen Clubs, sondern erbaute seine Schäfchen auch einmal wöchentlich mit einer Predigt. Am Abend unternahmen Bill the Baptist und Guy eine ausgedehnte Spritztour. Hinter seinem Hochlenker erkannte Guy plötzlich, was er tun mußte: Wie sein neuer Freund Bill the Baptist mußte er Gott auf eine Weise predigen, die den Bedürfnissen der Biker-Gemeinschaft entsprach. Was konnte denn daran schon schwierig sein?

Guy sprach mit all seinen alten und engeren Bekannten, den Vögeln, mit denen er vor seiner Bekehrung ge-

Biker Guy Girratono predigt das christliche Evangelium bei einem Treffen von Motorradfahrern *Foto: Guy Girratono*

zecht und gefeiert hatte. Ohne Erfolg. Es zeigte sich, daß er als Seelenfischer ungefähr so erfolgreich war wie als Bankräuber. Er klapperte die gesamte Region um Kansas City ab, um sich einen Namen zu machen. Doch ihm fehlte eine klare Richtung. So blieb es, bis Independence Monate später einen beliebten Biker verlor, den alle wegen seines roten Barts Redbeard gerufen hatten.

Redbeard war, wie er es gern getan hatte, durch die Kurven der Noland Road gebrettert, einem schwer kurvenreichen Highway bei Independence. Er liebte es, auf seiner Heritage die Leitplanken zum Kräuseln zu bringen. Dieses Mal allerdings verschätzte er sich, kam von der Straße ab und verunglückte, sein Motorrad ging in Flammen auf.

Redbeards Mutter wünschte sich ein waschechtes Motorradfanbegräbnis, also rollten trotz Schnee rund 30 Kerle nach Bolivar, das circa 239 Kilometer südöstlich von Independence liegt. Am Tag des Begräbnisses war es kalt wie am Nordpol. Während des Gottesdienstes wurde Redbeard von seinen guten Freunden in den höchsten Tönen gelobt. Baumlange, ausgewachsene, rauhbeinige Rauschebärte wischten sich vor Kummer Rotz und Wasser aus der Visage. Der Tod, sagte ein Freund, ist im Leben eines Motorradfahrers ein allgegenwärtiger Gegenspieler. Er ist ein unvermeidliches Risiko, will man die weite Welt der Straßen kennenlernen. Unmittelbar bevor die Versammlung das Trauerhaus verließ, um zum Friedhof zu latschen, klappte man ein letztes Mal den Sarg auf, und darin lag Redbeard in voller Montur, mitsamt Clubabzeichen, seine leblosen Hände umfaßten eine Flasche Southern Comfort. Dieser Anblick half Guy auf die Sprünge. Wieder ein verlorener Bruder, das hieß für Guy: Noch eine versäumte Gelegenheit. Warum war Guy nicht zu Redbeards Seele vorgedrungen, bevor der das Handtuch geworfen hatte? Dann hätte er jetzt vielleicht keine Flasche Whiskey in den Pranken.

Am Grab, als er all die Trauer um einen zu Tode gekommenen Bruder bemerkte, dämmerte es Guy: Daß Redbeard den Löffel abgegeben hatte, war für den Möchtegernprediger Guy der endgültige Anstoß, um in Independence eine eigene Motorradfahrergemeinde zu gründen. Er mußte ein deutliches Vorbild werden, deshalb rief er 1990 zu einem Run unter dem Motto »Motoren mit Mission« auf, dessen Ziel es war, Moos für arme Familien zu sammeln. Weil er keinen blassen Schimmer hatte, wer oder wie viele Leute antanzen würden, war er am Veranstaltungstag überglücklich, als fast 600 Fahrer anrollten, die von der kleinsten Mühle bis zur giftigsten V-8-Bonzenschleuder alles an Maschinen zu bieten hatten und sie auch volles Rohr aufdrehten, so daß sich die Spendenkasse gleich bei diesem ersten Mal mit 23 000 Dollar füllte.

Im Laufe der folgenden zehn Jahre brachten Guy und die Motorradfahrer der Großregion Kansas City über

300 000 Dollar für das Familienhilfswerk der City Union Mission zusammen. Endlich blühte die Motorradfangemeinde des Ex-Bankräubers und Chopper-fahrenden Predigers Guy. Nun fehlte nur noch ein dauerhafter Standort für eine Kirche.

Heute streift Guy (gemeinsam mit anderen Mitgliedern der Disciple of Jesus Ministries) unablässig durch den Bundesstaat Missouri und kümmert sich um verlorene Seelen. Mit Zelt und Lautsprecheranlage besucht er überall im Land Biker-Runs, reicht verkaterten Fahrern Kaffee, stopft Futterluken, führt geistliche Einzelgespräche und legt Zeugnis von Gott ab, und am Sonntagmorgen predigt er.

Bei den Biker-Runs stößt Guy auf gemischte Reaktionen. Seine Zuhörer können still und aufmerksam sein. Manche kommen nur, um einen Teller Essen oder einen Becher Kaffee abzustauben. Einige finden zu Gott. Andere lassen die Reifen heißlaufen, daß der Kies nur so spritzt, Mädchen lüften zum Jux ihre Tops, damit Lärm und Jubel die Predigt übertönen. Aber Guy bleibt entschlossen und von der fixen Idee besessen, die Harley-Anhängerschaft von den HOG (Harley Owners Group) bis zu den Einprozentern zu bekehren.

Das Problem mit der Kirche wurde folgendermaßen gelöst: Ron, der Wirt vom Rocky's Green Gables, und seine Frau Linda dachten ernsthaft über die Zukunft ihrer Kaschemme nach. 60 Jahre lang war sie ein beliebtes örtliches Etablissement gewesen, doch inzwischen merkte man ihr ohne Zweifel das Alter an. Ursprünglich war das Gebäude ohne Inneninstallationen gebaut worden und seither allmählich zu einer Bruchbude heruntergekommen. Die Tünche war alt und rissig. Es gab keine Isolierung. Die Hartholzdielen hatten sich verzogen. Die Zapfanlage war schon so lange leck, daß man, statt einen anständigen Fliesenboden zu verlegen, mehrere Lagen Sperrholz aufeinandergeschichtet hatte.

Eines Abends erhielt Guy einen Anruf von Ron und Linda und traf sich mit ihnen am Tresen. Sie plauderten über die alten Zeiten im Green Gables und die buntgescheckte Motorradfan-Gästeschaft. Dann machten Ron und Linda Guy einen Vorschlag.

»Suchst du immer noch ein Haus für deine Kirche?« Noch bevor Guy antworten konnte, fragten sie: »Wäre unser Wirtshaus geeignet?«

Das Rocky's war in mieser Verfassung, aber letzten Endes einigte man sich auf einen Deal, der alle Beteiligten befriedigte. Guys Gemeinde bekam das Gebäude zu einem annehmbaren Preis, Ron und Linda sparten sich eine saftige Renovierung und ließen die Gastronomie sausen. Und im Verlauf der nächsten Monate gestaltete man Rocky's Green Gables in den Hauptsitz der Disciple of Jesus Ministries um. Dabei half es sehr, die Geschichte der legendären Biker-Bar auszuschlachten.

Bevor er den Laden schloß, hatte Ex-Kneipier Ron schon zusätzlichen Zaster aus einem auf den Tresen gestellten Seidel eingestrichen. Außerdem ließ ein Motorradfan namens Old Mike den Hut wandern und holte damit weitere 750 Dollar für ihn heraus. Danach machte sich ein wahres Biker-Heer an die Arbeit. Es spendete Bauholz, baute Fachwerk ein, zog Trockenmauern hoch, tünchte die Innenwände, strich das Haus innen und außen und verlegte sämtliche elektrischen Anlagen. Der Motorradclub von Independence steckte 25 Riesen in die alte Biker-Bar, um sie in einen Biker-Treffpunkt völlig neuer Couleur zu verwandeln.

Anfang 1998 hielt Guy in der ersten speziellen Biker-Kirche von Independence seine erste Predigt.

Wenn Einheimische ihn fragen, wo die Kirche ist, muß er nur sagen: Rocky's Green Gables. Die Anschrift muß er

Guy auf seiner Grape Escape vor dem ehemaligen Rocky's Green Gables in Independence, Missouri *Foto: Guy Girratono*

selten nennen. Der Fels, den Guys neue Biker-Kirche für seinen Glauben bedeutet, hat sein geistliches Fundament mehr als gefestigt. Allerdings ist sein Glaube an Harleys erschüttert worden. Auf der Grape Escape, seiner bonbonlila und blaugrünen Honda Valkyrie mit sechs Vergasern, sechs langen Auspuffrohren, verlängerten Schutzblechen und Hochlenker, ist Prediger Guy mittlerweile bei über 100 Biker-Hochzeiten vorgefahren, und er ist auf ungefähr halb so vielen Bestattungen gewesen, darunter auch auf Begräbnissen von Mitgliedern der lokalen Outlaw-Clubs. Nach der Beisetzung wird Guy manchmal zum Essen und Quatschen ins Outlaw-Clubhaus eingeladen.

»Genau so etwas beweist mir, daß man uns akzeptiert und es keine Probleme gibt.«

Weiter unten auf der Straße betritt Jeremy, für den Rocky's Green Gables nur noch eine schöne Erinnerung ist, seine Garagenwerkstatt. Er schaltet die Green-

Ein Relikt aus dem Rocky's: Die Neonreklame der Kneipe hängt heute in Jeremys Garage *Foto: Jeremy Provenmire*

Gables-Neonreklame ein, die er aus der Spelunke gerettet hat, kurz bevor die Vorschlaghämmer auf den Bau herabkrachten. Die Neonreklame verstrahlt einen beruhigenden grünen Schimmer, der die ganze Garage erfüllt. Mit einem gekühlten Pabst Blue Ribbon trinken Jeremy und John auf die einstige Pinte – und all die (lebenden und toten) Motorradfans, die zum legendären Ruf des Rocky's beigetragen haben.

»Auf Rocky's Green Gables«, prostet Jeremy und hebt die Flasche. »Auf das Lokal und die Typen, die uns unabhängigen Bikern von Independence so viel gegeben haben.«

Blakes Puff-Weltrekord

Blake aus SoCal hat die vergangenen vier Jahrzehnte an einem Hochlenker gesessen. Mit 14 Jahren kaufte er sich die erste Harley, weil er schon als kleines Kind, als er in der Nähe einer Feuerwehrwache wohnte, nach Motorrädern verrückt war. Jeden Tag, immer wenn einer der Feuerwehrmänner auf seiner Harley-Davidson zur Arbeit fuhr, lauschte Blake aufs Brummen der Auspuffrohre, dann rannte er hinunter und hockte sich an der Straße gegenüber der Feuerwache auf den Bordstein, um das davor geparkte Motorrad zu bewundern.

Kurz nach seinem dreißigsten Geburtstag schloß Blake Freundschaft mit einem echt irren Einprozenter namens Seth. Seth war Mitglied in einem Club der Großen Vier im Großraum des amerikanischen Nordwestens. Blake lernte ihn und seinen Kumpel kennen – einen Typen namens Jones –, als sie in Montana in Blakes Frisörladen kamen. Es war mitten im Winter, und Blake hörte, wie die zwei den Plan eines Runs zu den Winter Nationals im kalifornischen Pomona diskutierten. Blake, der gerade eine Scheidung mit widerlichen Umständen durchmachte, roch eine Möglichkeit, um aus Montana zu verduften, und erschrak über den eigenen Mumm, als er es wagte, sich in die Unterhaltung einzumischen.

»Ich fahr auch 'ne Harley. Meinen Sie, Sie wären dran interessiert, daß sich 'n Dritter an den Kosten beteiligt?«

Seth guckte Jones an. »Tja, da müssen wir erst mal drüber reden. Kann sein, wir kommen drauf zurück.«

»Gut, sagen Sie mir Bescheid«, antwortete Blake. »Ich hätte jedenfalls überhaupt nix dagegen, hier in Montana auf 'n Schnee zu scheißen und statt dessen im Sonnenschein Vollgas zu geben.«

Ein paar Tage später schaute Seth nochmals im Frisörladen vorbei und gab Blake grünes Licht. Am Abend saßen die drei beim Bier in einer Kneipe und planten die Einzelheiten ihres Trips. Schon am nächsten Morgen rollten sie Richtung Kalifornien, und Blake sah Montana nie wieder. Gleichzeitig war der Trip der Anfang einer langen Freundschaft zwischen ihm und Seth.

Monate nach dem Run in Pomona steuerte Blake die kleine Washingtoner Ortschaft an, wo Seth seine Bleibe hatte. Seth war immer noch Mitglied desselben Einprozenter-Clubs, der am Ortsrand ein Body Painting Studio betrieb. Die Geschäftsidee sah folgendermaßen aus: Sechs oder sieben der schärfsten Miezen des Clubs wurden als »Leinwand« oder private »künstlerische Beraterinnen« vermietet. Seth betätigte sich als Manager und Rausschmeißer dieses erlesenen Gestüts, das auf einem haarfeinen Grat zwischen halblegaler Kunstförderung und geselliger Fleischeslust existierte.

Auf seine Weise galt Seth als notorischer Raufbold. Er war weder ein besonders harter Typ noch ein übelwollendes Schwein, und er hatte auch keine überentwickelten Muckis. Aber er konnte mit Sicherheit gehörigen Stunk machen und von einem Moment zum nächsten gemein fighten. Seth hatte die dumme Angewohnheit, Ärger auf sich zu ziehen und sich mit den falschen Leuten anzulegen. Außer wenn er von einer Horde solidarischer Kumpels umgeben war, endete Seth häufiger als Fußabtreter statt als strahlender Sieger. Obwohl Blake ihn am laufenden Band aus diesen und jenen Clinchs rettete, galt Seth allgemein als Weltmeister im Ins-Fettnäpfchen-Treten. Es mochte eine Bar sein, ein Tatto-Salon oder sonstwas:

Meistens hatte Seth einen verlässlichen Riecher dafür, wo es als nächstes eine Keilerei gab.

Im Body Painting Studio hatte Seth kaum mehr zu tun, als mit einem Auge auf die Kasse und mit dem anderen Auge – für den Fall, daß ein Freier beziehungsweise »Kunstfreund« sich übers Ohr gehauen oder schlecht bedient fühlte – auf den Hausfrieden zu achten. Als Blake an der Juxbude vorfuhr, traf er Seth vor der Hintertür, wo er sich langweilte und nach einem vollen Tag Southern-Comfort-Genuß ziemlich unfrisch aussah. Überraschend war, daß es in Seths Studio von Kunden wimmelte; für Mitte der Woche herrschte ein ungewöhnlich starker Andrang. Seth war froh, als Blake auftauchte. Ohne Umschweife bat er ihn um einen Gefallen.

»Mein Bock macht Zicken. Was hältste davon, wenn wir mit deinem Stuhl zu mir fahren und mein Stahlroß hier zum Stall bringen? Ich hab da hinten 'n freien Raum, wo ich's beim Aufpassen nebenher reparieren kann, während vorn der Rubel rollt.«

Seth und Blake fuhren zu Seth, holten das Motorrad und fuhren damit zum Studio zurück. Sie parkten am Hintereingang und schoben die Harley von der Ladefläche des Pickup. Am Haus gab es eine Seitenrampe. Nun mußten bloß noch ein paar Bretter her, um an der Stelle, wo die Tür war, eine Auffahrt zu bauen. Erst nachdem sie die provisorische Auffahrt gezimmert hatten, fiel ihnen auf, daß sie reichlich steil geworden war. Weil Seth ziemlich abgeschlafft war, beschlossen sie, daß Blake die Harley hinauffahren würde. Er sollte das Motorrad aus genügendem Abstand anfahren, kurz Gas geben, das Gestell hochbrummen und auf der Seitenrampe schnell genug stoppen. Vorsichtshalber öffnete Seth den Eingang zum rückwärtigen Lagerraum, falls Blake mehr Platz fürs Bremsen brauchte. Neben dem Lagerraum waren einige der »Künstlerateliers«.

Blake schwang sich auf die Harley, warf sie an, gab Gas und lenkte sie aus etlichen Metern Entfernung auf die Auffahrt zu. Plötzlich merkte er, daß das Gas klemmte. Auf den Brettern hob der Ofen ab wie eine Rakete. Die Harley schoß durch die Luft, sauste in den offenen Eingang quer durch den Laderaum und krachte durch die dünne Gipswand bis zur anderen Seite des Studios. Blake landete Knall auf Fall mitten in einer »Body Painting Session« und verfehlte das Girl und ihren momentanen Freier nur um einen halben Meter. Der restliche Stoßtrupp grapschte sich die Klamotten und suchte volle Deckung. Blake wälzte sich auf dem Fußboden und lachte sich 'n Ast ab. Seth lief hinterher, ihm quollen schier die Augen aus dem Gesicht.

»Shit, was 'n los? Was issen da so verdammt lustig?«

Blake rappelte sich auf und klopfte sich den Staub von den Klamotten. »Halt dich fest, Evel Knievel! Grad hab ich den Weltrekord in der Disziplin aufgestellt, 'ne Harley in 'nen Puff zu fliegen.«

Bis heute ist es zweifelhaft, ob dieser Rekord je gebrochen wurde oder jemals gebrochen werden wird.

Loaded Lindas stille Welt

In den psychedelischen 60ern feierten die Biker auf den Straßen Oaklands Party auf Party. Wie moderne Piraten stürmte eine einzigartige Mischung aus Originalen über die Highways der Bay Area. Da bretterten Clubgrößen wie Pee Wee, Crash, Salem, Limey Joe, Tony the Wanderer, Freewheelin' Freddy, Garcia und East Bay Jake hinter ihren Hochlenkern frei und high durch die Gegend. Und mit ihnen jede Menge junger, williger Chicks, die sich begeistert dem Club anschlossen. Sie trugen zwar keine Clubabzeichen und droschen nicht auf unserer Seite mit, wenn es in den Destillen zu Schlägereien kam, aber sie saßen gewissermaßen in der ersten Reihe und sahen zu.

Einer der coolsten Feger, die mit uns abhingen, war eine Highschool-Mieze, die wir Loaded Linda nannten. Linda trieb ihre Alten in den Irrsinn. Als Teenager hatten sie und ihre Busenfreundin Deanna in Richmond die Schule geschwänzt und in abgestellten Güterwagen auf dem Bahnhofsgelände Hasch geraucht.

1963 fing Linda mit der Rumtreiberei an. Für ein aufsässiges Highschool-Mädel aus Richmond, das auf Schulparkplätzen minderjährige Reifenquäler wegen Motorroller-Spritztouren anmachte, war es ein Riesenschritt, sich an die Kerle der Biker-Elite zu schmeißen, die zum Bass Lake Run unterwegs waren.

Den ersten Kontakt mit den Nomads hatte Linda, als die Jungs in den Süden gingen und Richmond als zeitweilige Basis benutzten.

Linda kannte Tony the Wanderer. Damals lebte Tony mit einem Mordsweib namens Lana zusammen. Lana war eine echt abgebrühte Braut und wußte ganz genau, was auf der Straße lief. Um für sich und Tony den Lebensunterhalt zusammenzukriegen, schaffte sie auf der Straße an. Damals war Linda noch naiv und regelrecht geschockt, als ihr klar wurde, daß sie ihre erste waschechte Nutte kennengelernt hatte.

Tony war ziemlich bekannt in der psychedelischen Szene der Bay Area. Er hielt sich für einen Hansdampf in allen Gassen – halb Einprozenter, halb Hippie – und freundete sich mit einflußreichen, abgehobenen Hipstern wie LSD-Pionier Owsley Stanley, dem Schriftsteller Ken Kesey und dem Psychedelik-Guru Timothy Leary an. Die Top-Bands San Franciscos – Gruppen wie Grateful Dead, Big Brother, Holding Company und Blue Cheer – sah man regelmäßig mit Tony auf dem Asphalt. Während Lana auf die Straße ging, hatte Tony jede Woche ein anderes glupschäugiges Hippie-Girl auf seinem Soziussitz hängen. Wenn man ihn suchte, bestand die hohe Wahrscheinlichkeit, daß er sich auf einem Happening – etwa einem Be-in – in San Franciscos Golden Gate Park tummelte oder sich bei kostenlosen Musikkonzerten im Panhandle rumfläzte. Dort vertickte Tony Acid und festigte seine Haight-Ashbury-Drogen-Connections.

Und so ähnlich war die Clique, bei der Linda nach ihrem Abgang von der Highschool landete. Lindas allererste Fahrt als Sozia machte sie mit einem Nomad namens Robbie Garcia. Den Ausflug kann man nicht gerade als gelungen bezeichnen. Sie brummten in El Sobrante auf der Santa Rita Road an einem Hügel die Serpentine hinauf, da rutschte Lindas Fuß von der Fußraste, stieß gegen die Schaltung und warf den Gang raus. Der Bock rollte rückwärts den Hügel hinunter. Robbie steuerte mit dem Hochlenker so gut er konnte, während die Maschine heftig nach

Lovely Loaded Linda auf dem Bass Lake Run *Foto: Linda Black*

links und rechts schlingernd das steile Gefälle hinabholperte. Andere Fahrzeuge rasten an dem fast außer Kontrolle geratenen Zweirad vorbei. Nachdem das Paar mehreren Zusammenstößen ausweichen konnte, gelang es Robbie endlich, am Fuß der Anhöhe zu stoppen. Robbie war stinksauer, als Linda fragte, wieso sie wieder da angekommen waren, wo sie ihre Fahrt begonnen hatten.

Er erklärte Loaded Linda, wie sie sich mit ihm in die Kurve legen mußte, und sie lernte, sich auf dem Soziussitz richtig festzuhalten. Einmal befolgte sie Robbies Empfehlung zu sehr und lehnte sich so weit scitwärts, daß Robbie den Ofen auf einem dicht befahrenen Highway fast auf die Flanke legte. Nach zwei so heiklen Vorfällen hätten die meisten Typen Linda mit einem Arschtritt aufs Bankett befördert. Aber Robbie war ein geduldiger Fahrer.

Ich traf Loaded Linda das erste Mal 1965, als eine Kolonne der Nomads in die El-Adobe-Bar auf der East 14th Street einfiel. Robbie stellte sie als seine Alte vor. Sie war erst 18, hatte sich aber mit einer falschen ID Zutritt in die Bar erschlichen. Ich war damals noch mit Elsie verheiratet, meiner ersten Frau, also schickten wir Linda an den Tisch, wo Elsie mit ein paar anderen Chicks zum gemütlichen Qualmen und Schlappen saß. Sie boten Linda Seconal an, so daß sie an dem Abend ihre erste Bekanntschaft mit Reds machte, weit verbreiteten Schlummerpillen. Weil sie beweisen wollte, daß sie das gleiche Format wie die übrigen Girls hatte, schluckte sie Reds, bis sie besinnungslos unter den Tisch sank. Robbie hob sie auf die Schulter, schleppte sie hinaus und legte sie auf die Rückbank eines Autos, damit sie ausschlafen konnte.

Loaded Linda war ein bildhübscher Rotschopf. Als Garcia ihr Pascha wurde, hatte sie langes, volles Haar, das im Wind wehte. Doch was Loaded Linda unter den Aberhunderten von Schnucken, die im Laufe der Jahre mit uns rumhingen, echt einmalig machte, war die Tatsache, daß sie buchstäblich taub war. Als zweijähriges Kind hatte Linda durch eine Masernerkrankung das Gehör verloren. Die Krankheit zerstörte die Nervenspitzen des Innenohrs, 90 Prozent des Hörvermögens gingen futsch. Linda besuchte einen Sprachtherapeuten und lernte schon früh das Lippenlesen. Aber wenn Linda bei uns mitfuhr, konnte sie, wenn auch nur schwach, ihr Lieblingsgeräusch hören: das Röhren zweier gerader Harley-Davidson-Auspuffrohre. Zu uns zu gehören war für sie ein Weg, ihrer allzu fürsorglichen Familie (und auch sich selbst) zu zeigen, daß sie sich, auch wenn sie in einer Welt der völligen Stille lebte, auf eigene Faust durchs Leben schlagen konnte.

Linda blieb den Nomads treu. Eines Abends strömte das komplette Chapter zusammen und rollte nach San Francisco, um im Fillmore Auditorium Janis Joplin, Big

Brother und Holding Company auf der Bühne zu sehen. Linda fuhr mit Limey Joe, ihrem neuen Nomad-Boyfriend. Eine Motorrad-Armada dröhnte in die Stadt und sammelte sich an der Ecke Fillmore und Geary auf der Zufahrt. Bill Graham, der abgewichste Konzertpromoter, stand an dem Abend persönlich am Eingang, und kaum sah er den Pulk mit seinen Chicks, rastete er aus. Wenn wir hineinwollten, um die Show anzugucken, sollten wir nach seiner Meinung gefälligst auch dafür blechen. Dadurch entstand vor dem Eingang gefährliche Randale, denn Janis selbst hatte uns versprochen, dafür zu sorgen, daß man uns auf die Liste der Ehrengäste setzte.

Jemand zückte sein Geld und kaufte eine Eintrittskarte für Linda, die mir nichts, dir nichts in den Backstage-Bereich flitzte und Janis aufspürte, die sich gerade mit ihrem gewohnten Boa- und Perlenbehang ausstaffiert hatte.

»Janis, draußen steht 'n Riesenhaufen Biker und will zu deinem Auftritt, aber Bill will uns nicht reinlassen.«

»Das werden wir ja sehen.«

Anscheinend hatte Graham schon den ganzen Abend lang über Janis' Ehrengästeliste gemotzt und versucht, Änderungen durchzudrücken, doch jetzt war das Maß für Janis voll. Sie weigerte sich, die Bühne zu betreten, bis Graham endlich die Türen öffnete und sämtliche Jungs mitsamt ihren Bräuten einließ. Von dem Tag an standen wir bei Bands wie Sly Stone, Grateful Dead (bei denen wir allerdings sowieso willkommen waren), B. B. King oder The Who auf der Ehrengästeliste und brauchten nie mehr Flocken für den Eintritt locker zu machen.

Doch die größte Begeisterung weckte bei Linda die nächtliche Rückfahrt von Frisco zur East Bay. Ein Rudel von circa zwei Dutzend Harley-Besitzern startete nach dem Konzert die Maschinen. Eine Handvoll Typen flirtete zum Abschluß noch munter mit ein paar Flower-Power-Blondinen, die Miniröcke trugen und Haare bis zum Hintern hatten. Außerdem gab es jedes Mal Nachzügler, zwei bis drei Kerle, die so zugeknallt waren, daß sie es nicht gebacken kriegten, ihre Maschinen zu starten, wenn das Gros der Meute den Motor anwarf. Doch zu guter Letzt saß alles im Sattel und war fertig zum Losrollen. Dann schnürte die Kolonne mit kollektivem Donnerhall wummernder Drehmomente durchs nächtliche San Fransisco. Die einen Häuserblock lange Kolonne brummte von der Fillmore die Steigung der Geary Street hinauf, bog scharf nach rechts in die Gough ab und knatterte stracks Richtung Bay Bridge. Inzwischen waren alle Lokale geschlossen. Friscos Straßen lagen nahezu menschenleer da. An roten Ampeln zu halten, war überflüssig; man konnte ohne Pause durch die Nacht fahren, bis die Reifen East-Bay-Erde aufspritzen ließen.

Am tollsten fand Loaded Linda es, als wir durch den Tunnel zwischen den beiden östlichen Teilen der Bay Bridge brausten. In ihrer tauben Welt gab es nichts, das sie besser hätte hören können als den Widerhall von 25 Paaren ultralauter, gerader Harley-Davidson-Auspuffrohre, wenn die Maschinen mit Vollgas durch das kurze Stück Tunnel dröhnten. Diese Tunneldurchquerung zählte zu den aufregendsten Erlebnissen, die sie mit Limey Joe hatte. Loaded Linda klammerte sich an ihn und fühlte sich großartig. Wenn der Motor brummte und der Auspuff röhrte, konnte jeder die ungezügelte Kraft und Leistung seiner Maschine spüren.

Tony war auch dabei und trieb seine Mätzchen. Er fuhr der Truppe voraus, aber der Rest heizte ordentlich ein und holte schnell auf. Während er wie eine gesengte Sau durch den Tunnel raste, wechselte Tony wie ein Besoffener immerzu die fünf Spuren. Dann legte er sich rücklings auf den Sissybar, den hochlehnigen Rücksitz, streckte beide Beine in die Luft und heulte wie ein Wolf. Die Kolonne schoß ungebremst aus dem Tunnel – auf der Höhe von

Die Nomads 1970 mit Limey Joe (2. v. r.) *Foto: Linda Black*

Treasure Island – und ins Freie, als wäre sie ein Schwarm wütender Hornissen. Dort trennten sich die Fahrer. Die Nomads bogen nach Richmond, Berkeley und anderen nördlich gelegenen Orten ab. Die restlichen Fahrer wandten sich in Gegenrichtung, zum Nimitz Freeway nach Oaktown, Hayward und sonstigen südlichen Ortschaften.

Irgendwo kurz hinter der Bay Bridge veranstalteten Limey Joe (mit Linda als Sozia) und Sergio (auf dessen Soziussattel seine Frau Anna saß) ein Rennen. Sie schossen auf den Spuren hin und her, wichen ahnungslosen, betrunkenen Fahrern aus und überschritten 160 Stundenkilometer. Es beunruhigte Linda, wie viel Dope sie und Limey konsumiert hatten. Als Janis auf der Bühne erschien, hatte sich Limey zwei Purple-Haze-LSD-Dragees eingeworfen, und nach der Veranstaltung hatte er, um sich zu downen, eine Handvoll Reds geschluckt. Linda freakte infolge ihres Acid-Dragees aus und hatte zweimal das Gefühl, daß der Hinterreifen schlackerte und schlingerte, während Limey versuchte, Sergio einzuholen, der um eineinhalb Längen führte.

Linda bekam ein drittes Mal den Eindruck, daß der Bock hinten schlotterte und wackelte. Also ging sie lieber auf Nummer Sicher.

»Starenkasten an der Abfahrt!« schrie sie Limey ins Ohr.

Limey nahm Gas weg und verringerte schleunigst das Tempo. Wenn man ihm noch ein Knöllchen wegen Geschwindigkeitsüberschreitung verpaßte, riskierte er einen Führerscheinverlust auf unbestimmte Zeit. Sergio dagegen raste fanatisch drauflos und glaubte, er hätte das Rennen durch bloße Raserei gewonnen.

Limey Joe bekam seinen Spitznamen, weil er eine in England fabrizierte Beezer fuhr. Obwohl ich ihm meine alte, von mir selbst umgebaute Sportster verscherbelt hatte, betrachtete Limey die BSA noch immer als seinen verläßlichsten Lieblingsbock. Die Sportster, die ich ihm verkauft hatte, war eine echte Schlange; sie anzuwerfen war ein wahres Elend. Limey hatte überall an den Beinen blaue Flecken, weil ihn der Starthebel beim Zurückspringen ständig traf. Zum Glück wohnte er auf einer Anhöhe, deshalb konnte er es sich leichtmachen und die Kiste den Hang hinabrollen und dadurch anspringen lassen. Aber wenn es so nicht klappte, hingen Linda und Joe am Fuß der Höhe fest und mußten den Starthebel treten und treten, bis der Sporty-Vergasertupfermotor endlich spotzte und ansprang.

Limey war ein Eigenbrötler. Wahrscheinlich gab er aus diesem Grund der Beezer den Vorzug, obwohl er sich von den anderen Mitgliedern jede Menge Scheiß anhören mußte, weil er keine Harley fuhr. Linda jedenfalls nörgelte deswegen nicht. Die BSA hatte einen schön geschwungenen Sissybar, auf dem man sich bei langen Fahrten ohne weiteres ein Schläfchen leisten konnte. Wenn sie sich in der richtigen Haltung zurücklehnte, war sie im richtigen Gleichgewicht und konnte Kilometer um Kilometer pofen. Auf dem Soziussitz der BSA verschlief Linda, von Reds und den langen Fahrten todmüde, massig Kilometer.

Loaded Linda machte ihrem Namen alle Ehre. Sie knallte sich mit Vorliebe Reds rein, und wenn sie mich in meiner Hütte bei Golf Links besuchte, rief unweigerlich jemand: »Seht mal! Da kommt Linda, und sie ist schon wieder loaded.«

So bekam sie ihren Spitznamen. Während sie mit Limey zusammen war, trug sie oft ein T-Shirt mit einem Motorrad und der Aufschrift LLL darüber – ein Kürzel für »Limeys Loaded Linda«.

Irgendwann gehörte auch Lindas alte Highschool-Busenfreundin Deanna zur Szene. Aber dummerweise fing Deanna an, Heroin zu fixen. Beide Mädels schenkten sich echt nichts. Manchmal lag Deanna völlig weggetreten in einem Knautschsessel, während Linda blind, die Arme vor sich ausgestreckt, im Zimmer umhertappte und hoffte, nichts und niemanden zu rammen. Außerdem gab es noch eine dritte Braut namens Mary. Sie stand total auf Marihuana und schnorrte emsig Joints.

Die drei Ladies wurden im Dunstkreis des Oaklander Clubs unzertrennlich. »He, seht nur«, rief Pee Wee einmal, »da kommen Loaded Linda, Dope-Deanna und Marihuana-Mary.«

Loaded Lindas Lust auf Seconal brachte sie bald in die Risikozone. Sie war praktisch nur noch stoned. Wenn sie mal keine Reds intus hatte, dann bestimmt Window Pane Acid, das Tony ihr für ’n Appel und ’n Ei überließ. Eines Abends gab East Bay Jake in seinem Haus an der Seventh

Avenue eine Party. Freewheelin' Freddy aus Frisco (der keine Gelegenheit versäumte, an kostenloses Acid zu gelangen) war auch da. Tony kroch auf allen vieren auf dem Fußboden rum wie ein Gaul, und auf ihm ritt seine Alte. Jeder machte, was ihm gerade paßte: quatschen, qualmen, futtern, pennen, bumsen. Jake hatte die erste Seeds-LP auf dem Plattenteller liegen und ließ immer wieder einen Song mit dem Titel *Up in Her Room* dröhnen.

High vom Acid, hakten Loaded Linda, Salem und ein anderer Zahn namens Little Lisa sich unter und hüpften im Takt der Musik auf Jakes Couch herum. Jake maulte, sie sollten es bleiben lassen, weil sie sonst die Federn demolieren würden. In Jakes Hütte durfte man kein Bier verschütten und nicht auf den Teppich kotzen. Er hielt seine Behausung astrein in Ordnung und verlangte, daß das jeder respektierte. Loaded Linda hing gerne bei Jake rum, aber einige Clubmitglieder glaubten, daß es bei ihm spukte, weil sich dort einmal jemand erschossen hatte.

Das angebliche Gespenst sollte eine Puppe namens Jan sein, die für ungefähr sieben Monate Pee Wees Braut gewesen war. Irgendwann hatte Pee Wee die Nase voll von ihr und Lust auf ein neues Häschen. Als er ihr den Laufpaß geben wollte, konnte Jan es nicht verkraften, von einem Vereinsmitglied geschaßt zu werden. Sie wurde zu einem Stalker, lange bevor sich diese Bezeichnung ausbreitete. Überall wo Pee Wee war, kreuzte auch sie auf. Wenn Pee Wee bei irgendwem abhing, stand bald auch Jan vor der Tür und motzte rum, oder sie klemmte sich ans Telefon und laberte ihn zu.

»Pee Wee hier, Pee Wee da«, hieß es ständig. Schließlich hatten alle die Schnauze gestrichen voll von ihr. Eines Tages hockte Pee Wee locker bei Jake, und auch dieses Mal tauchte die Schnepfe wieder auf, um Terz zu machen. Sie rannte hinauf ins Schlafzimmer, latschte per Zufall in die Abstellkammer, fand eine Knarre und schoß sich in die

Rübe. Jan verspritzte ihr dämliches Gehirn an Wände und Decke. Für mich war die Chose besonders beschissen, weil ich Jake schonend beibringen mußte, daß jemand seine Bude mit Blut und Grütze versaut hatte. Mann, war Jake sauer auf Pee Wee!

Nach dem Selbstmord passierten unheimliche Sachen. Das Schießeisen, mit dem sich Jan ausgeknipst hatte, wurde danach im Erdgeschoß aufbewahrt, aber immer wieder lag die Knarre plötzlich oben. Wenn jemand sie nach unten brachte, fand man sie kurze Zeit später trotzdem im Obergeschoß wieder. Endlich hatte Jake die Faxen dicke und verbuddelte die Wumme hinten im Garten, aber sogar *danach* tauchte sie oben wieder auf.

Glaubte man Linda, so hatte die Abstellkammer, in der sich Jan erschoß, eine komische Ausstrahlung. Wenn man die Tür öffnete, kam ein eisiger Luftzug heraus. Um das Haus von Jans nachtragendem Geist zu befreien, kamen schließlich ein paar Mitglieder vorbei, rissen die Kammer komplett ab und bauten an der Stelle ein Hochbett auf. Nicht einmal der härteste Motorradfan kann gegen ein Gespenst anstinken.

In der Zeit zwischen Elsies Tod und der Begegnung mit meiner zweiten Frau Sharon wurden auch außerhalb Kaliforniens überall in den USA neue Motorradclubs gegründet. Die Presse schenkte uns viel Aufmerksamkeit – nicht nur irgendwelche Lokalgazetten, sondern auch Zeitschriften mit landesweiter Verbreitung. Ich hatte alle Hände voll zu tun. Damals zog Loaded Linda aus meiner Nachbarschaft auf der Golf Links Road die Straße hinunter zu Salem. Salem und Linda waren lediglich Freunde; sie kümmerte sich um seinen Kram, nahm sich seiner privaten Bedürfnisse an und erledigte für ihn ab und zu einen Botengang. Nach Elsies Tod behielt Linda auch mich im Blick, sie achtete darauf, daß bei mir alles seine Richtigkeit hatte. Ihre beste Freundin Patti schaute öfter bei mir rein und hielt mein Haus sauber.

Weil ich schwer damit beschäftigt war, Jungs vor dem Eingelochtwerden zu bewahren, suchten Linda und Patti im Ort für mich nach Torten. Sie betätigten sich als die reinsten Schnallenjägerinnen. Sie machten sich den Spaß, in Kneipen und Bars zu gehen, die nettesten Go-go-Tänzerinnen auszugucken und zu einem Besuch unserer Partys zu überreden. Nachdem erst einmal zwei, drei Miezen auf solchen Partys gewesen waren, erzählten sie ihren Freundinnen davon. Innerhalb kurzer Zeit sprachen sich unsere Feten so weit herum, daß die Mädchen Linda und Patti auf Anhieb erkannten. »He, wo steigt denn die nächste Sause?« erkundigten sich Hippie-Tussen bei Loaded Linda. »Und wie geht's Sonny?«

Linda und Patti entwickelten sich zu wahren Partygirl-Kupplerinnen. Patti verstand sich aufs Aussuchen der schönsten Hennen. Linda trieb immer die coolsten Bienen auf. Wenn sie unterschiedlicher Meinung waren, welche Mieze am besten war, behielt im allgemeinen Patti recht. Aussehen schlägt Persönlichkeit allemal. Wenn sie eine wirklich umwerfende Wuchtbrumme ins Haus brachten, bestand eine gute Aussicht, daß ich sie ein, zwei Wochen lang bügelte, bevor ich sie an einen anderen Vereinsfreund weiterreichte.

Anfang der 70er Jahre, bevor man mich im Folsom Prison einbuchtete, hatte ich Loaded Linda aus den Augen verloren. Sie wurde in ein Ding verwickelt, bei dem Falschgeld eine Rolle spielte. Das war in den Zeiten Richard Nixons und J. Edgar Hoovers. Zwei Secret-Service-Agenten erwischten Linda auf frischer Tat, mit Blüten in den Flossen, und nahmen sie fest. Als ich davon hörte, tat ich, was ich konnte, um zu erreichen, daß man sie gegen Kaution auf freien Fuß setzte. Aber leider hatte der Justizpinguin knallharte Beweise gegen sie vorliegen, und es sah ganz so aus, als müßte Linda eine lange Haftstrafe absitzen.

Linda schmorte zwei Jahre lang auf Terminal Island, bis man sie auf Bewährung entließ. Sie hatte sich vorgenommen, nach ihrer Entlassung eine gutbürgerliche Existenz mit Limey Joe zu gründen. Daraus wurde aber nichts, weil Limey Joe auf dem Highway 101 bei Santa Barbara einen üblen Verkehrsunfall hatte. Ihm wurde die Birne zerschmettert, er war sofort tot.

Als Loaded Linda Terminal Island ade sagte, steckte ich ihr 1500 Mäuse zu, um es ihr zu erleichtern, wieder auf die Beine zu kommen. Außerdem kannte ich den Typ, der die Absteige managte, in der sie für die Dauer der Bewährungsfrist wohnen sollte. Er versprach mir, daß man sie dort gut behandeln würde. Danach hatten wir viele Jahre keinen Kontakt, bis wir uns kürzlich bei einer Signierstunde für meine Bücher wiederbegegnet sind.

Linda hat tatsächlich die Kurve gekriegt und ist heute fein raus. Sie leitet eine High-Tech-Firma in Silicon Valley und lässt keinen Scheiß mehr an sich ran. Aber jedes Mal, wenn eine Harley-Davidson auf dem Highway an ihr vorbeibrummt, erinnert das unverkennbare Röhren der lauten Auspuffrohre sie an die alten Zeiten, als man sie noch Loaded Linda nannte und sie eine berüchtigte Motorradbraut war, die auf dem Sozius einer Beezer mit ihrem Alten die Gegend unsicher machte, und an die Nacht, als die Auspüffe einer ganzen Harley-Kolonne das Innere des Bay-Bridge-Tunnels mit ihrem Gedonner erfüllten.

Der Geist von Yermo

Auf Fernfahrten leisten mir mein Motor und die Auspuffrohre Gesellschaft. Ich bin kein Typ für Besinnlichkeit. Seit Jahren sind meine Stühle mit Radios ausgestattet, aber ich schalte sie nie ein. Ich höre meinem Motorrad zu, lausche, was Antriebsriemen, Kette, Auspuff oder Ventile erzählen. Ich will wissen, was die Maschine macht. Und sie erzählt es mir. Möchte jemand meinen Rat hören? Spitz die Ohren, wenn dein Ofen was zu schnacken hat.

Brenton hatte den Trip von Dago nach Vegas dank ausgeklügelter Planung jedes Mal voll im Griff. Viereinhalb Stunden geradeaus auf Highway 15. Obwohl er ein SoCal-Kerl war, fand er das Vergnügungsviertel von Vegas am tollsten von allen Tummelplätzen. In Las Vegas tobte das pralle Leben: Es gab Strip-Lokale, Peep-Shows, Kasinos und Leckeres zum Spachteln, und zwischendurch konnte man Spritztouren in die Wüste einschieben. Anstatt zu fliegen oder mit dem Auto zu fahren, verließ sich Brenton auf seine 93er Softail Custom.

Brenton war bei dieser Tour nie lange auf Achse, meistens rund vier Tage. Seit eh und je hatte ihn die Welt der Motorradszene fasziniert, und er hatte den Einstieg mit einer 77er FLH gemacht, bevor er sich auf die Softail verlegte. Die Arbeiten am Motor sowie das Verlängern und Knicken der Vordergabeln erledigten größtenteils die Jungs bei Moreland Choppers. Zusätzlich garantierte die Montage eines 16-Inch-Hochlenkers ein tierisches Fahrerlebnis.

Wenn Brenton das Gas voll aufdrehte, konnte er die Route 15 nach Vegas als eine Art Windtherapie nutzen. Wie viele Motorradfahrer nutzte auch Brenton auf Fernfahrten die Zeit, um über sein Leben und das Dasein im allgemeinen nachzudenken. Was trieb er eigentlich? Wohin führte das Leben ihn? Was wäre geworden, wenn er sich für einen anderen Weg entschieden hätte? So manches Mal hing er auf seinen Fahrten in Gedanken versäumten Gelegenheiten nach. Das war die Art von Überlegungen, mit denen er sich während seiner Fernfahrten – und nur dann – befaßte.

Zwecks schnellen Auftankens hielt Brenton normalerweise in dem Wüstenkaff Barstow, einer typischen Knöllchenfalle auf halber Strecke nach Vegas. Der nächste Ort hieß Baker, dort gab es eine Werkstatt; außerdem beherbergte das Nest das »größte Thermometer der Welt«, und meistens zeigte es Temperaturen zwischen 30 und 40 Grad an.

Nachdem er eine Woche lang in Las Vegas kräftig auf die Kacke gehauen hatte, beschloß Brenton, sich für die Heimfahrt leicht anzuziehen. Im Freien herrschten ca. 40 Grad Hitze. Weil er keine Tasche dabei hatte, schickte er seine Klamotten per UPS nach San Diego. Was er mitnahm, trug er am Leib: lederne Motorradhose, T-Shirt, Tourenweste. Eine Jacke brauchte er nicht, weil er am späten Abend längst zu Hause sein wollte. Als er dem heißen Vergnügungsviertel Vegas um 16 Uhr adieu sagte und sich auf die Rückfahrt machte, ging er fest davon aus, vor 21 Uhr zu Hause zu sein.

Ungefähr 18 Kilometer hinter Baker, gut 100 Kilometer von Vegas entfernt, verwandelte sich der Highway 15 in einen Parkplatz. Über zwei bis drei Kilometer hinweg wurde das Verkehrsaufkommen immer dichter, bis alle fast zum Stillstand kamen. Die Autos waren überhitzt. Auf dem Mittelstreifen tummelten sich Leute. Kinder rannten umher. Fahrzeugtüren flogen auf oder knallten zu. Für den Fall, daß er plötzlich bremsen mußte, fuhr Brenton sicherheitshalber Schrittempo. Dann schlug ein Trucker dem Faß den Boden aus: Ein Lastzug fing Feuer, das sich nicht löschen ließ, und damit brach auf dem Freeway endgültig der Verkehr zusammen.

Noch beinahe 40 Kilometer mußte sich Brenton weiter durch den Stau quälen und dabei ständig Kindern, Tieren und anderen Hindernissen ausweichen. Sobald er die Unfallstelle passiert hatte, ging es wieder zügig voran, er konnte den Highway wieder volles Rohr befahren. Aber als Brenton den winzigen Flecken Yermo erreichte, fing sein Ofen – nachdem man ihn gerade durch eine Polizeikontrolle gewinkt hatte – zu stottern an. Anfangs scherte er sich gar nicht darum; doch auf den letzten 30 Kilometern hatte er mehr Benzin verbraucht, als er dachte.

An der nächsten Ausfahrt rollte er vom Freeway und hatte praktisch keinen Tropfen Sprit mehr.

Mitten auf einer trostlosen Abfahrtskreuzung ging der Motor aus. Es gab keine Autos, keine Tankstelle, keine Läden, nicht einmal ein Telefon. Nur Sand in allen vier Himmelsrichtungen. Brenton kam sich vor wie der größte Depp. Er stand mitten auf der Kreuzung, packte sich an den Kopf, schrie vor Wut und verfluchte seine eigene Blödheit.

Jetzt saß er in Yermo fest, der Hauptstadt des Nichts. Brenton hatte vergessen, in Baker zu tanken. Nun mußte er irgendwie einen Ausweg aus dem Schlamassel finden. Obwohl es ihn sehr viel Selbstbeherrschung kostete, verkniff er es sich, das Motorrad mit einem Tritt umzukippen. Davon hätte er nämlich überhaupt nichts gehabt.

Plötzlich hörte Brenton aus heiterem Himmel eine Stimme. Zuerst wußte er nicht, woher sie kam. Ihm war nicht aufgefallen, daß sich ihm irgend jemand aus den Weiten der Wüste genähert hätte.

Brenton auf der Interstate 15 – in völliger Mißachtung der Helmvorschrift *Foto: Brenton Demko*

»Du hast kein Benzin mehr, mein Sohn«, fistelte die Stimme.

Der Alte war nicht groß, höchstens 1,60 Meter. Er hatte langes weißes Haar und einen ebenso langen weißen Bart und er ähnelte einer Mischung zwischen einem ausgemergelten Weihnachtsmann und dem Sensenmann persönlich. Weil er kein Hemd am Leib hatte, sah man seinen wabbeligen Kugelbauch; er trug nur eine abgeschnittene Jeans. Außerdem hatte er keine Zähne und keine Schuhe. Der Greis glich einem Sack Knochen, nuckelte jedoch an einer Flasche Jack Daniel's. Das war auch Brentons Lieblingsmarke, aber der Knickstiefel bot ihm kein einziges Schlückchen an.

»Gibt's hier irgendwo in der Pampa 'ne Tanke?« fragte Brenton das alte Wrack.

»Ungefähr zehn Kilometer weiter am Highway.«

Von der Idee, seinen Feuerstuhl so weit schieben zu müssen, hielt Brenton ganz und gar nichts.

Daraufhin erzählte der Alte ihm von einem Pärchen, das etwa einen Kilometer vom Highway entfernt wohnte. Es könne ihm vielleicht aushelfen, aber Brenton müßte schon selbst hinlatschen. Anscheinend verstand der Grauschimmel sich mit dem Paar nicht so recht.

Brenton schloß den Bock ab und machte sich auf die Socken. Als er sich umdrehte, um sich bei dem Moses zu bedanken, war der Alte fort. Es gab ringsum keine Bäume, Sträucher oder Häuser, und der Mummelgreis war auf so rätselhafte Weise verschwunden, wie er sich gezeigt hatte. Wo mochte er wohl geblieben sein?

Heilige Scheiße, dachte Brenton.

Er fühlte sich ziemlich abgeschlafft. In der vergangenen Nacht hatte er noch einmal tüchtig gesumpft. Außerdem war er verstimmt und müde. Er glaubte nicht ernsthaft an das Übersinnliche, aber allem Anschein nach hatte er gerade mitten in der Wüste mit einer Art Erscheinung geredet, bis sie plötzlich einfach verschwand. Verdammt merkwürdig.

Brenton marschierte die Landstraße entlang bis zu einem Haus. Auf dem staubigen Hof lief er einer hünenhaften Gestalt in die Arme. Der Kerl war ein echter Koloß, gut und gerne zwei Meter groß, zudem dick und fett wie ein Mastschwein. Er hatte seinen Wanst in einen Overall gezwängt. Aus einem mehrere Liter fassenden Keramikkrug schlürfte er irgendein Gesöff. Auf der Veranda saß seine alte Grammel, der die Schneidezähne fehlten. Vor dem Haus stand ein Kleinlaster mit allerlei Gerümpel auf der Ladefläche. Dieses Paar zählte zu Yermos Landeiern.

Brenton ging auf den Fettarsch zu und streckte ihm freundlich die Hand entgegen.

»Sagen Sie, ist hier 'ne Tanke in der Nähe? Mir ist auf'm Highway der Sprit ausgegangen. Oder haben Sie 'n bißchen übrig, das Sie mir verkloppen können?«

Der Typ kratzte sich am Sack und überlegte.

»Ich könnt ja was aus'm Laster abfüllen.«

Die (mutmaßliche) Ehekrücke des Fettflecks brabbelte etwas davon, daß es in Kalifornien verboten wäre, Treibstoff aus Fahrzeugtanks abzuzapfen.

»Halt die Klappe!« schrie der Butterberg der Vettel zu. Dann setzte er das Gespräch mit Brenton fort.

»Na gut, aber Sie müssen's selber machen. Ich hab Asthma.«

Während der Schwabbel einen Schlauch und einen Benzinkanister vom Laster holte, behauptete Brenton, daß er keine Ahnung vom Spritklauen hätte.

»Egal«, sagte der Schmerbauch. »Dann mach ich's eben doch.«

Er saugte an dem Schlauch und hustete ein Maul voll Sprit aus. Jäh gurgelte Brennstoff aus dem Schlauch, überschüttete den Latz des Overalls und troff in den Sand. So ungeschickt, wie es nur ging, schob der Klops den spritspeienden Schlauch in den Kanister und füllte ihn rasch bis zum Anschlag. Während der Dicke hustete und röchelte, mußte Brenton schwer an sich halten, um sich nicht unverhohlen ins Fäustchen zu lachen; der Ferkelskopf ersparte ihm echt eine Menge fieses Geklecker.

Brenton bot ihm für Sprit, Kanister und Aufwand 20 Kröten, und weil er beharrlich darauf bestand, nahm die Speckseite den Lappen schließlich gnädig an. Gerade als Brenton sich mit dem Kanister auf den Weg zu seinem Bock machen wollte, blieb er wie angewurzelt stehen. Mensch, fast hätte er vergessen, daß er den Kerl noch etwas fragen mußte. Brenton quatschte den Kloß nochmals an.

»Sagen Sie, kennen Sie 'nen dürren, alten Wurzelsepp mit weißer Matte und weißem Vollbart? Dem bin ich an der Straße begegnet. Er war's nämlich, der mich zu Ihnen geschickt hat.«

Der Schwammbuckel und sein Suppenhuhn guckten sich ratlos an und schüttelten den Kopf.

»Weiße Mähne, weißer Bart, hmmm, hör ich richtig?« quarrte der Mastochse. »Hat er irgendwie 'ne Fistelstimme gehabt?«

»Ja, die Beschreibung paßt«, bestätigte Brenton. »Er hatte 'ne Pulle Jack Daniel's in der Klaue.«

»Hört sich nach meimem Schwiegervater an, dem alten Uhu«, sagte der Fette. »Bloß is er seit fünf Jahren tot.«

Am nächsten Stopp tankte Brenton voll. Das gespenstische Wüstennest hatte er inzwischen weit hinter sich gelassen, davor war er sicher. Aber als ihn noch 20 bis 25 Kilometer von Barstow trennten, wo unter normalen Umständen Halbzeit war, stand er vor der Herausforderung, die Verzögerung auszugleichen und schneller als die Kälte zu sein. Je näher er zum Cajon-Paß gelangte, um so kühler wurde es. Während er an Victorville vorbeiraste (dem Heimatort von Roy Rogers und Dale Evans, die beide längst die Radieschen von unten betrachten), fiel die Temperatur auf 12 Grad. Bis er den Cajon-Paß erreichte und Richtung San Diego fahren konnte, würde die Temperatur bestimmt um weitere 8 Grad sinken.

Kalter Wind fegte ihm *schlack-schlack-schlack-schlack* durch Tourenweste und T-Shirt. Brenton schlotterte dermaßen, daß er befürchtete, durch das Zähneklappern seine Hauer zu verlieren. Er dachte daran, die Fahrt abzubrechen und irgendwo zu übernachten, aber der Wunsch, es bis nach Hause zu schaffen, war stärker. Allerdings machte Brenton in Lake Elsinore Rast, trank drei Becher brühheißen Kaffee, schluckte ein paar Muntermacher und fühlte sich anschließend fit für die restlichen 130 Kilometer bis Dago. Das Motorrad jedenfalls machte den Eindruck, der Aufgabe gewachsen zu sein. Also hielt Brenton die Softail auf der Piste, bis seine vor Kälte erstarrten Arme ihm fast nicht mehr gehorchten. Etwa 30 Kilometer vor Dago mußte er sich wegen einer Baustelle auf die Benutzung einer Spur beschränken. Eine halbe Stunde nach

Mitternacht, also achteinhalb Stunden nach der Abfahrt, traf Brenton zu guter Letzt daheim ein. Nachdem er zwei Stunden lang unter Wolldecken gezittert hatte, kehrte seine normale Körpertemperatur allmählich zurück. Für den kommenden Tag nahm er sich fest vor, Satteltaschen und eine Thermosflasche anzuschaffen. Und wenn er das nächste Mal seinen Ofen flüstern hören sollte, wollte er ganz bestimmt darauf hören.

Hingelegt bei Kayenta

Laufend erzählen alle möglichen Zeitgenossen mir begeistert Geschichten, daß ihnen unsere Clubmitglieder bereitwillig aus der Patsche helfen, wenn sie mit irgendeiner Panne am Straßenrand liegen. Aber natürlich finden auch wir es total klasse, wenn fremde Motorradfahrer ihren Stuhl auf der Fahrbahn wenden und unsereins behilflich sind. Genau das war der Fall, als Frenchie, ein Motorradfan aus Mohave County, die Gelegenheit hatte, zugunsten des Clubs in Cave Creek in die Rolle des Samariters zu schlüpfen.

Frenchie fährt eine Suzuki Intruder und lebt in Nordwest-Arizona. Er ist ein Einzelgänger und streift mit Vorliebe durch die Weite des Südwestens. Besonders mag er die Fahrt vom Four Corners Run durch Kayneta, Tuba City und andere Navajo-Außenposten, bevor er abschließend zu seinem Wohnsitz in Kingman fährt. Um diese Strecke zu bewältigen – von Durango nach Phoenix –, heizt er volle Pulle einen ganzen Tag hindurch. Gewöhnlich ist das Wetter heiß und die Luft knochentrocken, es gibt nur selten Gewitter. Die abgelegene Straße bietet spektakuläre Ausblicke. Wenn man den Seitenwind außer acht läßt, der in der Hocheinöde mit Geschwindigkeiten von bis zu 60 Stundenkilometern blasen kann, ist die Fahrt eine ruhige Reise durch das offene, platte Land des Navajo-Reservats.

Frenchie war auf der Heimfahrt vom 2000 Four Corners Run. Es war am Tag der Arbeit, dem ersten Montag im September, und der Run war vorbei. Das Leben war schön. Frenchie hatte sich mit einer Horde Kumpels getroffen, die jedes Mal aus Texas anrollten, und tüchtig mit ihnen gefeiert. Jetzt befand er sich auf einer angenehmen Elfstundenfahrt heim nach Kingman und mußte noch circa 700 Kilometer zurücklegen. Er hatte auf dem Highway 160 einen langen, geraden Heimweg vor sich.

Weil er schon bei Tagesanbruch losgefahren war, sauste er der üblichen Menge von Motorrädern, der man nach dem Four Corners Run auf der Straße begegnet, weit voraus. Es war noch früher Morgen, auf dem einsamen Highway herrschte geringer Verkehr. Der Tag war hell und sonnig, die Sicht ultraklar. Rund 30 Kilometer vor Frenchie schwebte eine Wolkenformation. Rote Tafelberge säumten den Horizont, und das Monument Valley sah so malerisch aus wie immer. Fast konnte Frenchie die zerklüfteten Felsspitzen des etliche Kilometer entfernten Ship Rock erkennen. Auf dem zweispurigen Asphalt erreichte Frenchies Intruder ihre optimale Straßengeschwindigkeit von 150 Stundenkilometern.

Zur Rechtfertigung des schnellen Fahrens kann man anführen, daß die physikalischen Eigenschaften eines Motorrads sich mit denen eines Kreisels decken. Ein Kreisel hält sich um so stabiler aufrecht, je schneller er sich dreht. Dasselbe gilt für ein Motorrad: Je schneller es fährt, um so sicherer sitzt man im Sattel. Tritt böiger Seitenwind auf, ist es ratsamer, Gas zu geben, anstatt das Tempo zu verlangsamen. Diese Logik schützt nicht vor einem Knöllchen wegen Geschwindigkeitsübertretung, aber sie kann vor einem Alleinunfall schützen.

Frenchie kam auf dem Highway 160 erstaunlich flott voran. Er hatte in Kayenta aufgetankt und beabsichtigte den nächsten Halt im etwa 160 Kilometer weiter gelegenen Tuby City zu machen, um dort etwas zu essen. Während er seines Weges knatterte, sah er plötzlich im

Rückspiegel zwei Reihen Scheinwerferlichter aus Kayenta anrollen. Er wußte genau, wer da hinter ihm wie mit Düsenjägern heranbrauste, nämlich 20 Fahrer des Cave-Creek-Motorradclubs in Zweierreihen mit extrem geringem Abstand. Frenchie fuhr noch immer 150 Stundenkilometer, aber die Truppe brachte es auf 180 Sachen und holte ständig auf. Unsere beiden Kolonnen donnerten an ihm vorüber, als stünde er still. Frenchie hob die Faust zum Salut und jodelte ein Vivat.

Etwa einen halben Kilometer weiter stand auf der rechten Spur ein Navajo-Bulle in seinem Bronco oder Blazer (eine dieser Karren muß es gewesen sein). Vielleicht überlegte der Polyp, ob er links abbiegen solle, oder er war am Dösen; jedenfalls schoß die Kolonne mit Warpgeschwindigkeit an ihm vorbei. Wir fuhren kein bißchen langsamer. Was hätte der Arsch denn schon tun können? Sich auf ein Hochgeschwindigkeitsrennen mit 20 johlenden Einprozentern auf Harleys einlassen?

30 Sekunden später war die Kolonne auf und davon und schon außer Frenchies Sichtweite. Während Frenchie das Tempo drosselte, kam von hinten noch eine Harley angezischt. Er sah die Maschine nur kurz im Rückspiegel, als sie zum Überholen ansetzte. Der Fahrer war einer von unseren Jungs. Es war Marco, der seine Alte auf dem Soziussattel hatte und hoffte, schnell zu unserem Haufen aufschließen zu können. Er fuhr eine Full Dresser, eine Parademaschine mit großen Stoßdämpfern vorn und kleineren Exemplaren hinten für seine Mieze. Mit Affenzahn überholte Marco die Intruder und wollte – natürlich ebenfalls links – auch die Bullenschaukel überholen. Aber auf der linken Spur kam ihm ein Auto entgegen, also wechselte Marco zackig vor Frenchie auf die rechte Spur.

Und von da an schien sich alles in Zeitlupe abzuspielen. Frenchie konnte Marco auf die parkende Polypenschüssel zurasen sehen. Daß Marco noch rechtzeitig bremsen und halten konnte, war völlig ausgeschlossen. Sobald Frenchie sah, was passieren würde, fuhr er, indem er sich nur wenig Zeit zum Runterschalten nahm, an die Seite und hielt neben dem Highway an. Unterdessen betätigte Marco beide Bremsen. Aber es war nicht zu verhindern, daß er der Polente ins Blech krachte. Er mußte seinen Stuhl hinlegen, aber nicht mit 180 Sachen. Marco hielt die Harley auf zwei Rädern, indem er im Zickzack steuerte, solange es ihm möglich war. Frenchie stand am Straßenrand. Ihm war völlig klar, auf was Marco mit seinem Manöver abzielte. Er wollte die bis dahin weitgehend gebremste Maschine erst im allerletzten Moment hinlegen, unmittelbar vor der Kollision. Während Frenchie den Knall kommen sah, hatte er das Gefühl, daß Marco genau wußte, was er tat. Als der schicksalhafte Augenblick da war, brachte Marco seinen Ofen auf 45 Stundenkilometer runter, keine ungünstige Geschwindigkeit, um ein Motorrad hinzulegen, zumal wenn man berücksichtigte, welches Tempo es ursprünglich draufhatte.

Wie ein Paar tollkühner Stuntfahrer schlitterten Marco und seine Alte unter die Bullenschaukel. Fassungslos stieg der Navajo-Polyp aus, aber Frenchie war der erste am Unfallort. Marco und seine Puppe hatten sich schon aufgerappelt. Beim Zusammenprall waren die Satteltaschen aufgerissen worden, der Inhalt lag über die ganze Straße verstreut. Das Paar wirkte eher benommen als ernsthaft lädiert. Marcos Alte hatte bloß ein paar Schrammen an den Beinen. Frenchie reichte ihr seine Wasserpulle und fragte, ob alles okay wäre. Ziemlich unsicher schüttelte sie den Kopf, weil sie es gar nicht in Ordnung fand, daß sie um ein Haar den Löffel hätte abgeben müssen.

Hinter der Unfallstelle staute sich der Verkehr, andere Motorradfahrer hielten an. Als er Marco geholfen hatte,

Der gute Samariter Ron alias Frenchie mit Sonny (l.) beim Four Corners Run *Foto: Ron French*

seine Maschine an den Straßenrand zu schieben, beschloß Frenchie, ins 100 Kilometer entfernte Tuby City zu düsen und unseren Club zu benachrichtigen.

Frenchie saß auf und schoß davon wie eine Granate, er schaffte die Strecke in kaum 30 Minuten. Er entdeckte unsere Öfen vor einer Pinte und informierte uns. Der Club schickte einen Prospect mit einem Pickup hin, damit er Marco, seine Alte und das demolierte Motorrad abholte. Nachdem er Augenzeuge der besten Motorradfahrt-Krisenbewältigung geworden war, die er je erlebt hatte, und bei der Gelegenheit seine gute Tat des Tages hatte verrichten dürfen, war Frenchie bald wieder auf dem Weg nach Kingman.

Ich glaube, daß man aus diesem Vorfall eine Lehre ziehen kann. Wenn man mit Höchstgeschwindigkeit über die Piste sengt, sollte man unweigerlich für mögliche auftretende Fahrtrisiken eine Abhilfe im Hinterkopf haben. Jeder gute Biker hat für den Fall, daß auf offener Straße irgend etwas Unerwartetes geschieht, eine Anzahl von Notlösungen parat.

Marco wußte angesichts der üblen Umstände ganz genau, was er zu tun hatte. Er fuhr den Ofen rein instinktmäßig, hielt ihn auf zwei Rädern, solange er ihn noch in der Gewalt hatte und bremsen konnte. Wäre er auf beiden Reifen volle Kante gegen den Truck gekachelt, hätte man ihn und seine Jule vom Asphalt abkratzen müssen.

Apfelernte in Sebastopol

Es gibt Situationen, in die jeder geraten kann und die man als verheerenden Schicksalsschlag empfindet. Aber wenn man sich nach einiger Zeit daran erinnert und die Angelegenheit aus neuer Warte betrachtet, kann die verstrichene Zeit zur Folge haben, daß sogar die schlimmsten Erlebnisse im Rückblick eher komisch als schrecklich wirken.

Diese Geschichte dreht sich um einen solchen Vorfall.

Im Spätfrühling 1965 galt Sebastobol als »Apfel-Hauptstadt der Welt«. In diesem kleinen nordkalifornischen Krähwinkel ist praktisch jeder Bürger in gewissem Umfang von der Apfelernte abhängig. Die Hügel hatten bis vor kurzem von weißen Blüten nur so gestrotzt, und jetzt stand Obstgarten an Obstgarten in saftigem Grün. Mit Ausnahme leichter Frühjahrsregenfälle blieb das Wetter wunderbar warm und trocken.

Randell versäumte das erste Mal eine Baseball-Saison, seit er vor neun Jahren in die Little League aufgenommen worden war; doch in seiner Zukunft sollte es kein Baseball mehr geben. Gleich nach der Apfelernte mußte er beim Ausbildungslager des Marine Corps antreten.

Für Randell war es ganz normal, daß er den ganzen Samstag, einen der letzten Tage in der Heimat, auf einer hohen Leiter verbrachte und Äpfel las. Dieser Vorgang muß vielleicht erklärt werden. Infolge ihrer Natur wachsen Äpfel in Trauben von vier bis fünf Exemplaren. Damit einer von ihnen eine vermarktbare Größe erreicht, wird das beste Stück ausgesucht und der Rest beseitigt. Das ist schwere Arbeit, aber 1965 waren 10 Dollar für einen Zehnstundentag die Mühe wert.

Allerdings hatte dieser Samstag für Randell eine ganz besondere Bedeutung. Er hatte ein Rendezvous mit einem Mädel, das wir Jane nennen wollen und das die meisten Burschen für die umwerfendste Wuchtbrumme in der gesamten Umgebung Santa Rosas hielten. Obwohl er sich den ganzen Tag lang ohne Mittagspause abrackerte, blieb Randell fröhlich. Er mußte etwas früher abhauen, um noch den Schmutz von seiner alten Flathead 45 zu putzen, einer Ex-Militärmaschine, die er dank einer Annonce im *Press Democrat* für 50 Mäuse gekauft hatte.

Die Zeit der Apfellese war fast vorüber, und eigentlich sahen die Gravenstein-Äpfel samt und sonders gut genug zum Essen aus. Deshalb futterte Randell während des ganzen Tages die frischesten grünen Äpfel im Ort. Gegen Ende des Frühjahrs schmeckte Randell die leichte Bitterkeit kaum noch, wenn er herzhaft in glänzend grüne oder goldgelbe Schalen biß.

Muffensausen wegen seines Dates hatte Randell nicht unbedingt, aber die Vorstellung, sich mit einer Puppe aus wohlhabendem Hause zu treffen, machte ihn doch ein bißchen nervös. Er hätte nie gedacht, daß eine Superfrau wie Jane auf die Idee käme, mit ihm, einem Biker-Landei, auszugehen. Hätte er nicht am vergangenen Samstagabend vor Baskin-Robbins 31 Flavor gehalten, wäre vielleicht sein ganzes Leben verstrichen, ohne daß er überhaupt erfahren hätte, daß es dieses Mädchen gab.

Von dem Moment an, als sie an dem erwähnten Samstag vor all seinen Freunden stracks zu ihm gestöckelt kam, hatte ihn alles an ihr ein wenig eingeschüchtert. Randall und die übrige Truppe hatten vor dem Eissalon auf dem Parkplatz rumgehangen, als Jane sich kess vor ihm aufbaute, sich vorstellte und ihm ihre Telefonnummer zusteckte. Das Chick ging auf eine Weise ran, wie Randell es noch nie erlebt hatte. Als *sie* dann am folgenden Abend *ihn* fragte, ob er mit ihr ausgehen wolle, kriegte Randell nur mit knapper Not eine Antwort gelallt.

»Klar, wieso nich?«

Am Abend des großen Rendezvous konnte Randell im Glanz der 29 Schichten schwarzen Lacks auf seinem Tank sein Gesicht sehen, und der Chrom der Maschine spiegelte seine mit Hosenklammern versehene Levi's und die Bates-Treter wider. Randell fuhr die 4th Street ab und sah sich nach seinen Kumpels um, den Jungs, deren Gesellschaft sein Selbstvertrauen wieder hätte aufrichten können. Statt dessen hielt ihn seine ältere Schwester Sandy auf der Straße an. Vor zwei Jahren hatte sie der Apfelstadt die kalte Schulter gezeigt, um ein nahegelegenes College zu besuchen.

Als Randell jünger war, hatte Sandy sich ihm gegenüber wie eine Mutter benommen. Die richtige Mutter der Geschwister war vom Leben nicht besonders verwöhnt worden, sie war schon seit Anfang der 50er Jahre verwitwet und obendrein noch an Kinderlähmung erkrankt. Seitdem lag sie ständig in dieser oder jener Klinik. Sandy hatte versucht, sie so gut zu vertreten, wie es eben ging. Für dieses Verdienst war Randell ihr auf ewig dankbar.

Sandy war ziemlich aufgeregt, denn sie brauchte jemanden für eine Gefälligkeit. Sie und ihre Freundin hatten gerade eine neue Wohnung in Santa Rosa gemietet. Ob Randell ihr vielleicht ein Klappbett und eine Matratze die Treppen hinaufschaffen könnte? Das Apartment war eine hübsche, kleine Zweizimmerwohnung in einer sicheren Mittelschicht-Wohngegend. Bis auf ein Bett und ein paar Kartons stand sie noch völlig leer. Am kommenden Montag sollten Wasser und Strom angeschlossen worden, dann konnten Sandy und ihre Mitbewohnerin einziehen.

Randell willigte ein, obwohl er keine Lust hatte. Zeit hatte er noch genug, aber er wollte nur ungern die saubere Jeans oder das neue Madras-Hemd verdrecken. Sandy gab Randell den Schlüssel zu der leeren Wohnung, und auf dem Weg zu Jane legte er dort einen Abstecher ein und beförderte die Gegenstände in Rekordzeit nach oben.

Jane und ihre Familie wohnten in der Nachbarschaft der stinkreichen Elite mitten in wohlbehütetem Luxus. Jane stammte aus einer gänzlich anderen Welt als Randell; sie und ihre geldschweren Verwandten verkehrten allesamt in »anständigen« Kreisen. Jemanden wie sie hatte Randell noch nie kennengelernt. Er hätte gedacht, daß sie sich ausschließlich mit Schießbudenfiguren aus dem Country Club verabredete. Mit Burschen wie Randell zu plaudern, dazu ließ sich die Eliteclique um Jane nur während der Baseball-Saison herab, als ob die Spiele ihn irgendwie – wenigstens für wenige Monate – auf ihr Niveau hoben. Was wollte sie von einem Typ wie ihm?

Da stand er nun verlegen in Janes elterlichem Wohnzimmer, der lange Schlaks, und mußte sich von ihren Eltern taxieren lassen. Zum Glück war ihr Vater Baseball-Fan. Anstatt zu fragen, warum Randell ein lumpiges Zweirad fuhr, erkundigte er sich nach seinen Plänen für die kommende Saison. Randell erklärte, er wäre zu unbedarft, um in Berkeley, wie Janes Papi es sich gerade wunderbar ausmalte, den Doktor zu machen, außerdem müßte er in Kürze nach der Pfeife des Marine Corps tanzen. Randell sah, daß Janes Erzeuger käsig um die Nase wurde, ehe er sich den Drink nachfüllen ging. Zu Randells Erleichterung schwirrte in diesem Moment Jane herein und schleppte ihn zur Tür.

Erwartungsgemäß gab es das übliche »Jane, sei bitte vorsichtig!« zu hören, gefolgt von der Frage: »Müßtet ihr nicht so was wie einen Motorradhelm aufsetzen?« Jane trug einen Schottenrock und einen Angorasweater –

ohne BH darunter. Auf der abschüssigen Ausfahrt war es einfacher, die Maschine beim Hinabrollen anspringen zu lassen, statt sie am Kickstarthebel anzutreten, und außerdem konnten Randell und Jane auf diese Weise schneller das Weite suchen. Jane auf dem Sozius zu haben, erwies sich als Traum, sie lernte sofort; schon nach wenigen Minuten konnte sie das Gewicht verlagern und sich zur Seite neigen, als wäre sie eine ausgebuffte Biker-Braut. Jedes Mal, wenn sie halten mußten, verdrängte der Duft ihres Parfüms den Geruch von Sprit und Öl, die dauernd aus Randells Ofen leckten.

Allmählich verzogen sich Randells Ängste und wichen einem breiten Honigkuchenpferdgrinsen, und während die zwei sich in eine heikle Abwärtskurve legten, schaltete Randell vor dem Verlassen der Kurve in den dritten. Die Kraft der Maschine zwischen ihren Beinen wirkte anregend auf Jane. Als führe sie Achterbahn, lehnte sie sich, je rasanter und riskanter ihre erste Motorrad-Spritztour verlief, um so enger an Randell. Und Randell konnte nicht anders, er mußte sich auf die Lippen beißen: Es waren wahrhaftig Janes Arme, die ihn umschlangen, sie fand Zugang in seine Welt. Sobald die Straße wieder einen geraden, ebenen Verlauf nahm, verminderte Randell das Tempo, und Jane knabberte an seinem Ohrläppchen.

»Jane, was würdest du gern unternehmen? Im California Theater läuft 'n guter Film.«

Für einen Moment überlegte Jane, dann schmiegte sie sich noch fester an Randell und küßte ihn, während sie die Innenseite seines Oberschenkels streichelte, sehr liebevoll auf die Wange.

»Nein, Randell, wir wollen doch jetzt nicht in irgendeinen alten Streifen gehen. Ich will dich ganz für mich allein haben.«

Nach dieser Antwort fuhr Randell die Kiste beinahe gegen den Bordstein.

»Tja, Jane, und was hast du dir sonst so gedacht?«

»Hast du was zu trinken dabei?«

1965 wäre kein Kerl, der einen Funken Ehrgefühl hatte, an einem Samstagabend ausgegangen, ohne mindestens zwei Sixpacks dabeizuhaben.

»Ich hab 'n paar Pullen Bier in der Satteltasche. Coors oder Colt 45?«

«Ich nehm 'n Colt. Warum fahren wir nicht in Richtung Sonoma und parken da irgendwo?«

Randell gefiel, was er hörte. Bier und eine Wolldecke, und schon sah das Leben herrlich aus.

Mehrheitlich unterstellten Randells Kumpels ihm, er wäre ein Weiberheld, aber um bei der Wahrheit zu bleiben: Randell war eigentlich ein schüchterner Kerl und konnte auf keine großen Erfahrungen mit Schnecken zurückblicken. Sein Denken kreiste nach wie vor um Begriffe wie Wurfmal, erstes, zweites, drittes Laufmal, und bislang hatte er nur selten eine Gelegenheit gehabt, sich mit einem Mädchen zu vergnügen. Aber wenn es auf diesem Planeten irgend etwas gibt, das genauso spitz ist wie ein 17jähriges Mädel, dann bestimmt ein 18jähriger, der bald zu den Marines muß. Außerdem übertraf Janes forsches Vorgehen alles, was Randell bis dahin erlebt hatte.

Das Bier war warm, der Sonnenuntergang romantisch, die Küsse wurden feucht – es war der richtige Moment, um die Zeit anzuhalten. Nur daß es jedes Mal, wenn Randell sich regte, in seinem Bauch laut rumpelte, beeinträchtigte in gewissem Maße die Vollkommenheit des trauten Beisammenseins. Innerhalb einer Stunde steigerte sich das Petting zu draufgängerischen erotischen Vorstößen. Irgendwann schnappte Randell nach Luft und schlug vor, sich in die neue Wohnung seiner Schwester zu schleichen.

Das ist Jane, die wunderschöne Jane, dachte er sich. *Und sie will MICH!*

Randell, der arme Biker-Apfelbub, stand kurz davor,

eine große Eroberung zu machen, einen Haupttreffer zu landen.

Auf der Fahrt bezweifelte Randell manchmal, überhaupt noch bis zu Sandys Wohnung durchhalten zu können, weil Jane dauernd an seinem Hals saugte und ihm Knutschflecken verpaßte und dabei außerdem ständig seine Sämerei begrabbelte. Er fuhr so schnell er konnte, und vor der Außentreppe der Wohnung seiner Schwester kam sein Ofen mit einem Quietschen am Bordstein zum Stehen.

Daß es dort weder Wasser noch Strom gab, daran verschwendeten die beiden gar keinen Gedanken. Sie sparten sich sogar den Aufwand, eine Decke über die Matratze zu breiten. Die Klamotten flogen aufs Bett, das Paar warf sich dazu, und Randell probierte alles, was er kannte, gleich zweimal, dazu noch ein paar Sachen, von denen er bloß vom Hörensagen wußte oder die er in James-Bond-Filmen gesehen hatte. Rund zwei Stunden lang schwelgten Jane und Randell in sexuellen Wonnen.

Es war spät geworden, als Randell sich schlapp ausstreckte und die Hände hinter dem Nacken verschränkte. Er fühlte sich wie der gewaltige Eroberer Cäsar und hatte ein selbstzufriedenes Grinsen auf dem Zifferblatt. Jane hatte wunderbar weiche Haut, und im Mondschein sah ihr nacktes Fickgestell einfach prächtig aus. »Du kleiner Fratz«, scherzte Randell, wobei er sie in den Nippel zwickte.

Auch Jane war nach Späßchen zumute, darum bedankte sie sich bei ihm mit einem Haken in die Magengrube.

Was sich als sehr schwerer Fehler erwies.

Reflexartig krampfte Randell seinen Leib noch zusammen, aber da platzte der Dünnschiß schon aus seinem Gedärm, die Brühe spritzte übers ganze Bett und auch auf Jane. Die Ursache war die gefährliche Mixtur aus unreifen Äpfeln, warmem Bier und wilden Unterleibsbewegungen, und das Resultat mußte man wirklich scheußlich und ekelhaft nennen.

»Ach du Kacke!« schrie Randell und schwang sich auf die Knie hoch. Jane japste, die unerwartete Flut biologischen Absuds verschlug ihr den Atem. Sie würgte, hustete und kotzte Randell auf die Karosserie. Beim Anblick solcher Mengen irregeleiteter Körperausscheidungen göbelte Randell alles, was er im Laufe der Woche gefuttert hatte, auf Jane.

Da die Wohnung noch kein Wasser hatte, konnten sie sich nicht säubern. Randells und Janes Kleider lagen unter ihnen auf der Matratze und waren ebenfalls voller Scheiße, und die beiden hatten nichts anderes zum Anziehen. Zum Glück hatte Randell in der Motorradsatteltasche eine Reserveunterhose, und die Wolldecke gab gar keine *so* schlechte provisorische Verhüllung ab. Allerdings mußte Randell unbedingt für Janes Säuberung sorgen, bevor er sie zu Hause ablieferte.

Nicht allzu weit auf derselben Straße hatten ein 24-Stunden-Supermarkt und eine Tanke noch Licht. Auf Zehenspitzen huschten Randell und Jane aus dem Haus und sprangen auf den Bock. Um jedes Aufsehen zu vermeiden, schaltete er den Motor frühzeitig ab und ließ die Kiste im Leerlauf zur Rückseite der Tankstelle rollen. Dort wollten sie sich schleunigst auf den Lokus verdrükken.

Natürlich waren beide Klos abgesperrt.

Jane stand splitternackt, nur in eine Decke gewickelt, vor der verschlossenen Tür der Damentoilette. Aus ihrem Wimmern wurde schnell ein hemmungsloses Schluchzen. Randell hatte noch nie jemanden dermaßen bedauert wie sie in diesem Moment. Um dem ganzen die Krone aufzusetzen, bogen in diesem Augenblick der Tankwart und ein Schwarm diverser Freundinnen von Jane um die Ecke. Der Tankwart und die Mädels reagierten mit einer Mischung aus Entsetzen und hysterischem Gelächter. Janes Freundinnen brachten sie eilig zum Auto, und wahrscheinlich hörte sie Randells Bitte um Entschuldigung gar nicht mehr. Einige Tage später verließ Jane Santa Rosa und ging ans College. Inzwischen hatte Randell den ersten Schritt auf dem Weg nach Vietnam getan.

Die beiden sahen sich niemals wieder.

In besagter Nacht lernte Randell zwei wichtige Lektionen, die er sein Leben lang nicht vergessen wird. Erstens: Schlag dir niemals die Wampe mit zu viel grünen Äpfeln voll. Zweitens: Shit happens.

Auf der Flucht

Im Juni 1979 führte die Bundespolizei unter Berufung auf die RICO(Racketeer Influenced and Corrupt Organisations)-Gesetze eine Razzia bei uns durch. Mit derlei großen Worten begründeten sie damals einen Haufen Quatsch. Die Bullen behaupteten, unser Biker-Club sei eine konspirative kriminelle Vereinigung. Sie durchsuchten unsere Häuser und Wohnungen, die Wohnsitze unserer Freunde und Bekannten, unser Clubhaus und so gut wie jede sonstige Örtlichkeit, von der sie argwöhnten, dort könne sich jemand von uns aufhalten; mit dieser Masche versuchten sie uns auszuheben. Aber ein paar von uns konnten entkommen und wurden zu Flüchtigen.

Zu dieser Gruppe gehörte Cincinnati. Er hatte Anteile an einigen Goldminen eines winzigen Provinznests in Kaliforniens Gold Country. Dieser Ort lag am Ende einer etwa 35 Kilometer langen Sackgasse, so daß sich eventuelle Störenfriede dort sehr leicht ausmachen ließen.

Eines späten Abends erschien in der Ortschaft No Name, ein weiterer Razziageschädigter, um Cincinnati einen Besuch abzustatten, abzutauchen und sich ein bißchen zu erholen. Cincinnati war heilfroh, ihn zu sehen. Kurz vor Tagesanbruch fuhren sie mit Cincinnatis Kombi auf Spritztour, um sich die Gegend anzusehen. Weil er sich schon seit Tagen in dieser Gegend aufhielt, ohne etwas anderes machen zu können als Spazierfahrten, gab es kaum noch einen Winkel, den Cincinnati noch nicht kannte, also war er der ideale Reiseführer.

Sie gurkten etwa 40 Kilometer weit durch den Wald bis zu einem Flußtal, in dem sie den größten Teil des Tages damit verbrachten, mehrere alte Minengelände zu erkunden. Am Nachmittag schnurrten sie zurück zur Ortschaft. Während der Heimfahrt bemerkten sie mehrere Kleinbusse, in denen Bewaffnete saßen. Die beiden RICO-Flüchtlinge fuhren einen kurzen Umweg zum oberen Teil des Dorfs. Cincinnati kannte die Leute, die im ersten Haus an der Straße wohnten.

Die Spinatwachtel aus dem Haus kam ins Freie gelaufen und warnte sie, daß sämtliche Polypen der ganzen Region (also nicht wenige) im Ort wären und Cincinnati suchten. Sie liefen ins Haus und hinauf ins Schlafzimmer, von wo aus man die Umgebung überblicken konnte. Mit einem Feldstecher spähte Cincinnati in die Pampa. Als sein Blick auf einen Wohnwagen fiel, der am Straßenrand stand, entdeckte er darin einen Typen, der seinerseits durch ein Fernglas das Haus beobachtete. Sofort stieg Cincinnatis Blutdruck auf 180.

»Wer hängt da unten in dem Wohnwagen rum?« fragte er die Landpomeranze.

»Hillside Hal. Er ist harmlos.«

»Wo ziehen Sie sich aus?«

»Genau da, wo Sie stehen.«

Fehlalarm. Das Rindvieh in dem Wohnwagen war nur ein gewöhnlicher Spanner, der sich auf einen geilen abendlichen Strip freute. Cincinnati empfahl der Eule, ihren Fan nicht zu enttäuschen, und prompt versprach sie, es sich zu Herzen zu nehmen.

Cincinnati und No Name sprangen zurück in den Kombi; anstatt wieder hügelan zu fahren, nahmen sie eine tiefer gelegene Straße, die sich später gabelte. Sie entschieden sich für die linke Seite, weil die rechte Abzweigung bei einer alten Mine endete, die das Flohkaff als Zisterne nutzte. Nach ungefähr vier Kilometern stellten sie die

Karre ab und hasteten den Hang hinunter. Sie hatten eine Mac 11 mit vier oder fünf Ersatzmagazinen dabei.

Am Fuß des Hügels lag ein ausgetrocknetes Bachbett. Cincinnati und No Name folgten seinem Verlauf. Zu beiden Seiten des Betts wucherte üppiges Unkraut und bildete eine Art Tunnel. Sie gingen bis zu einer Felswand, über die sich wohl vor Zeiten, als hier noch Wasser floß, ein Wasserfall ergossen haben mußte. Dort legten sie eine Verschnaufpause ein, und weil es schon fast dunkel war, beschlossen sie zu warten, bis völlige Dunkelheit herrschte. Doch ihre Pause blieb kurz, denn gleich darauf hörten sie aus den Büschen Geräusche. Tappte da jemand von der Fahndungstruppe umher? Während sich die Geräusche näherten, duckten sich die beiden tiefer in die Schatten und hielten ihre Kugelspritzen schußbereit.

Und dann erschien der Urheber der Störung: Ein harmloses kleines Stinktier hatte zwei große, böse Desperados das Fürchten gelehrt. Regungslos ließen sie es sich trollen. Danach erachteten die beiden Kumpels es als ratsam, sich wieder auf die Socken zu machen. Sie kletterten die Felswand hinauf und gelangten auf ein kleines Plateau, auf dem ein Hinterwäldlernest lag.

»Was is denn das für 'n Kuhfladen?« fragte No Name.

»Daß mich der Henker hol, da fragst du mich zuviel«, gestand Cincinnati.

»Ich dachte, du kennst die Gegend wie deine Westentasche.«

»Scheiße, das dachte ich auch, aber entweder sehen wir 'ne Fata Morgana, oder wir sind irgendwie in 'ne Parallelwelt verschlagen worden. So ein Loch ist mir noch nie vor Augen gekommen.«

Der winzige Ort umfaßte eine kurze Reihe hübscher, putziger Häuser auf jeder Seite der ungepflasterten Dorfstraße. Jedes Häuschen hatte einen schmiedeeisernen Gartenzaun, einen befestigten Zugangsweg und eine Veranda. Wahrscheinlich waren diese Lebkuchenhäuschen am Ende des 19. Jahrhunderts errichtet worden, aber jetzt waren sie eindeutig unbewohnt, und zwar schon seit langem. Cincinnati und No Name folgten dem Verlauf der Straße, die sich nach rechts wandte. Plötzlich kamen die Gebäude und der Stolleneingang der alten Goldmine in Sicht, die heute als Wasserreservoir diente.

»Ach du Scheiße«, entfuhr es Cincinnati. »Jetzt seh ich, wo wir sind. Wir kommen von hinten in das Kaff. Mann, die Ecke is ja echt cool. Hier hätte ich mich mal eher umgucken sollen.«

Cincinnati hatte viele Male die Gegend ausgekundschaftet, aber nie einen Anlaß gesehen, die rückwärtige Seite des Dorfs zu begutachten. Von der Stelle aus, wo er und No Name momentan standen, konnten sie den Ort und eine Straßenlaterne sehen. Deren Lichtschein ausgenommen, herrschte völlige Finsternis. In der Nähe der Laterne stand ein baufälliges Lagerhaus der einstigen Mine, das ein großartiges Versteck abgegeben hätte. In der Rückwand hatte es ein großes Loch, durch das man ins Dunkel verschwinden konnte. Leider bot sich den Bullen dort auch eine herrliche Gelegenheit zu einem Hinterhalt. Den Eingang hatte man früher durch eine breite, hohe Tür verschließen können, aber die war verschwunden. In der pechschwarzen Nacht hinter dem Lagerhaus ließ sich vom Dorf aus so gut wie gar nichts erkennen.

Cincinnati händigte alle seine Habseligkeiten No Name aus und riet ihm, augenblicklich zu verduften, falls irgend etwas schiefgehen sollte. Dann holte er tief Luft, biß die Zähne zusammen und stapfte los. Dabei fühlte er sich hundeelend. Er war sicher, daß jeden Moment sein schlimmster Alptraum wahr würde. Nachdem er das Lagerhaus durchquert hatte, stieß er einen Seufzer tiefster Erleichterung aus, drehte sich um und wollte No Name herbeiwinken.

Als er sich umwandte, war sein Kumpel schon direkt hinter ihm und wäre fast gegen ihn geprallt. Cincinnati bekam einen derartigen Schreck, daß er wahrhaftig beinahe in die Hose schiß. Nach einigen weiteren Schwierigkeiten, zum Beispiel der Notwendigkeit, No Names Haare aus den Ästen eines Baums zu entheddern, gelangten die beiden zurück zu dem Haus, wo man sie tags zuvor gewarnt hatte.

Ihren Kombi hatte jemand abgeholt und an der Straße geparkt, an einer Stelle, von der aus man den gesamten Ort überblicken konnte. Auch die Hausbewohnerin (die Trutsche, die sie am Vortag gewarnt hatte) war weiterhin hilfreich. Inzwischen wußte sie einige Neuigkeiten. Die 50 bis 60 Polypen, die über das Dörfchen hergefallen waren, hatten alle Fluchtwege gesperrt. Sie hatten sich nicht einmal entblödet, den Schulbus zu stoppen und zu durchsuchen.

Im Laufe des letzten Tages war auch Cincinnatis Puppe den Bullen entkommen. Ein paar Dorfjungen hatten es geschafft, sie direkt in der Ortsmitte, praktisch unter den Augen der Polypen, in einer kleinen Blockhütte zu verstecken. Am selben Tag hatte die Polente überall Fahndungsplakate verteilt, die jedem eine Belohnung von 10 000 Dollar verhießen, der irgendwelche Informationen verriet, die zu Cincinnatis Festnahme führten. So schnell sie die Plakate aufhängten, so flink rissen örtliche Kids sie herunter. Und während die Polypen fast darüber verrückt wurden, den Bürschchen nachzustellen, brachte eine andere Gruppe Jungen Cincinnatis Mieze in das Versteck. Dort wartete sie auf Nachricht. Nach ein paar Stunden hatte die Mehrheit der Bullerei den Ort verlassen, nur ein einziger Deputy Sheriff war – für alle Fälle – geblieben. Cincinnati huschte zu der Blockhütte, in der seine Biene sich versteckt hielt.

Im Nebenhaus fand an dem Abend eine Hochzeitsfeier

statt. Es ging hoch her, der Bräutigam stürzte und zog sich eine fiese Platzwunde an der Hand zu. Ein im Ort ansässiger Freund von Cincinnati, Chef der Freiwilligen Feuerwehr und Krankenwagenfahrer in Personalunion, war Gast auf der Hochzeit. Der Deputy Sheriff, der auch auf dem Fest war, hielt die Verletzung nicht für schwer genug, um einen Krankenwagentransport nach Nevada City, das circa 60 Kilometer entfernt war, zu rechtfertigen. Aber Cincinnatis Freund widersprach ihm und machte den Deputy Sheriff darauf aufmerksam, daß er als einzige anwesende Amtsperson – in seiner Eigenschaft als Chef der Freiwilligen Feuerwehr – die Verantwortung für die richtigen Entscheidungen trug.

Cincinnatis Freund holte den Krankenwagen, nachdem er ein paar Jungs zu Cincinnatis und No Names Unterschlupf geschickt hatte, um ihnen ausrichten zu lassen, sie sollten, sobald sie den Wagen sahen, nach unten laufen und ihm nachfahren. Die Umstände waren günstig, weil der einzige Vertreter des Gesetzes auf der Party war.

Sobald Braut und Bräutigam in den Krankenwagen gestiegen waren, fuhr er ab. Ungefähr einen Kilometer dahinter folgte ihm ein Auto, in dem Cincinnati saß, und dahinter wiederum kam No Name mit dem Kombi. Während der Krankenwagen nach Westen abbog, um die Klinik in Nevada City anzusteuern, bogen Cincinnati und sein Kumpel nach Osten ab – auf dem Weg in sichere Gefilde, aber mit der unschönen Aussicht, noch mehr Zeit auf der Flucht zubringen zu müssen.

Der lange Heimweg

Viele Bikerinnen beherrschen ihre Maschinen besser als Männer, weil sie schnellere Reflexe haben. Aber wie gut sie wirklich sind, hängt von ihrer individuellen Persönlichkeit und ihrer Erfahrung ab. Wenn irgendwelche Scheiße passiert, reagieren sie meistens blitzartig. Deshalb sind Weiber oft so ausgezeichnete Drag-Rennfahrerinnen. Im großen und ganzen sind ihre Reflexe besser als die von Männern. Ich hatte einmal eine Alte, die an Sprintrennen teilnahm, und sie schlug die Jungs mit so einem Abstand, daß ihnen die Spucke wegblieb. Selbst wenn sie schnellere Öfen hatten, schlug sie die Kerle. Sie fuhr eine 89-Inch-Sportster, und es dauerte nicht lange, bis die Memmen nicht mehr zum Rennen gegen sie antreten mochten. Sie dachten sich: Wenn ich gewinne, gewinne ich gegen eine Tussi. Schlägt sie mich, bin ich von einer Tussi geschlagen worden. Die Puppe befand sich in einer Situation, in der sie es niemandem recht machen konnte. Kam sie mit ihrem Feuerstuhl nicht klar, mußte sie sich Hohn und Spott anhören; fuhr sie wie ein Weltmeister, grenzten die Säcke sie aus. Wer wollte schon von einem Harley-Dragoner blamiert werden?

Debbie war eine außergewöhnlich hoch gewachsene Ische mit langen Beinen. Ihr Motorradmacker Jackson, ein potentieller Einprozenter, war wie ein Profifootball-Stürmer gebaut und fuhr eine 69er Shovelhead mit Mustang-Tank und »Selbstmord-Kupplung«. Man konnte Debbie und Jackson kaum als ideales Biker-Paar bezeichnen. Weil Debbie groß und langbeinig war, Jackson jedoch breit und massig, hatten sie bei gemeinsamen Fernfahrten auf derselben Kiste wenig Vergnügen. Wie viele Motorradgirls wurde Debbie es bald leid, immer nur auf dem Sozius zu sitzen. Sie wollte ein eigenes Bike.

Debbie wußte, daß sie, wenn sie ihren Traum vom Motorradfahren verwirklichen wollte, es in ihrer Freizeit und auf eigene Kosten hinkriegen mußte. Ihr blieb keine andere Wahl, als es eigenständig zu lernen, wahrscheinlich sogar heimlich. Sie wartete nur auf die passende Gelegenheit, um Jackson zu fragen, ob er ihr einmal seine Mühle für eine kurze Fahrt um den Block lieh. Eines Abends hatte Jackson Mist gebaut (wie üblich ging es um eine andere Pflaume), so daß sie ein Druckmittel hatte. Jackson brummte bloß, als sie mit seinem Bock fahren wollte, und warf ihr den Schlüssel der Shovel zu.

Debbie ratterte ein paar Mal um den Pudding, ohne daß es irgendwelche Probleme gab. Dann rief sie ihre Busenfreundin Jeanette an: Ob sie nicht zusammen ein bißchen durch die Nachbarschaft touren könnten? Jeanettes Macker unterstützte ihre Neigung zum Motorradfahren viel stärker, als Debbie es sich je von Jackson erhoffen durfte; sogar so sehr, daß er Jeanette ein aufsehenerregendes orangefarbenes Trike komplett mit Jumbo-Reifen und spezieller Verchromung gebastelt hatte. Dieses aus einer alten Panhead zusammengebaute Trike war ein echter Blickfang. Weil auch Jeanette eine sehenswerte Erscheinung war, drehten sich zahlreiche Leute nach ihr um, wenn sie durch die Stadt fuhr. Jeanette und das dreirädrige Monster waren auf der Oakland Roadster Show regelmäßig eine beliebte Attraktion. Beim Fahren war das Trike allerdings ein gefährlicher Untersatz, selbst für eine so bewährte Bikerin wie Jeanette. Diese Dinger kippten häufig um. Wenn sie mit anderen Motorradfans auf Tour ging, bildete ihr Trike immer – ohne jede Ausnahme – das

Debbie auf der 69er Shovelhead ihres Freundes – unmittelbar vor ihrer halsbrecherischen Tour auf der Kirker Pass Road *Foto: Debbie Tolly*

Schlußlicht. Jeanette achtete sorgfältig darauf, daß der Reifendruck möglichst niedrig war, damit die Schüssel nicht infolge des kleinsten Schlaglochs oder der mickrigsten Asphaltwanze in die Luft hüpfte.

Bei Sonnenuntergang brachen Jeanette und Debbie zu zweit zu einer Spritztour auf. Jeanette fand es aufregend, mit einem anderen Chick auszufahren. Als sie um die Ecke brummten, wollte keine von beiden nur ein paar Runden um die benachbarten Häuserblocks drehen und danach wieder parken. Sie hatten sich vielmehr in den Kopf gesetzt, ganz verwegen zu sein und den »langen Heimweg« zu nehmen.

»Langer Heimweg«, das bedeutete eine Landpartie auf einer Strecke, die sich Kirker Pass Road nannte, einer zweispurigen Straße, die nur wenige Kilometer von Debbies und Jacksons Wohnsitz entfernt war. Während Jeanette und Debbie besagte Landstraße befuhren, gelangten sie irgendwann zu der ausgedehnten, abschüssigen Haarnadelkurve, die nach einer Neunziggradbiegung in flaches Gelände mündete. Mit dem Auto fuhr Debbie diese Kurve jeden Tag, ohne sich viel dabei zu denken. Diesmal jedoch saß sie auf der geliebten Shovel ihres Paschas, und während sie den Kirker-Paß das erste Mal auf dem Motorrad befuhr, kam er ihr plötzlich steil wie eine Achterbahn und unheimlich wie der Grand Canyon vor.

Aber egal. Debbie holte noch einmal tief und ausgiebig Luft und machte sich an die Abfahrt. Als die scharfe Kurve am Abhang des Passes näherrückte, gewann sie zusehends an Schnelligkeit. Zum Umdrehen war es zu spät, und Debbie drohte die Nerven zu verlieren. Vor Panik zitterten ihr die Arme. Wie Schraubstöcke umklammerten ihre Fäuste den Lenker. Um die Lage noch zu verschlimmern, setzte schlagartig, während das Bike abwärts schoß, der Motor aus. Es sah ganz so aus, als würde die Spritztour ein böses Ende nehmen. Weil sie keine Kontrolle mehr übers Gas hatte, der Motor abgewürgt war und die Maschine immer schneller talwärts raste, gab es für Debbie keine Möglichkeit, die Geschwindigkeit des Stuhls noch zu beeinflussen. Jeanette, die sofort gemerkt hatte, in welche Schwulitäten ihre Freundin geschlittert war, regelte den Verkehr auf dem Kirker-Paß, indem sie nach Art der Verkehrspolizei mit den Armen winkte und damit andere Fahrzeuge zum Ausweichen bewog. Die Shovel gewann unablässig an Tempo, und Jeanette sah, daß der Ofen sich zur Seite neigte. Debbie spürte, daß ihr Bein den Straßenbelag streifte. Ihr Herz wummerte. Nun konnte sie nur noch hoffen, daß das Bike, sobald sie es hinlegte, auf eine Weise über den Asphalt schrammte, die sie nicht das Leben kostete.

Aber Debbie war kein dummes Ding, und sie hatte ein vorzügliches Gespür. Genau im richtigen Augenblick, nämlich am Tiefpunkt der Kurve, betätigte sie noch einmal instinktiv die Kupplung und kuppelte danach sofort wieder aus. Wie durch ein Wunder sprang der Motor an. Trieb- und Schwungkraft des Motors stabilisierten den Bock und setzten seine Geschwindigkeit herab. Die Maschine raste nicht mehr ungehemmt abwärts. Durch den Geschwindigkeitsausgleich richtete sich das Motorrad wieder auf, und Debbie meisterte die knallharte Kurve am Fuß des Passes mit ein paar Metern Reserve.

Debbie und Jeanette rollten an den Straßenrand. Debbies Hände waren schweißnaß und schlotterten, ihr Schnaufen und Ächzen grenzte an einen Weinkrampf. Während beide um Fassung rangen, herrschte zwischen ihnen ein nervöses Schweigen. Doch zu guter Letzt stießen beide Frauen einen lauten Freudenschrei aus.

»Verdammt, was denn! Wir versuchen's noch mal!«

Debbie und Jeanette traten ihre Maschinen an und fuhren heim. Jackson sollte von dem Vorfall nie Kenntnis erhalten.

Kurze Zeit, nachdem Debbie am Kirker-Paß fast verunglückt wäre, gab sie Jackson den Laufpaß. Sie hatte seine Mätzchen satt, aber entscheidend war, daß sie endlich genug Kies auf der hohen Kante hatte, um sich eine fesche Harley Super Glide zu kaufen. Die Super Glide war für Debbie genau das richtige Motorrad; sie saß gern auf einem tiefen Sattel und hatte bei einem längeren Ofen das Gefühl, ihn besser in der Gewalt zu haben. Nach ein paar Monaten mit der Super Glide hatte sie genug Selbstvertrauen bekommen, um sich den männlichen Motorradfans ihres Umfelds anzuschließen und an einem ausgedehnten nordkalifornischen Run nach Reno und Lake Tahoe teilzunehmen.

Mit einem Club zu fahren half Debbie dabei, eine bessere Fahrerin zu werden. In ihrer Anfangsphase hatte sie sich, wenn sie Starr-Rahmen-Motorräder fuhr, nie ganz mit der Geschwindigkeit und der Ausdauer ihrer männlichen Biker-Bekanntschaften messen können. Auf einem Run mitzuhalten bedeutete für sie eine echte Herausforderung. Schwierige Wetterbedingungen wie Gewitter, Kälte und stürmische Tage zu meistern erhöhten die an sie gestellten Anforderungen noch mehr. Doch die Jungs hatten Debbie gerne bei sich. Sie stand den tüchtigsten Kerlen nicht nach, und es störte sie nicht, das einzige Mädel in der Truppe zu sein.

An dem Wochenende, als Debbie mit rund 40 anderen Bikern zu dem großen, von Sponsoren finanzierten Sommer-Run erschien, trug sie ein supersexy Leder-Top, sozusagen die weibliche Standardkluft des Tages. Das war die größte Horde, mit der Debbie bis dahin gefahren war, und als sie ihren Platz in der Gruppenmitte einnahm, erlebte sie zum ersten Mal die unwiderstehliche, überwältigende, geballte Kraft des Donnerns, das 40 Paar Harley-Auspuffrohre erzeugen. Es war ungeheuer eindrucksvoll, und Debbie fühlte sich großartig, als die Fahrer gemeinsam höherschalteten und eine unbezähmbare Woge kollektiver Drehmomente entstand.

Alles lief prachtvoll, bis eine Wespe in Debbies Leder-Top schlüpfte. Debbie hielt die Position, so gut sie konnte, während sie an dem Top ruckelte, um sich der Wespe zu entledigen. Doch je energischer sie an dem Top zerrte, um so wilder stach die Wespe sie, das gemeine Vieh wollte sich einfach nicht verpissen. Als letztes Mittel riss Debbie an der Kordel, die das Top auf ihrem Rücken zusammenhielt. Aufgrund des bei der hohen Geschwindigkeit unvermeidlichen Fahrtwinds flog das Top davon und klatschte dem Fahrer hinter ihr an die Birne. Zum Heidenspaß der Kerle, die sie in der Kolonne umgaben, fuhr Debbie die nächsten 20 Kilometer oben ohne, bis eine geeignete Stelle kam, an der die Gruppe das Tempo herabsetzen und sie an den Rand fahren lassen konnte. Während Debbie ihre Satteltasche nach einem Reserve-

T-Shirt durchsuchte, zückte einer der Biker gerade noch rechtzeitig eine Kodak und verewigte diesen Augenblick. Wer hätte es ihm verübeln können? Debbie lernte aus diesem Vorfall, daß es weit lausiger war, ein Wespe im Top zu haben als einen Tiger im Tank.

Motorrad fahren in Shanghai: Bis das Blut im Stiefel steht

Fast jedes Jahr erhalte ich Einladungen zu Runs in Japan. Obwohl unsere Dachorganisation dort kein Charter hat, fasziniert der amerikanische Biker-Lebensstil die Japaner. Ein Run in Japan läuft ganz anders als andernorts auf der Welt, weil das Land relativ klein und dicht besiedelt ist. Wenn japanische Biker einen Run veranstalten, stoppen sie alle 30 Kilometer, gönnen sich eine Kippe und ein Schälchen Suppe und quatschen. Der Zweck der Übung ist es, einen 200-Kilometer-Run über den ganzen Tag auszudehnen.

In der Volksrepublik China bin ich nie gefahren, aber mir liegt ein Brief von Butch vor, einem australischen Biker, der in Shanghai sitzt. Darin vermittelt er ein klares Bild davon, wie es ist, in China eine Harley zu fahren, und was passiert, wenn man – was noch ärger ist – eine Panne hat. Der Brief beginnt mit ein paar Ausführungen über Shanghai und Kommentaren über das dortige Dasein als Biker. Er und seine Kumpel betreiben einen Motorradclub, den Red Devils MC Shanghai, und eine Website, um Biker beispielsweise darüber zu informieren, wie man den Alptraum übersteht, in China eine Zulassung für ein Motorrad oder gar einen Führerschein zu erhalten. Nehmen Sie diese, mit Butchs eigenen Worten erzählte Geschichte als Warnung, falls Sie ernsthaft darüber nachdenken sollten, in einem Dritte-Welt-Land oder einem kommunistischen Land Motorrad zu fahren.

Lieber Sonny,
auf was für eine Vergangenheit wir hier zurückblicken! Im alten Shanghai der Zeit zwischen 1920 und 1949 gab es hier von allem das beste und das mieseste. Die Stadt ist »Hure Asiens«, »Asiens Königin« und »Paris des Ostens« genannt worden. Sie war ein Paradies für Abenteurer, eine Stadt schneller Reichtümer, unrechtmäßiger Erwerbungen und verzockter Vermögen. Während ihrer »Wildwest«-Periode wimmelte es in der Stadt von Spielern, Schwindlern, Drogenbaronen, müßigem Geldadel, Dandys, Taikuns, Missionaren, Gangstern und Hinterhofzuhältern.

In gewissen Kreisen hatte die Stadt einen dermaßen schlechten Ruf, daß der verbreitete Ausdruck »shanghaien« aufkam, der bedeutete, daß jemand betäubt und wider Willen als Seemann an Bord eines Schiffs gebracht wurde. Historisch betrachtet, bezieht sich die Redewendung auf die Probleme, die Kapitäne häufig hatten, wenn sie in Shanghai lagen und eine komplette Mannschaft brauchten, bevor sie wieder in See stechen konnten. Auch heutzutage kann man noch »shanghait« werden, aber in gänzlich anderer Hinsicht.

An einigen Abenden der Woche hocke ich gerne in meiner Lieblingstränke, O'Malley's Irish Pub in der Shanghaier Innenstadt, und unweigerlich kommt dann immer dieser oder jener dämliche ausländische Möchtegern-Biker angewackelt und löchert mich mit Fragen, obwohl ich nichts anderes möchte, als in Ruhe mein bevorzugtes Gebräu zu schlappen, eiskaltes Victoria Bitter. Es ist immer das gleiche Gesabbel.

»Fahren Sie Motorrad«, fragen die Idioten, »oder tragen Sie nur solche Klamotten?«

Meine Antwort – »Zum Teufel, klar fahr ich Motorrad!« – gibt ihnen jedesmal zu denken. Dann quasseln sie mir was von Hardtails, Panheads, Shovelheads und ihren brandneuen Arlen-Ness-Bikes vor. Diese armen Irren haben angeblich jedes Chrom- und Plastikteil, das sie per Kreditkarte kriegen können, aber ein Motorrad? Wo denn?

Ich genieße ihre Miene, wenn ich mich ganz harmlos erkundige, wo das Motorrad denn sei. Dann tischen sie mir die dümmsten Ausreden auf, die man sich vorstellen kann.

»Meine Frau wollte, daß ich es verkaufe.«

»Die Firma hat mir nicht erlaubt, es mitzunehmen.«

»Mir ist erzählt worden, hier gibt's nur schlechten Sprit.«

»Man hat mir gesagt, die Ersatzteilbeschaffung wäre hier schwierig.«

»Die Versicherung ist zu teuer.«

Und natürlich meinen absoluten Favoriten: »Ich habe es zu Hause eingemottet.«

Heilige Scheiße, die meisten dieser Wichser sind nur für ein, zwei Jahre in Shanghai!

Und wenn ich ihnen dann erzähle, daß ich in Shanghai eine Sportster und eine Dyna sowie in Beijing eine Softail habe, wollen sie mir Bockmist über Sportsters weismachen. Ich erkläre ihnen, daß die Sporty ihre eigene Geschichte hat, aber Scheiße, nein, diese pissgesichtigen Nullen plappern irgendwelchen Dreck, wie cool es wäre, »richtige« Motorräder zu fahren und sich den Wind durchs Haar wehen zu lassen. Menschenskind, das sind alles Figuren in Anzug mit Schlips, und sie haben gar nicht genug Haare auf dem Kopf, durch die irgendein Wind wehen könnte. Begreifen sie denn nicht, daß Anreden wie »Bruder« oder »Kumpel« jeden Sinn und Wert verlieren, wenn jeder x-beliebige ein »Bruder« oder »Kumpel« ist? Auf solche Vorhaltungen ziehen diese Arschlöcher dann eine Fresse. Es ist für jeden echten Motorradfahrer einfach peinlich, sich mit solchen Flaschen abgeben zu müssen.

Wenn ich gehe und mich auf meine Sportster schwinge, sehe ich ringsherum nur Mopeds und ein paar scheißige 125-Kubikzentimeter-Motorrädchen, von deren Marken ich in meiner Heimatgegend noch nie gehört habe. Ich glaube, ich habe jedes Mal ein selbstgefälliges Grinsen im Gesicht, wenn ich meine Maschine anwerfe und auf der Mühle durch die Gassen paradiere. Einheimische stecken sich ihre Finger in die Ohren, Frauen grapschen sich ihre Kinder und fliehen in Läden. Im Vorbeidröhnen löse ich weit und breit Auto-Alarmanlagen aus.

Ich trage Harley-T-Shirts, ja, aber ich fahre auch wirklich Motorrad. Und frage dabei nicht nach dem Wetter oder dem Versicherungsbeitrag. Für schlechten Sprit gibt es Oktanverstärker. Und was meine Frau anbelangt, sie würde sich nie zwischen mich und meine Maschinen stellen (meine Harleys und die Chang-Jiang mit Seitenwagen).

Vor zwei Jahren hatte ich einen scheußlichen Unfall. Als ich in Shanghai meine erste Harley Sportster fuhr, habe ich beinahe den rechten Arm verloren. Nach zwölf Operationen, die insgesamt 105 Stunden dauerten, bin ich endlich wieder auf dem Weg der Besserung. Bei dem Unfall war ich weder betrunken noch stoned, mich hat ein dummer Bauer aus dem Hinterland, der sich in der Großstadt Shanghai seinen Lebensunterhalt als Taxifahrer verdiente, über den Haufen gefahren. Ohne die Unterstützung meines neuseeländischen Freundes Peter, seines Sohns Shane und meiner reizenden Frau Wendy hätte ich jetzt keinen rechten Arm mehr oder wäre vielleicht sogar tot. Die erste Notoperation fand in einer örtlichen chinesischen Klinik statt. Meine Freunde trafen gerade noch rechtzeitig ein, um zu verhindern, daß die Ärzte mir den Arm mit einer Bügelsäge amputierten. Meine Frau regelte in einer anderen Abteilung der Klinik die Zahlungsfrage, die erforderlich war, bevor man mit den nötigen chirurgischen Eingriffen anfangen wollte.

Butch auf den Straßen von Shanghai *Foto: Butch Walter*

Die Kliniken und Ärzte auf dem chinesischen Festland erkennen keine fremden Versicherungen an und verlangen vor jeder Behandlung Barzahlung in US-Dollar oder chinesischen Renminbi. Am ersten Abend nach dem Unfall und während der Notoperation kratzten meine Kumpels von allen Seiten Geld zusammen, sie beglichen sogar Taxi-Rechnungen für die Ärzte und Krankenschwestern, die zusätzlich in die Klinik gerufen wurden. 15 Stunden lang versuchten die chinesischen Ärzte eine erfolgreiche Operation zustande zu bringen. Dabei ging alles schief, was nur schiefgehen konnte, man verabreichte mir sogar zwei Liter Blut der falschen Blutgruppe. Anschließend legte man mich in einen Saal mit zwölf verletzten Arbeitern, die auf einer Baustelle Blessuren erlitten hatten. Weil zur Betäubung meiner Beschwerden nicht ausreichend taugliche Medikamente vorhanden waren, durchlebte ich die Hölle. Wegen der fürchterlichen Schmerzen rieb ich ständig mit den Füßen übers Bettlaken, so daß ich am Ende Blasen in der Größe von Golfbällen an den Fersen hatte.

Zu guter Letzt gelang es meiner Frau und meinen Kumpels, meine Versicherung in Hongkong zu verständigen. Die Versicherung sagte zu, unverzüglich einen Arzt einzufliegen, der meine Verlegung nach Hongkong zwecks weiterer Behandlung veranlassen sollte. Aber aufgrund eines Taifuns mußte der Hongkonger Flughafen zeitweilig geschlossen werden. Ich hing in der Shanghaier Klinik fest, wo das Personal meine Temperatur mit verdammten elektrischen Thermometern maß, mit denen man sonst Klimaanlagen kontrolliert. Hunderte von chinesischen Gaffern defilierten vorüber, es kam nämlich nicht alle Tage vor, daß in einem der hiesigen Klinikbetten – hinter einer Glaswand – ein großer, halbnackter, haariger Ausländer besichtigt werden konnte. Am Sonntagnachmittag, 48 Stunden nach dem Unfall, traf endlich der Arzt aus Hongkong ein und sah die ganze Bescherung, die die örtlichen Klinikärzte an meinem Arm angerichtet hatten. Es erleichterte mich enorm, daß sich nun ein richtiger Arzt um mich kümmerte.

Die Verlegung per Flugzeug nach Hongkong habe ich nur verschwommen im Gedächtnis behalten. Der Arzt spritzte mir ein Betäubungsmittel in die Wirbelsäule, und zwar genug, um ein Pferd außer Gefecht zu setzen. Sobald ich in Hongkong war, wurde ich von der Versicherung sowie den Ärzten und Krankenschwestern des Queen Elizabeth Hospitals hervorragend betreut und versorgt. Bei der Entlassung war von meinem Unterarm nur noch die Hälfte übrig, und meine Armnerven hatten umfangreiche, schwere Schäden davongetragen. Es dauerte nochmals zehn Wochen, um den Unterarm mit Knochentransplantaten aus beiden Beinen wiederaufzubauen.

Nachdem das Hongkonger Queen Elizabeth Hospital alles für mich getan hatte, was in seiner Macht stand, erfolgte die Nachoperation meines Handgelenks, diesmal in der besten Klinik ganz Chinas, dem Hua Shan Hospital (dem ehemaligen Deng Xiao-Ping Hospital) in Shanghai. Ein ausgezeichnetes Team von Nerven- und Handchirurgen (empfohlen von den Hongkonger Ärzten, die meinen Arm gerettet hatten) nahm mich unters Messer.

Während des Wiederaufbauprozesses an meinem rechten Unterarm fing ich meine private Therapie an, die Reparatur meiner ramponierten Sportster. Mit der Hilfe zahlreicher Kameraden aus verschiedenen Ländern der gesamten Welt wurde jedes nötige Ersatzteil nach Shanghai geschmuggelt.

Seit der Gips endgültig ab ist, kann ich meinen Pimmel beim Pinkeln wieder mit der rechten Hand halten, und ich mache auf meiner chinesischen Chang-Jiang mit Seitenwagen (einem chinesischen BMW R71-Nachbau) 200-Kilometer-Spritztouren ins Shanghaier Umland. Elf Monate mußten verstreichen, bis man mir erlaubte, wieder auf eine Mühle zu steigen, und ich bin gerade erst dabei, das alte Feeling zurückzubekommen. Aber nachdem ich mich an das Gefühl gewöhnt habe, ein halbes Bein im Unterarm zu haben, und die Behaarung allmählich nachwächst, sieht alles gar nicht so übel aus. Nun muss ich mir nur noch ein Tattoo ausdenken, das die vielen Narben kaschiert.

Glaub mir, bald sitze ich auch wieder auf der Sporty, und ich hoffe, lange vor dem nächsten Jahrestag meines Unfalls lauter und schneller als vorher auf dem neu lackierten Schlitten zur Kneipe zu düsen. Die Dyna und die Softail stehen ebenfalls bereit, um durch die Pampa gejagt zu werden, aber um mir selbst zu beweisen, daß es noch klappt, habe ich ernsthaft vor, auf der reparierten Sporty schonungslos über längere Strecken und durch knifflige Kurven der Shanghaier Innenstadt zu preschen.

Insgesamt sieht die Schadensbilanz folgendermaßen aus:

Butchs wiederhergestellte 89-Inch-Sportster *Foto: Butch Walter*

- 360 000 US-Dollar für Arzt- und Klinikrechnungen (voll erstattet seitens der Versicherung)
- schätzungsweise 3800 Stiche an meinem rechten Arm und beiden Beinen (einschließlich der Muskel- und Hauttransplantationen)
- insgesamt 16 Wochen Klinikaufenthalt

Meine Harley und ich sind jetzt echte Umbauten, zwar nicht mehr in perfektem Zustand, aber noch recht gut in Schuß. Und die Moral von der Geschichte: Achte darauf, daß du eine erstklassige Krankenversicherung hast, wenn du in China Motorrad fährst, und ein paar Kumpels, die für dich da sind, wenn du sie am nötigsten brauchst.

Schönen Gruß
Butch
Red Devils MC Shanghai

Experten, Richter und Prärieschoner

Seit Ende der 50er Jahre habe ich mit Motorradclubs der Einprozenter zu tun, und eines kann man mir glauben: Motorradclubs sind genau das und nichts anderes, nämlich Motorradclubs, aber keine Räuberbanden, die vergewaltigen, rauben und plündern. Wir leben für unsere Clubs und unsere Motorräder, und damit hat es sich. Es versteht sich von selbst, daß wir uns schwer ins Zeug gelegt haben, um unsere Reputation zu verdienen, und alles unternehmen, was wir können, um sie aufrechtzuhalten. Wir entschuldigen uns für überhaupt nichts. Nicht nur das – hätte ich geahnt, daß es uns so lange geben würde, ich hätte doppelt so intensiv gelebt. Wir sind eine Gruppe von Individualisten im wahrsten Sinne des Wortes. Jeder von uns hat einen anderen Grund, warum er da ist, wo er ist. Das einzige, was wir gemeinsam haben, ist unsere Liebe zum Club und zu unseren Motorrädern.

Eine weitere Sache, über die wir uns weitgehend einig sind, ist das Phänomen der sogenannten Motorradgang-Experten. Diese Quatschköpfe verkaufen Bücher mit dem größten Dreck, den man sich vorstellen kann. Sie sind der verlogenste Haufen Wichser, den ich je erlebt habe; genauso miese Lügner wie ein Großteil der Bundespolente, und das sagt *wirklich* etwas über sie aus. Eine Informations-Quelle für diese vorgeblichen Experten sind unzufriedene Ex-Mitglieder, die zu Verrätern und Denunzianten geworden sind. Die meisten dieser Schweinehunde erfinden den Humbug, den sie absondern. Ansonsten kann bloß Gott allein wissen, woher ihre Phantastereien stammen.

Ein Mitglied eines Einprozenter-Clubs aus dem Nordwesten mußte einmal vor Gericht antanzen, und als man seinen Namen aufrief, trat er »vor die Schranken des Gerichts«. Der Richter war nicht sonderlich erfreut über das, was er sah.

»Habe ich Ihnen gesagt, daß Sie hier heute mit einem Anwalt erscheinen sollen, oder nicht?« fragte der Richter.

»Ja, das haben Sie«, antwortete der Einprozenter, »und ich hab einen dabei.«

»Also, ich sehe keinen!« brauste der Richter auf.

Ohne zu zögern trat der Einprozenter zwei Schritte nach rechts und sagte diesmal mit veränderter, tieferer Stimme. »Ich bin der Anwalt, der diesen Klienten verteidigt.«

Das Gesicht des Richters erstarrte. Nach einigen Sekunden gewann er die Fassung zurück. »Kennen Sie eigentlich die Redensart«, fragte er den Einprozenter, »daß der, der sich vor Gericht selbst verteidigt, einen Narren als Klienten hat?«

»Ach, das macht nichts«, entgegnete der Einprozenter, wobei er rasch zwei Schritte nach links vollführte. »Ich hab auch 'n Narren zum Anwalt.«

Der Richter ließ eine zweite lange Pause verstreichen. »Tja«, meinte er schließlich streng, »und was wäre, wenn ich Ihren Klienten zu einer Gefängnisstrafe verurteile?«

Erneut trat der Einprozenter zwei Schritte nach rechts und antwortete mit seiner schönsten Anwaltsstimme. »Na, Euer Ehren, in diesem Fall müßte ich Beschwerde wegen Hokuspokus einreichen.«

Während er seine Zeit im Folsom Prison absaß, beschäftigte sich einer unserer Kumpels in der Knastwerkstatt mit dem Anfertigen von Prärieschoner-Lampen. Es waren richtig hübsche Arbeiten aus massivem Mahagoni mit erlesenen Schnitzereien, wirklich überragend gelungenes Kunsthandwerk.

Eines Tages rief der Werkstattchef (der den Rang eines Captains innehatte) unseren Kumpel in sein Büro.

»Glauben Sie, Sie können bis Ende des nächsten Monats 55 Prärieschoner-Lampen herstellen?«

»Klar«, antwortete unser Kamerad, ein wortkarger, aber hintersinniger Kerl.

Das geschah, während Jerry Brown Gouverneur von Kalifornien war. Der Bundesstaat Kalifornien hatte die Organisation einer Gouverneurskonferenz übernommen, und ein höherer behördlicher Aquisiteur oder irgend so ein Blödian hatte sich ans Folsom Prison mit der Anfrage gewandt, ob es etwas beisteuern könnte, das sich als Geschenk für die Gouverneure eignete. So erklärte sich die Frage an unseren Kumpel, 55 Prärieschoner-Lampen anzufertigen: eine für jeden Gouverneur, die von Puerto Rico, Guam, Samoa und weiß Gott was für Territorien mitgerechnet.

Damals durfte jeder Häftling im Folsom Prison einen eigenen Fernseher im Wohnklo haben. Am Abend der Konferenz hatten die Abendnachrichten aus Sacramento (das nicht weit vom Folsom Prison entfernt liegt) die Konferenz als Aufmacher: Im Versammlungssaal stand eine riesige, hölzerne Tafel mit 55 Stühlen, 55 Karaffen, 55 Trinkgläsern und 55 Prärieschoner-Lampen. Der Nachrichtensprecher erklärte den Fernsehzuschauern, daß die Lampen ein Geschenk von Gouverneur Jerry Brown eigens für die übrigen Gouverneure seien und man sie aus der Gefängniswerkstatt des wunderschönen Folsom Prison bezogen habe, wo diese Sorte Leuchtkörper hergestellt würden.

Poch, poch, poch, erreichten die Klopfzeichen eines Kollegen die Zellenmauer unseres Lampenbauers.

»Guckst du Nachrichten?«

»Klar.«

»Sieht aus, als hättest du es denen gegeben, Bruder. Offensichtlich hast du es ihnen gezeigt.«

»Klar«, lautete die Antwort.

Unser Handwerksmeister hatte nämlich jede der 55 Lampen mit der Abbildung eines langen Schwanzes und dikker Eier verziert. An dem Abend hatte jeder Gouverneur der Vereinigten Staaten Bolzen und Sack eines Einprozenters vor sich stehen, und sobald sie damit zu Hause eintrafen, stand er auch vor ihrem Hausbesen. Vielleicht haben sie es (bis jetzt) nicht gewußt, wir wußten es.

Die Wikingerschar

Es war 1967 in Lowell, Massachusetts. Der kleine Junge war erst sechs Jahre alt und spielte im Vorgarten des Hauses seiner Großeltern. Erst hörte man auf der Straße nur ein gedämpftes Rumpeln. Dann steigerte sich die Lautstärke des Rumorens mit jeder Sekunde, bis ohrenbetäubendes Grollen durch den Ort hallte. Ein Kind nach dem anderen verschwand von der Straße, von Schrecken gepackte Eltern griffen sie am Schlafittchen und zogen sie ins Haus, bis der Junge schließlich als letztes Kind allein im Freien stand.

Er trat an den Rand des Gehwegs. Zuerst sah er die beiden vorderen Fahrer, danach, hinter ihnen, eine etliche Kilometer lange Kolonne, lauter Motorräder, so weit das Auge reichte. Sie kamen näher. Und näher. Eine Wikingerschar auf schwarzen, verchromten Choppern röhrte vorüber, jeder Fahrer bot einen einschüchternderen Anblick als der vorherige.

Aber anstatt sich zu fürchten, faszinierten den Jungen die Macht, die diese Motorradfahrer ausstrahlten, und die Furcht, die sie unter den Erwachsenen verbreiteten, die sich in diesem Augenblick hinter herabgelassenen Rolläden versteckten. In aller Unschuld sah der Junge am Straßenrand zu, wie die Truppe in Zweierkolonnen vorbeidröhnte. Einige Fahrer winkten ihm zu, ein paar schmunzelten, andere hielten die Augen ernst geradeaus gerichtet. Sie waren auf dem Weg zum St. Patrick's Cemetery, um ein treues, tödlich verunglücktes Mitglied zu beerdigen.

Henry der Sozius

Die Piste in der Nähe des Don-Pedro-Sees ist eine äußerst schwierige Strecke und die Gegend nicht unbedingt einladend, um einen Run durchzuführen. Östlich von Modesto im Vorgebirge der Sierra Nevada gelegen – im Gold Country –, ist sie einer von Kaliforniens bestgehüteten Geheimtips. Die MMA (Modified Motorcycle Association) veranstaltete ihren Run jedes Jahr zur gleichen Zeit am Don-Pedro-See, wie die weltberühmten Frog Jumps im benachbarten Calaveras County stattfanden. Die Frog Jumps wurden durch eine Geschichte von Mark Twain inspiriert, der dem County 1865 zurück auf die Landkarte verhalf. Lange Zeit waren die Veranstalter der Frog Jumps Bikern gegenüber nicht allzu freundlich eingestellt, eben deshalb versteifte sich die MMA darauf, ihre Rennen zur gleichen Zeit anzuberaumen, um bei der Gelegenheit, wie ich es einmal ausdrücken will, eine tolerantere Atmosphäre zu fördern.

In einem Jahr war auch Cincinnati dabei, und weil er früh eingetroffen war, saß er mit Freunden im Schatten direkt am Eingang des Clubhauses und ließ erst einmal gemütlich die Seele baumeln. Es war ein bißchen öde, bis Bruder Ray aus San José vorfuhr. Die beiden beschlossen, einen kleinen Abstecher in das nahe Örtchen La Grange zu unternehmen, das ein paar Kilometer weiter am Highway 132 liegt. Nach ein paar Drinks in der Dorfschänke machten Cincinnati und Ray einen Spaziergang durch das winzige Westernkaff in der Absicht, in einem stillen Winkel einen Joint durchzuziehen. An einer Ecke der Hauptstraße gelangten sie hinter ein kleines Hotel (es mußte ungefähr um die Mitte des 19. Jahrhunderts erbaut worden sein). Doch nach wenigen Minuten des Schmauchens wurde ihnen dort richtig mulmig zumute, und das lag nicht etwa am Shit. Die Vibrations waren eisiger und verdammt gespenstischer Natur.

Obwohl es beide merkten, wollte es zunächst keiner zugeben, also grübelten sie noch ein Weilchen darüber nach. Doch schließlich guckten Cincinnati und Ray sich an, riefen gleichzeitig: »Scheiß drauf!«, und latschten zurück zur Dorfstraße. Ray ging ein kurzes Stück vor Cincinnati, drehte sich aber plötzlich um und wollte seinem Kumpel offenbar etwas sagen, aber statt dessen äugte er an ihm vorbei und bekam auf einmal einen sonderbaren Gesichtsausdruck. Cincinnati drehte sich ebenfalls um und sah hinter sich einen Burschen stehen. Der Schnösel trug eine altmodische Latzhose und Haferlschuhe. »Is was?« fragte Cincinnati.

»Wenn nicht«, pampte Cincinnati den Typ an, als er keine Antwort gab, »dann zieh Leine!«

Und das tat der Kerl dann auch, direkt vor Cincinnatis Nase. Als er sich erneut umdrehte, bemerkte er, daß Ray schon richtig hastig um die Straßenecke eilte, und er schloß sich ihm schleunigst an. Erst vor der Dorfschänke blieben sie wieder stehen. Beide waren ziemlich durcheinander.

»Hast du das gesehen?« erkundigte sich Cincinnati bei Ray und hoffte, daß er nichts gesehen hätte.

»Ja, und kannste vielleicht mal sagen, was das sollte?«

Die zwei Kumpel betraten die Schänke und verhielten sich völlig cool. Cincinnati fragte die Wirtin, ob La Grange ein altes Goldsuchernest wäre.

»Nein, Sir, La Grange war eine Holzfällersiedlung.«

»Also haben Sie hier, anders als in alten Goldsucherkäffern, keine Gespenster.«

»Oh doch, wir haben eins«, widersprach die Wirtin. »Es haust gleich nebenan, in dem alten Hotel mit der Mietstallung.«

In diesem Moment war es für Cincinnati und Ray höchste Zeit, zurück zum Don-Pedro-See zu brummen.

Im folgenden Mai war Cincinnati wieder bei dem Run am Don-Pedro-See. Cincinnati langweilte sich auch dieses Mal und fuhr nochmals in die alte Holzfällersiedlung La Grange, weil er hoffte, dort könne vielleicht was los sein. Als er zu der Dorfschänke gelangte und sie geschlossen war, wollte er sofort kehrtmachen. Aber dann juckte es ihn, noch einmal einen Blick um die Ecke auf das alte Hotel zu werfen. Als er in die Nebenstraße abbog, sah er, daß man gerade den Anbau mit der früheren Mietstallung des Hotels niederriß, in dem nach den Angaben der Kneipenwirtin der Geist hausen sollte.

Tja, du alter Hausgeist, dachte Cincinnati, nun fehlt dir bald das Haus zum Rumgeistern.

»He, Geist«, rief er laut. »He, wenn du ausziehen willst, spring auf!«

Cincinnati langte hinter sich und klappte die Soziusfußrasten aus, da spürte er plötzlich, daß sich jemand – oder irgend etwas – auf den Soziussitz schwang.

»Au Scheiße.«

Cincinnati legte den Gang ein und fuhr ab. Als er um die Ecke bog, wackelte und schlingerte es so stark, daß er erst einmal an die Seite fahren und den verdammten Geist ordentlich zusammenscheißen mußte.

»Paß auf, Mann, wenn du auf meinem Bock mitfahren willst, sitz still oder leg dich mit in die Kurve. Aber zapple nicht rum oder so was.«

Ausgerechnet in diesem Moment fuhr ein Paar mittleren Alters auf einer Full Dresser vorbei. Wahrscheinlich dachte es, Cincinnati hätte einen kleinen Mann im Ohr.

Auf der Rückfahrt zum San-Pedro-See gab es keine weiteren Probleme, allerdings überlegte Cincinnati die ganze Zeit: *Was zum Teufel soll ich nur mit diesem neuen Freund anfangen?*

Sobald ihm One-Armed Paul unter die Augen kam, lieh er sich von ihm ein Zelt und schlug es auf dem Zeltplatz am entlegensten Rand als Unterkunft für seinen neuen Freund auf. In diesem Zelt erfuhr er, daß der Geist Henry hieß. Er war 19 (als er starb?) und hatte genausoviel Schiß wie Cincinnati. Wenn sich Cincinnati und Henry unterhielten, geschah das nicht auf dem normalen Weg der gesprochenen Sprache. Es verlief eher telepathisch, als mentaler Gedankenaustausch.

Zwischendurch schaute so gut wie jeder Motorradkumpel, der sich an dem Rennen beteiligte, irgendwann einmal an »Henrys Zelt« vorbei, einige suchten eine Pofstelle für ihre Miezen. Wenn Cincinnati ihnen erklärte, daß das Zelt schon belegt war, handelte er sich argwöhnische Blicke ein.

Nun war Cincinnati, was Soziusfußrasten betraf, seit eh und je ein Korinthenkacker gewesen. Wenn eine Biene hinter ihm vom Ofen steigt, gilt die Regel, daß sie die Soziusfußrasten einzuklappen hat. Allein fährt Cincinnati *niemals* mit ausgeklappten Soziusfußrasten. Er findet, es sähe aus, als führe ein Taxi mit offenen Türen die Madison Avenue entlang. Als acht oder zehn Clubmitglieder nach dem Run die Landstraße in Richtung Heimat fuhren und dabei Cincinnatis ausgeklappte Soziusfußrasten bemerkten, fragte Izzy nach dem Grund. Cincinnati tat so, als höre er nichts. Bei der Einfahrt nach Oakland nahm jeder seine Abfahrt, bis nur noch Cincinnati und Henry übrig waren.

Was nun? fragte sich Cincinnati.

Cincinnati beschloß, Henry im Clubhaus einzuquartieren. Nachdem er ihn im Obergeschoß untergebracht hatte (in der Nähe der Spieltische und Flipperautomaten), stieg er wieder auf den Bock und düste zu seiner Bude in den Oakland Hills. Er schaffte gerade die Maschine in die Garage, als seine Alte mitsamt dem Kind im Kleinlaster vorfuhr. Cincinnatis Hauszierde streifte das Motorrad mit einem Blick und fragte sofort: »Wer hat auf'm Sozius gesessen?«

»Tja, Baby«, erklärte Cincinnati wahrheitsgemäß, »mich hat auf der Rückfahrt 'n Geist begleitet.«

Daraus entstand eine größere Meinungsverschiedenheit, also lud Cincinnati seine Alte und das Töchterchen in den Kleinlaster und bretterte mit ihnen zum Clubhaus. Sobald sie dort anlangten, wollte Cincinnati lieber unten warten.

»Geh hinauf«, sagte er seinem Ehemöbel. »Geh nach oben und überzeug dich.«

Als sein Stammzahn wenig später nach unten kam, sträubten sich ihr die Haare auf den Armen.

»Ich sag's doch«, meinte Cincinnati.

Sie sah ihn mit einem Blick an, der einen Güterzug zum Entgleisen gebracht hätte, und riet ihm, dieses Etwas, egal was es war, schleunigst aus dem Clubhaus zu schaffen, denn offenbar fühlte es sich da überhaupt nicht wohl. Cincinnati lief hinauf, und wahrhaftig: Henry hatte schlechte Laune. Er fand heraus, daß Henry Frauen und Kinder schlichtweg nicht riechen konnte. Also beförderte Cincinnati seine Familie heim und fuhr anschließend nochmals zum Clubhaus, um Henry abzuholen.

Cincinnati lebte, wie erwähnt, in den Oakland Hills, und seine Garage stand unmittelbar an der Straße, während das zweistöckige Wohnhaus quasi am Hang lehnte, unterhalb der Straßenhöhe. Es war ein sehr rustikales und behagliches Zuhause, selbst ein Geist konnte da nicht meckern. Cincinnatis Nachbar war selten zu Hause, höchstens gelegentlich am Wochenende. Das Haus des

Nachbarn war modernisiert worden und hatte Warmwasser, und Henry hielt sich häufig dort auf.

Man konnte Henry nicht nachsagen, daß er blöd gewesen wäre, er war nur ein bißchen langsam. Cincinnati erfuhr von ihm, daß er schon als kleines Kind zur Waise geworden war. Der Gentleman, dem das Hotel und die Mietstallung gehörten, nahm Henry mit auf ein Gehöft, das er außerhalb von La Grange hatte, dort wurde er von der eifersüchtigen Ehefrau des Hotelbesitzers auf eine Weise gefüttert und getränkt, als wäre er ein Tier. Als er zehn war, teilte man für ihn in La Grange eine Box in der Mietstallung ab, und von da an hauste er im Stallgebäude. Von den Dorfbengeln wurde er grausam gehänselt, weil er pummelig war. Die Gören rümpften wegen seiner Einfalt die Nase. Diese Erlebnisse mit Lümmeln, Gören und einer Hotelbesitzergattin hatten wohl zu seiner Abneigung gegenüber Frauen und Kindern geführt. 1896 war Henry gestorben, noch bevor er 20 wurde.

Henry erzählte Cincinnati viel über Geister, zum Beispiel, daß es keine bösen Geister gibt. Einige von ihnen gebärden sich nur aggressiver als andere. Nicht alle Geister spuken. Und einige kommen weiter herum als ihre Kollegen. Sie bereisen sozusagen die geistigen Highways auf dem Weg zu paranormalen Zonen, in denen sich Geister gerne versammeln.

Eines Abends hockten Cincinnati und Nic Albert in einer Kaschemme, da kam ihnen der Einfall, an dem Bordell-Run teilzunehmen, den ein Charter weiter südlich in Beatty, Nevada, veranstaltete. Cincinnati fuhr nach Hause, um für den Trip ein paar Sachen einzupacken. Er und Nic wollten sich bei Cincinnati treffen. Cincinnati traf kurz vor Nic dort ein. Er parkte seine Mühle vor der Garage und ging, nur ein paar Augenblicke bevor Nic vorfuhr, ins Haus. Weil Nic und Cincinnati beide langes Haar und Vollbärte trugen, sahen sie sich – vor allem abends –

zum Verwechseln ähnlich. Henry mußte ein Motorrad gehört, nach draußen geschaut und Nic entdeckt haben. Im Glauben, Nic wäre Cincinnati, erlaubte der Geist sich ein harmloses, kleines paranormales Späßchen. Nic bemerkte sofort etwas.

»Cincinnati, spukt hier 'n Gespenst oder so was? Gerade eben sind die Scheinwerfer auf einmal aufgeflammt.«

»Na sicher«, antwortete Cincinnati, allerdings nur halb im Scherz. »Klar hab ich 'n Gespenst in der Garage. Wieso nicht?«

Am 20. Oktober 1991 brach in Oakland ein riesiger Waldbrand aus. Jahrelange Trockenheit hatte tonnenweise abgestorbene Bäume und sonstige verdorrte Vegetation hinterlassen, die die Flammen nährten, und der anhaltende Wind fachte das Feuer über viele Kilometer hinweg an. Die Kliniken in Oakland und Berkeley hatten Großalarm. Hunderte von Häusern fielen der Feuersbrunst zum Opfer. Das Unheil verfehlte Cincinnatis Wohnsitz um knappe drei Häuser. Nach dem Ende der Evakuierung, als die Menschen wieder zurück in ihre Behausungen durften, blieb Henry, den die Hitze verschreckt hatte, mehrere Wochen lang verschwunden. Nach seiner Rückkehr legte er auf einmal eine ausgemachte Neugier in Bezug auf Frauen an den Tag. Cincinnati erläuterte ihm, so gut er sich darauf verstand, die Sache mit den Bienen und den Blüten, den kleinen Unterschied, die Vor- und Nachteile des Umgangs mit dem anderen Geschlecht, auf was man achten sollte, bevor man sich mit einer Schrippe einließ, und wie man sich am besten gegenüber Mädels verhielt. Anscheinend gefiel Henry, was er hörte, denn anschließend gestand er Cincinnati, daß er in der Glut des Feuersturms eine Perle kennengelernt hatte.

»Cool«, meinte Cincinnati zu dem verliebten Geist.

Einige Tage später, als Cincinnati gerade auf dem Sofa

lag, kam sein Töchterchen vom Spielen herein und krähte, daß Henry und eine fremde Frau vor der Garage stünden. Cincinnati und seine Tochter gingen vors Haus, und wahrhaftig, da war das Pärchen. Henry stellte ihnen Edith vor, seine erste Freundin. In diesem Moment war es am vernünftigsten, sich Lebewohl zu sagen. Henry nahm endgültig Abschied von Cincinnatis Garage, und von dem Tag an wurde er dort nicht mehr gesehen.

Heute denkt Cincinnati jedesmal, wenn er eine Maschine mit ausgeklappten Soziusfußrasten vorbeibrummen sieht, an Henry und hofft, daß er endlich glücklich ist. Auch wenn ich nicht an Geister glaube, muß ich doch eines sagen: Wer außer Cincinnati wäre Manns genug, einen Geist wie Henry auf seinem Soziussitz mitfahren zu lassen?

Schwester Teresa

Tagsüber arbeitet Teresa in einer Anwaltskanzlei als Sekretärin. Ihr Arbeitsplatz ist mit Motorradmotiven dekoriert: gerahmte Motorradbilder, Biker-Kalender, eine Wand mit Fotos, Auszeichnungen und Postern. Sie hat eine Harley-Schreibtischgarnitur. Ihr Chef, dessen Name einer der Namen auf der Tür der Kanzlei ist, sagt gerne folgendes über sie: Er habe zwar schon Mitarbeiter mit größerer Erfahrung gehabt, aber nur wenige hätten sich als so fleißig erwiesen.

Teresa ist noch eine relativ frische Harley-Fahrerin, sie fährt ihre 1200 Custom Sportster seit 1997. Sie liebt den Motorrad-Lebensstil und liest die Zeitschrift *Easyriders.* An den sexy Abbildungen nimmt sie keinen Anstoß.

»Viele von uns ziehen Biker-Klamotten an. Wir mögen Leder. Wir mögen Männer. Wie sehen gerne toll aus.«

Vielleicht ist es ganz vorteilhaft, daß Teresa ebenso strahlend aussieht wie viele der schönen Models, die auf den Seiten von *Easyriders* erscheinen. Aber Teresa hat erheblich mehr Vorzüge als ihr gutes Aussehen.

Teresa wuchs schon mit Motorrädern auf, im ländlichen Westvirginia – genauer gesagt in einer Kleinstadt namens Spencer. Ihr Vater kaufte ihr als Achtjähriger das erste Mini-Bike. Bald besaß Teresa die Eignungsstufe für Dirt-Bikes, doch erst mit dem Umzug nach Charleston, als Jugendliche, verspürte sie den Drang, mit dem Motorrad über die Straßen zu fegen. Weil sie wußte, daß es einen wesentlichen Unterschied zwischen Feldwegen und Straßen gab, besuchte sie den Motorcycle Riders Safety Course, den die Motorcycle Safety Foundation organisierte, eine Stiftung der großen Motorradproduzenten. Nach dem Kauf ihrer Custom Sportster trat sie der örtlichen HOG bei. Dadurch befriedigte sie ihren Wunsch nach Geselligkeit und wurde eine fanatische Bikerin. Erst mit dem Motorradfahren konnte sie ihr Talent zur Veranstaltungsorganisation und zum Spendensammeln voll unter Beweis stellen.

Nach einer gewissen Zeit kam Teresa die Idee, eine eigene Vereinigung für Motorradfahrerinnen zu gründen. Bei ihren Nachforschungen entdeckte sie, daß die bereits vorhandenen Frauenmotorradvereine sehr unterschiedliche Zielgruppen ansprachen. Die Ladies of Harleys beschränkten sich auf Harley-Besitzerinnen. Daran gab es nichts auszusetzen, aber andere Gruppen, wie etwa die Motormaids, Women in the Wind und Women on Wheels, nahmen auch Fahrerinnen von Hondas, Suzukis, Ninjas und anderen Mühlen auf. Um eine Gründungsversammlung für eine Women-on-Wheels-Ortsgruppe zustande zu bringen, brauchte Teresa zehn Mitglieder. Das war für sie ein Kinderspiel. Als sie den ersten Antrag auf Gründung einer neuen Ortsgruppe einreichte, standen 30 Frauen auf ihrer Mitgliederliste. Sie erhielt laufend Aufnahmeanträge. Einige Girls mußten bis zu zwei Stunden fahren, um an den Gruppentreffen teilnehmen zu können. Es dauerte gar nicht lange, bis Teresas WOW-Ortsgruppe vier weitere regionale Ableger in Westvirginia hervorbrachte.

Motorradfahrende Frauen als solche sind heutzutage eigentlich nichts Umstrittenes mehr. Sehr wichtig für die Bikerinnen sind jedoch die spezifischen Themen, die viele Frauen auf Teresas Vereinssitzungen ansprechen. Motorradfahrerinnen haben – in viel stärkerem Umfang als Männer – ein außerordentliches Sicherheitsbewußtsein. 90 Prozent von Teresas Vereinsmitgliedern haben den

Die schöne Schwester Teresa *Foto: Mike Hall/PhotoGraphix*

Motorcycle Safety Course absolviert. Ein anderes Thema ist, daß viele Motorradfahrerinnen sich als Angehörige einer Randgruppe fühlen. Meistens finden sie nur schwer Frauen als Mitfahrerinnen. Teresa weiß, daß manche Bikerinnen sogar vor einem Motorradladen Schwellenangst haben. Für welche Motorradkleidung sollen sie sich entscheiden? Wie können sie lernen, die eigene Maschine zu reparieren oder zu frisieren? Oder die aus persönlicher

Sicht wichtigste Frage: Welcher Motorradtyp eignet sich am besten für eine Anfängerin? Das Verhältnis der Fahrerinnen zu den Helmtragevorschriften ähnelt dem Standpunkt der Männer, der lautet, das sollte jeder nach eigener Lust und Laune handhaben. So manches eher an Outlaws orientiertes Mädel zieht es vor, ausschließlich mit Männern durch die Pampa zu jagen. Dann gibt es noch die Lesbenschwadron, mancherorts liebevoll »Dykes on Bikes« genannt. So wie die Kerle repräsentieren eben auch die Motorradfahrerinnen ein weites Spektrum an Typen.

Angesichts des beachtlichen Interesses der Bikerinnen am Vereinsleben verstand Teresa nicht, wieso die lokalen weiblichen Motorradfans in ihrer Heimatstadt so selten auf den Straßen gesehen wurden. Mit anderen Worten: Wenn so viele Frauen WOW-Mitglieder sein wollten, wo waren dann all die Chicks auf Bikes? Sie sah sie kaum einmal auf den Straßen kreuzen.

Das war ein guter Anlaß für Teresa, um die allererste Women's Motorcycle Parade in ihrem heimatlichen Bundesland Westvirginia zu veranstalten. Das erste Mal fand sie auf einem riesigen Parkplatz statt, den man sonst für den Motorcycle Safety Course benutzte. Teresa organisierte bei Motorradhändlern Losverkäufe und sonstiges Sponsoring. Schon bald bezog sie andere Firmen mit in ihre Sponsorensuche ein, beispielsweise Hotelketten, Fahrzeugersatzteilhändler und Food-Firmen. Sie buchte Gastredner und Live-Musiker. Ein kurzer Zehnkilometertrip auf der Interstate hatte seinen Höhepunkt am Capitol in Charleston, wo die Motorradfahrerinnen dem Staat und den regionalen Politikern beweisen konnten, daß sie eine organisierte Kraft verkörperten. Teresa bewog den Gouverneur sogar dazu, diesen Tag zum »Women Motorcyclist Day« Westvirginias auszurufen.

Jedes Jahr lockt die Parade Hunderte weiblicher Motorradfans an. Inzwischen ist die Fahrtstrecke auf gut

100 Kilometer verlängert worden. Wenn Teresa sich nicht mit den Vorbereitungen für die Women's Motorcycle Parade befaßt, widmet sie sich einem Dutzend Wohltätigkeitsprojekten, beispielsweise Habitat for Humanity, March of Dimes, Make a Wish Foundation, Red Cross, Salvation Army, Ronald McDonald Hoses, diversen Obdachlosenheimen, Veteranenorganisationen und den Sojourners (letzteres ist ein lokales Zentrum für mißhandelte Frauen und Kinder).

»All das entspringt meiner Liebe zum Motorradfahren«, erklärt Teresa. »Sie gibt mir Kraft. Ich bin schon gebeten worden, mich auch mit anderen Wohltätigkeitsprojekten zu beschäftigen, aber wenn es keinen Zusammenhang mit dem Motorradfahren gibt, wird bei mir einfach kein Interesse geweckt.«

Teresas soziale Ader macht auch vor Outlaw-Motorradgruppen keinen Halt.

»Ich begleite die Outlaw-Gangs auf ihren Poker Runs. In ihren Clubhäusern hänge ich nicht rum, aber sonst mache ich mit, und deshalb finden sie's richtig, mich zu unterstützen.«

Wie für viele Motorradfans sind für Teresa die Kraft, die ihre Maschine besitzt, und die Bewunderung, die sie auf der Straße erregt – besonders bei anderen Frauen –, der eigentliche Antrieb zum Fahren.

»Ich höre von vielen Frauen immer das gleiche: ›So ein Motorrad könnte ich nie fahren.‹ Aber eine Frau kann ein Motorrad fahren. Sie muß es nur wollen. Ich kenne Frauen, die fahren Road Kings. Es ist genau wie mit der Frage, wie man im Leben zurechtkommt, denn es dreht sich nicht darum, wie groß die Maschine ist, sondern wie man mit ihr umgeht, sie im Gleichgewicht hält. Frauen sind zu allem fähig. Sie brauchen nur einen Anstoß und jemanden, der den Kleinkram erledigt. Das sind die Voraussetzungen, unter denen ich arbeite.«

Fitzpatrick und der stählerne Chopper

Der 16. Oktober 1965 ist ein Meilenstein in unserer Vereinsgeschichte. An diesem Tag rollten sieben Clubmitglieder und ich bei der Antikriegsdemonstration des Vietnam Day Comitee (VDC) zwischen 8000 Peacenik-Protestler und die Berkeley/Oakland-Polizei. Wie ich schon in meinem ersten Buch, *Hell's Angels*, angemerkt habe, sind wir mit bloß einer Handvoll Jungs in die Menge gestürmt. Als wir auftauchten sind, wußte zuerst niemand, wessen Partei wir eigentlich ergriffen. Aber nachdem wir ein paar College-Affen die Fresse poliert hatten, sprach sich ziemlich schnell herum, daß wir auf der Seite der Männer standen, die in Vietnam gekämpft hatten und gefallen waren, und nicht zu den mit Hippie-Perlen behängten Studenten in Schlaghosen hielten. Weil wir selbst zu den Militärveteranen zählten, hatten wir den Rand gestrichen voll vom elitären VDC des Berkeley-Colleges, das uns Oakland-Jungs von oben herab betrachtete, als wären wir allesamt nur ein Haufen Erbsengehirne aus Alabama.

Als wir den Entschluß faßten, durch Oakland nach Berkeley zu rollen und ein paar Schnöseln den Arsch aufzureißen, rechneten wir gar nicht mit einem langfristigen Widerhall. Wenn ich heute zurückblicke – Jahrzehnte später –, muß ich feststellen, daß wir nicht nur allerhand Scheiß von der kriegsfeindlichen Linken zu hören kriegten, weil wir unsere Meinung mit Fäusten und Stiefeln zum Ausdruck brachten, sondern durch unsere Solidaritätsbekundung auch vielen Soldaten, die in Vietnam waren, den Rücken gestärkt haben.

Man denke nur einmal an die Geschichte von Army-Sergeant Jim Fitzpatrick. Fitzpatrick liebt Motorräder. Als er noch ein Kind war, fuhr sein Vater Indians, und das erste echte Motorrad, das Fitz besaß, war eine für ein paar Hundert Emmchen gekaufte 49er Harley Panhead.

Fitzpatrick trat 1958 als patriotisch gesonnener Achtzehnjähriger in die Army ein. Im Herbst 1965 wurde er im Rang eines Sergeants nach Fort Meade in Maryland versetzt, um sich dort auf den aktiven Dienst in Vietnam vorzubereiten. Fort Meade war der Standort der als Eliteeinheit eingestuften First Squadron vom 11th Armored Cavalry Regiment, einem der ersten Panzerverbände, die man zum Kampf in den Dschungel Südostasiens schickte. Weil der Krieg sich damals noch im Anfangsstadium befand, konnten sich Sergeants wie Fitzpatrick noch den Luxus erlauben, ihre Männer persönlich auszusuchen. Folglich stellte Fitz den verwegenen Haufen der Delta Company aus den tüchtigsten Fahrern, härtesten Kämpfern und rauhbeinigsten Cowboys zusammen, die sich ausfindig machen ließen.

Fitz stand zu seinem Haufen, so wie sein Haufen zu ihm stand. Als NCO (Noncommissioned Officer = Unteroffizier) spachtelte Fitz im selben schmuddeligen Speisesaal und schlief in einer ähnlichen Stube wie seine Männer. Fitz und seine Delta Company unterzogen sich in Zusammenarbeit mit Artillerie und Schützenpanzern einem intensiven Training. Fitz' Männer nannten ihn »Pop«, weil er mit seinen 25 Jahren ein paar wertvolle Jährchen älter war als die anderen Jungs der Panzerkompanie.

Während des Trainings wurden Fitzpatrick und seine Squadron, bevor man sie nach Vietnam sandte, für den

Fitzpatricks digitale Collage über seine Zeit in Vietnam beim 11. Kavallerie-Regiment *Foto: James Fitzpatrick*

Wochenenddienst eingeteilt, weil man erwartete, daß es im nahen Washington, D. C., zu Antikriegsdemonstrationen kam und sie vielleicht zu deren Eindämmung herangezogen werden mußten. Aus Neugierde fuhr Fitz mit einigen anderen Jungs in Zivil nach Washington, um sich die dortige VDC-Demonstration mit eigenen Augen anzuschauen, die am 16. Oktober 1965 gleichzeitig mit weiteren derartigen Demonstrationen im ganzen Land stattfand. Da sie wußten, daß sie bald in den Krieg geschickt wurden, schockierte es sie um so gründlicher, zu sehen, daß Demonstranten Vietcong-Fahnen und nordvietnamesische Flaggen schwangen, Ho Chi Minh zujubelten und ihm den Sieg über die amerikanischen Streitkräfte wünschten.

Fitz und seine tief deprimierten Kameraden kehrten an ihren Standort zurück. Sie erzählten den übrigen Soldaten ganz genau, was sie beobachtet hatten. Da schaltete jemand den Fernseher an. Die Fernsehnachrichten brachten einen Bericht über die VDC-Demonstration an der Westküste in Berkeley, Oakland. Dabei war die Rede davon, daß ein kleines, aber schlagkräftiges Grüppchen von Outlaw-Motorradfans während der Demonstration ein Chaos verursacht hatte, indem es auf eine Schar Protestler losging und sogar Jerry Rubin, den Hauptredner, angriff. Die Soldaten im Saal brachen in laute Begeisterungsrufe aus, als sie auf dem Bildschirm sahen, wie Biker Protestlern auf die Birne droschen.

Fitz' Delta-Company-Haufen vergaß nie, was das Fernsehen an diesem Tag berichtet hatte. Die Männer empfanden das Vorgehen des Motorradclubs als handgreifliches Zeichen des Rückhalts. Jungs auf dem Weg zur Front in Vietnam mußten einfach wissen, welche Amerikaner zu ihnen hielten. Wir haben damals bei diesen jungen Soldaten großen Eindruck gemacht – viel mehr als das LBJ-Establishment als Ganzes, die Bürger, die sich viel zu sehr mit ihrer Arbeit, dem Geldverdienen sowie dem Haus- und Autokauf befaßten, als daß sie sich um irgend etwas geschert hätten.

Fitz und die Jungs der 11th Armored Cavalry wurden bald danach in Xuan Loc stationiert, nordwestlich von Saigon, wo sie vom August 1966 bis zum Sommer 1967 blieben. Die Kämpfe fanden vorwiegend im sogenannten eisernen Dreieck statt, unweit der kambodschanischen Grenze bei einem vorgeschobenen vietnamesischen Stützpunkt namens Ku Chi. Statt Harley-Davidson-Eisenrösser fuhr Fitz' Kompanie 52 Tonnen schwere stählerne Panzer. In Anerkennung des Verhaltens, das der Motorradclub an dem denkwürdigen Oktobertag gezeigt hatte, taufte Fitzpatrick seinen M48A3-Panzer »The Chopper«.

Die Delta Company räumte entschlossen auf, zum Beispiel, als Fitz und seine Männer bei Suoi Cat in den Kampf

Vietnam 1965: Fitzpatrick (vorn in der Mitte) und einige seiner Männer vor dem »Chopper« *Foto: James Fitzpatrick*

gingen: Ein Vietcong-Regiment hatte eine kleinere Kolonne Amerikaner überfallen. Als der Ruf nach Verstärkung kam, brummten Fitz und seine Jungs schon zehn Minuten später mit donnernden Kanonen aufs Gefechtsfeld. Fitz befahl den Panzerangriff, und auch der Vietcong eröffnete das Feuer. The Chopper hob sich vom Rest der Kampfwagen ab: An den Bug des M48A3 (der einen Zwölfzylinder-Continental-Dieselmotor hatte) war eine große Räumschaufel montiert worden. Der Vietcong hatte ein Wäldchen hoher Bäume gefällt und sie auf die Urwaldstraße gekippt, die zum Zentrum der Auseinandersetzung führte. The Chopper schob die Bäume wie Streichhölzer zur Seite und rasselte stracks auf einen Vietcong-Bunker zu. Das Gewicht des Panzers zerdrückte und zermalmte den Bunker, danach setzte Fitz den Kasten zurück, senkte das Kanonenrohr in den Eingang und ballerte eine Anzahl Kanistergeschosse hinein. An diesem Tag mußten zahlreiche Vietcong-Soldaten vor ihren Schöpfer treten.

Kämpfe wie das Gefecht bei Suoi Cat waren typisch für die 66er Periode der wachsenden amerikanischen Präsenz. Bis dahin hatten sich weder der Vietcong noch die nordvietnamesischen Truppen mit amerikanischen Panzereinheiten von der Art des Choppers schlagen müssen. Tatsächlich überraschte es sogar das Pentagon, daß amerikanische Panzer im südwestasiatischen Dschungelterrain so gut operierten.

Es war am Vorabend der Tet-Offensive. Die Konzentrierung großer Massen von nordvietnamesischen und Vietcong-Truppen an der DMZ war in vollem Gang. Mit Fitz und The Chopper jagte die 11th Armored Cavalry die Vietcong-Infanterie nach Laos und Kambodscha und mußte hilflos zusehen, wie sich Vietcong-Regimenter über die Grenze in Sicherheit brachten, wohingegen amerikanische Panzer und Flugzeuge sie nicht überqueren durften. Nie ließ das amerikanische Oberkommando zu, daß die Männer Nägel mit Köpfen machten. Infolgedessen nahm ihr Frust stetig zu.

Das eiserne Dreieck verwandelte sich in ein ausgedehntes Netz unterirdischer Tunnel, die der Vietcong unterm Dschungel im Umkreis der einstigen französischen Michelin-Gummibaumplantage anlegte. Viele Male rückte die Delta Company gegen Dörfer wie Ben Tat und Thou Cong vor. Doch dann kommandierte man sie in ein anderes Einsatzgebiet ab. Drei Monate später hatte der Gegner dieselben Örtlichkeiten erneut mit Gräben, Bunkern, Fallen und Waffen befestigt. Und das Oberkommando schickte die Panzer und Schützenpanzer immer wieder dagegen in den Einsatz, bis sich ein verhängnisvoller Kreislauf entwickelte: Jedes Scharmützel wurde härter als das vorherige.

Fitzpatrick beendete seine einjährige aktive Dienstzeit und sagte The Chopper ade. Insgesamt zog sich seine militärische Laufbahn über zehn Jahre hin. Noch heute be-

Ein verzierter Tank – Fitzpatricks Hommage an alle Vietnamveteranen *Foto: James Fitzpatrick*

wertet Fitz den Dienst in Vietnam als die aufregendste Zeit seines Lebens, aber genau wie es der Mehrheit der Vietnamveteranen ging, war auch sein Leben danach nie mehr das gleiche.

»Vietnam ist mir immer gegenwärtig«, gesteht Fitzpatrick. »Kein Tag vergeht, ohne daß ich daran denke. Kein Bungee Jump, keine Mount-Everest-Besteigung und kein Fallschirmsprung könnten einen ähnlichen Adrenalinschub verursachen wie der Kampf im Krieg. Ich entsinne mich noch genau an den Qualm, den Lärm und The Chopper. Das Adrenalin ertränkte die Furcht. Das Kämpfen hatte Ähnlichkeit mit den allerhärtesten Motorradrennen.«

Heute unterrichtet Fitzpatrick grafische Kunst und betreibt ein eigenes Designer-Büro. Seine Kleingemälde, die zu Ehren der Vietnamveteranen ihr Schicksal darstellen, schmücken Harley-Benzintanks, Motorradschutzbleche und Chopper-Rahmen. Viele Veteranen fahren auf umgebauten Maschinen, die stolz Fitz' Kunstwerke zur Schau tragen, zu Biker-Veranstaltungen. Fitzpatrick stuft diese Arbeiten als kathartisch und therapeutisch ein; andere Leute nennen sie patriotisch. Auf alle Fälle erinnert sich Fitz auch noch an den Tag in Washington, D. C.

»Sonny und seine Kumpel haben 1965 die 11th Armored Cavalry unterstützt, und mir ist es völlig schnuppe, was sie davor oder danach getan haben. Ich weiß nur eines, nämlich daß amerikanische Biker sich für einen Haufen Soldaten, den sie nicht einmal kannten, auf die Hinterbeine gestellt haben.«

Der Letzte der Unforgiven Few

Die Bullen und die Presse glauben mir im allgemeinen nicht, wenn ich erkläre, daß es der Hauptzweck des Clubs ist, gemeinsam Motorrad zu fahren und Spaß zu haben. Aber es ist wahr: Wir sind ein Club, und wir fahren Motorrad. Schluß und aus. Mein Charter beispielsweise legt Wert darauf, wenigstens einmal wöchentlich abends zusammen auszufahren, Flagge zu zeigen und die Gurgel anschließend mit ein paar Bier zu schmieren. Der Club soll auf der Straße präsent sein, damit die Leute seinen Namen kennen. Also muß man sich sehen lassen, um gesehen zu werden.

Viele Motorradfans wünschen sich von Herzen, sie hätten einen so coolen Club, mit dem sie auf Tour gehen könnten. Sich sein Patch, seinen Vereinsaufnäher, zu verdienen ist aber nicht ganz einfach: Die Abstimmung muß einstimmig ausfallen. Jemand kann der herausragendste Motorradfahrer weit und breit sein, das macht ihn nicht zwangsläufig zu der Art von Biker, die ein Club als Mitglied haben will. Man kann nicht von einem zum nächsten MC wechseln. Normalerweise stellen private Clubs hohe Ansprüche und nehmen nur die besten Leute als Mitglieder auf. Ähnlich wie Freiheit ist auch Brüderschaft weder billig noch leicht zu haben. Motorradclubs kommen und gehen, entstehen und vergehen – und wenn sie dahin sind, sind sie dahin.

Da muß man nur einmal einen verwaisten Biker namens Woodminster fragen.

Woody ist, soviel er weiß, das letzte Mitglied eines Nomad-Clubs, der nach seinen Angaben The Unforgiven Few heißt. The Unforgiven Few ist ein Club, dessen Mitglieder in der Regel in kalifornischen Knasts eingesessen haben, und obwohl es in entlegenen Bundesstaaten noch den einen oder anderen Überlebenden geben mag, ist es Woody bisher nicht gelungen, Kontakt zu einem seiner Brüder herzustellen.

Woody ist ein geborener Einprozenter aus Nordkalifornien, der sein ganzes Leben lang mit Motorrädern und Bikern verbracht hat. Als Kind hing er bei einigen der älteren Westküsten-Clubs herum, den Misfits, den Satan's Slaves und den Galloping Gooses. Mit fünf Jahren war Woody auf dem Begräbnis von Chocolate George, dem berühmten Mitglied unseres Chapter in San Francisco und treuen Freund der Haight-Ashbury-Hippies.

Als Woody dreizehn war, stempelte der Bundesstaat Kalifornien ihn zum Schwererziehbaren ab und steckte ihn nacheinander in verschiedene Erziehungsheime. Als Mündel des Jugendamtes erhielt er die Auflage, sich bei einem Beratungszentrum zu melden, um sich einem freiwilligen Vormund zu unterstellen, der ihn zurechtbiegen sollte. Zu guter Letzt gab das Jugendamt ihn in die Obhut von Skeeters, einem Mitglied der Galloping Gooses. Skeeter wurde Woodys Ziehvater und Mentor.

Woody lebte mehrere Jahre lang bei Skeeter und seiner Frau. Was Skeeter an pädagogischen Kenntnissen fehlte, machte er durch die Fähigkeit wett, aus Woody einen Prospect zu machen. Wenn man als Teenager Prospect bei einem Club wie den Galloping Gooses war, kam das einer Grundausbildung beim Militär gleich. Woody mußte lernen, innerhalb von acht Stunden ein Motorrad zu zerlegen und wieder vollständig zu montieren. An kalten, regnerischen Abenden war es Woody, der vor dem Clubhaus im strömenden Regen stand und die Maschinen bewachte, während drinnen Sitzungen stattfanden. Man kann durchaus behaupten, daß Woody erzogen wurde; er wußte, wann er die Klappe zu halten und wann er cool bleiben mußte.

Eines Abends erhielt Woody von Skeeter die alte ID eines Angehörigen der Küstenwache. Das Foto auf der ID sah überhaupt nicht nach Woody aus, aber wenigstens war er nun 21 Jahre alt. Im Laufe des folgenden Jahrs zogen Woody und Skeeter von Lokal zu Lokal und beschissen beim Billard. Woody führte die Ablenkungsmanöver aus. Er hatte ein Repertoire eingeübter Faxen, die Skeeters Gegenspieler bei Bedarf dazu brachten, einen schlechten Stoß auszuführen. An einem dieser Abende hockte Woody einmal allein am Tresen, und der Kellner fragte ihn, was er trinken wolle. Als unerfahrener (und minderjähriger) Trinker hatte Woody keinen blassen Schimmer, was er bestellen sollte, also deutete er auf eine teure Flasche Portwein, die über der Theke im Regal stand. Im Lauf des Abends füllte sich der junge Woody mit Portwein ab und ließ alles auf Skeeters Deckel schreiben. Infolgedessen bestand Skeeters Tagesbilanz nach acht Partien aus einem stinkbesoffenen, vollgekotzten Bürschchen und einem zerknitterten Zehndollarschein.

Einige Monate später schloß sich Woody während einer Billardtournee einem Biker namens Rebel an. Rebel hatte gerade seinen Abgang im Staatshotel gemacht und fuhr mit einem Nomad-Chapter der Unforgiven Few Kaliforniens und Montanas Motorrad. Als Vizepräsident des Clubs hatte Rebel einen guten Blick dafür, wann er einen straßentüchtigen Biker mit Potential vor sich hatte. Mit 19 Jahren wurde Baby Woody (wie man ihn jetzt rief) zum jüngsten mit komplettem Aufnäher ausgestatteten Unforgiven Few der Vereinsgeschichte. Er war noch nie glücklicher gewesen. Der Club unternahm regelmäßig Runs zur San Francisco Bay und in nördliche Regionen.

Woody war stolz auf sein neues Patch, fuhr in Gesellschaft seiner Vereinsbrüder Motorrad und genoß es, ein Nomad zu sein. Ihm standen die Straßen offen, und er fühlte sich überall willkommen.

Aber irgendwie mußte selbst so ein Kerl wie er sich seinen Lebensunterhalt verdienen. Woody wechselte häufig seine Jobs und geriet schließlich in die schlechte Gesellschaft einer kleinen, über die Grenzen der Bundesstaaten hinweg tätigen Schieberbande, die per Lkw Hehlerware an den Mann brachte. So kam er mit dem Gesetz in Konflikt. Denn dieser Schwarzhandel war keineswegs kleinen Umfangs. Als ihm ein Verfahren wegen unrechtmäßigen Besitzes von Diebesgut in 180 Fällen drohte, tauchte er ab.

»Ich war richtig im Untergrund«, gestand Woody. »Damals hab ich gelernt, daß die einzige Möglichkeit, als Flüchtling erfolgreich zu sein, die ist, alle Verbindungen zur eigenen Vergangenheit zu kappen und so zu leben, als wären alle tot – Freunde, Familie, alle geliebten Menschen. Auch meinen MC hab ich verlassen. So etwas zu tun ist was Schreckliches. Ich erinnere mich noch an den Abend, als ich meine ID zerschnitten und im Klo runtergespült hab. Das ging mir hart an die Nieren.«

Während seiner Flucht wurde nach ihm gefahndet, und auf seinen Kopf war eine beachtliche Belohnung ausgesetzt. Sein Bild hing in jedem Postamt. Denunzianten, Kopfgeldjäger und das FBI lauerten an jeder Ecke, daher sah Woody zu, daß er Land gewann, und ließ die Westküste weit hinter sich. Seine Reise endete in Ohio, unweit von Columbus. Als Todd Sanders tat er sich mit einer Irren zusammen, die eine Hexenzunft leitete und Seminare für Polypen veranstaltete, um ihnen den Unterschied zwischen Hexerei als Religion und kriminellem Satanismus zu verklickern. Todd alias Woody half der Ische bei der Durchführung ihrer Veranstaltungen und saß häufig mit einer ganzen Horde Bullen im selben Raum, während auf seine Ergreifung eine Belohnung von 50 000 Dollar ausgesetzt war.

Woody merkte, daß das beste Versteck oft das unter aller Augen ist. Er fand eine Stelle bei einer Spedition und arbeitete dort drei Jahre lang, um sich unter seinem neuen Namen zu etablieren. Eines Tages kamen zwei Figuren in Anzug und Kostüm – ein Mann und eine Frau – in das Büro, in dem er arbeitete. An dem Tag hatte er zufällig allein Dienst.

Lächelnd wandte sich das Paar an ihn. »Hallo, Woodminster«, sagte es, »wie geht's?«

»Was? Wer? Ich glaube, Sie sind im falschen Büro. Ich bin Todd Sanders.«

»Wir sind vom FBI, Todd. Haben Sie eine ID?«

»Ja, sicher. Hier ist mein Führerschein, und ich habe auch eine Sozialversicherungskarte.«

Erst hatte Woody den Eindruck, sie abgewimmelt zu haben, aber nachdem er ihnen erlaubt hatte, in ihrem Hauptbüro anzurufen, kamen sie gleich wieder zurück. Sie müßten nachsehen, ob Todd irgendwelche besonderen Kennzeichen hätte.

»Ich hatte das Unforgiven-Few-Abzeichen auf die Schulter tätowiert«, erinnerte sich Woody. »Als die FBI-Agenten mich aufforderten, den linken Hemdsärmel aufzukrempeln, dachte ich mir: Scheiß drauf, und sagte nur: ›Ich bin der Mann, den Sie suchen.‹«

Wegen mehrerer staatenübergreifender Schiebereien geklauten Rindfleischs hing das Damoklesschwert einer zwanzigjährigen Haftstrafe über Woody. Um ein geringeres Strafmaß zu erhalten (und nicht singen zu müssen), legte er in Ohio ein Geständnis ab und ersparte dem Staat damit Zeit, Kosten und eine aufwendige Überstellung an die Westküste.

Während er in Georgia im Bau saß, stieg Woody, weil er Erfahrung als Speditionsangestellter gesammelt hatte, recht bald zum Verwalter des Lebensmittellagers auf. Als echter Überlebenskünstler trieb er auch im Knast ein paar Gaunereien. Jeden Abend, wenn seine Mitarbeiter mit um die Schultern gelegten Jacken das Lager verließen, hatten sie Brotlaibe, Corned-Beef-Büchsen und sonstigen Fraß in den Ärmeln versteckt. Woody verdiente sich ein bißchen Taschengeld dazu, indem er seinen Kollegen Stullen verkaufte. Ansonsten blieb er sauber und erhielt nach vier Jahren vorzeitig Anstaltsverbot.

Nach seiner Entlassung kaufte Woody sich eine neue Harley und zog aufs platte Land, in eine einsame Gegend, wo er noch heute lebt. Er wohnt in einer Blockhütte an einer Landstraße, die auf dem Kegel eines Vulkans endet, nur einen Taubenschiß von der kanadischen Grenze entfernt. Woody kümmert sich ausschließlich um seinen eigenen Kram und fährt in der schroffen nordwestlichen Pampa die 2001 Wide Glide die Serpentinen der Berge hinauf und hinab. Er verzichtet allerdings darauf, sich über die Grenze zu wagen. Das einzige Mal, als er nach Kanada düsen wollte, fiel er dem Grenzschutz auf, sie zückten sein Vorstrafenregister und nahmen das Bike auseinander.

Was Woody heute noch vermißt, ist ein Patch auf dem Rücken. In seinen Adern fließt Einprozenter-Blut, und er gesteht, daß er, selbst wenn er auf seiner Wide Glide sitzt, ein anhaltendes Gefühl innerer Leere empfindet. Woody fehlt die Kameradschaft eines Clubs. Bis heute hat er es nicht geschafft, wieder Kontakt zu den Jungs vom MC zu knüpfen – Rebel, Baron, Preacher und den übrigen Unforgiven-Few-Brüdern.

Deshalb fährt ein verwaister Woody heute allein Motorrad – und keinesfalls aus freien Stücken.

Paycheck läßt die Sau raus

Eines Tages fläzte ich mich mit Cincinnati und den anderen Jungs vor meinem Haus auf der Golf Links Road. Das Telefon klingelte, und ich ging an den Apparat.

»Ist da Sonny?«

»Wer ist denn da?«

Die Stimme kam mir bekannt vor. Der Anrufer mußte der Okie in Muskogee sein. Und tatsächlich, er war es.

»Sonny, hier ist Merle Haggard. Eben kam 'n Anruf von meinem Büro in Redding, anscheinend ist Johnny Paycheck dorthin unterwegs. Sie wissen dort nicht, was sie mit ihm anstellen sollen, und ich bin momentan wegen einer Show in Reno.«

Ich wußte, worauf Merle hinauswollte. Johnny, einer meiner liebsten Country-Sänger (*Take This Job and Shove It*), konnte manchmal recht schwierig sein.

Wir hatten einen Bekannten, der in der Nähe von Redding wohnte. Ich versicherte Merle, mich der Sache anzunehmen. Dann ließ ich Cincinnati bei seinem Kumpel anklingeln.

»Ey, Mann, weißt du, wo Merle Haggard sein Büro hat?«

»Klar, 'n paar Schritte die Straße runter.«

Cincinnati erklärte ihm die Lage. »Paycheck ist in Merles Büro und führt sich irgendwie komisch auf. Es wäre gut, wenn du mal vorbeischaust, dir Johnny krallst und ihn unter deine Fittiche nimmst, bis wir der Sache auf den Grund gehen können.«

Jonny Paycheck (mit Hut), ein guter alter Freund, Countrystar und Freund der Arbeiterschaft *Foto: Michael Ochs Archives.com*

»Ich bin gleich drüben.«

»Aber auf eins mußt du achten«, warnte ihn Cincinnati. »Gib ihm nichts, was aus dem Plastikbeutel kommt.«

Anschließend klemmten wir uns noch mal ans Telefon und riefen unseren Vereinsbruder Mickey an, der versprach, jemanden nach Redding zu schicken, um Paycheck abzuholen, unterdessen wollten wir uns bei seinem Tourneemanager erkundigen, was in den Mann gefahren sein könnte.

Nach Auskunft des Managers hatte Johnny zur Zeit eine Reihe von Auftritten, aber vor einigen Tagen hatte er einen Asthma-Anfall gehabt und war in Redding in eine Klinik eingewiesen worden. Weil es so aussah, als müßte er eine Weile dort bleiben, sagte man den Rest der Tournee ab. Band und Crew waren schon nach Hause geflogen. Die Planung sah vor, daß Johnny, sobald er wieder schnaufen konnte, ein bißchen bei uns abhängen und nach einigen Tagen ebenfalls heimfliegen sollte. Der Manager sagte mir, er werde die Klinik anrufen, um herauszufinden, was los war, und uns dann über den Stand der Dinge informieren.

Als er zurückrief, erfuhren wir die schlechte Neuigkeit. Johnny war mit einem Sauerstoffschlauch im Rachen in ein Krankenzimmer gelegt worden und hatte ein völlig unmißverständliches Rauchverbot erhalten. Aber in seinen Socken schmuggelte er Lungentorpedos und Streichhölzer ins Zimmer. Dann zündete er sich im Bett eine Fluppe an und sengte sich – *puff!* – sämtliche Haare vom Kopf. Nach einem Riesenkrach mit dem Personal setzte man ihn in einem Klinikkittel und mit einem großen, breiten, schwarzen Cowboyhut auf der Rübe vor die Tür.

Cincinnatis Kumpel sauste zu Merles Büro, erstattete Merles Angestellten Johnnys Taxi-Rechnung und nahm ihn mit nach Hause. Bruder Jesse in Sacramento hatte zwischenzeitlich den Auftrag bekommen, Johnny in Obhut zu nehmen und ihn zur »Beobachtung« nach Oakland zu fahren, zu Mickey.

Am nächsten Tag rief Mickey uns an. Ob wir ihm wohl einen Gefallen tun und sofort zu ihm kommen könnten?

In Mickeys Haus kauerte Johnny in der Küche mit angezogenen Beinen auf einem Stuhl, hielt sich eine Apfelsine ans Ohr und lauschte.

»Scheiße, was hat er denn für 'n Problem?«

»Wenn ich das mal wüßte«, meinte Mickey und kratzte sich am Kopf

Mickey hatte uns alle möglichen Horrorgeschichten über Johnnys absonderliches Betragen zu erzählen. Wir wußten ja, daß Johnny eine Nervensäge war, aber so schlimm hatten wir ihn noch nie erlebt. Cincinnati beschloß, Johnny zu sich mitzunehmen. Vielleicht konnte er seinen Fimmel eher beheben.

Cincinnati setzte Paycheck in den Kleinlaster und fuhr mit ihm zu seinem Haus. Noch bevor er den Motor ausschaltete, sprang Paycheck aus dem Fahrzeug und raste wie ein Bekloppter die Treppe zum Haus hinunter. Cincinnati rannte ihm nach. Als Cincinnati um die Ecke zur Haustür bog, drückte sein Dobermann Stryder den Fremdling schon mit beiden Vorderpfoten an die Wand. Cincinnati erlöste Johnny von dem Wachhund und führte ihn ins Haus. Baz, ein Bruder aus Omaha, war gerade bei Cincinnati zu Besuch, und sie verabredeten, Paycheck zu zweit rund um die Uhr zu überwachen.

Doch Johnny benahm sich weiterhin total bescheuert, und es blieb sowohl Cincinnati wie auch Baz gänzlich schleierhaft, in welcher Hinsicht er nicht richtig tickte. Die Lage schien ziemlich ernst. Johnny kletterte an den Vorhängen hoch, kippte Lampen um und redete unaufhörlich puren Stuß. Cincinnati rief mich an, denn meistens weiß ich einen Rat. Aber diesmal hatte ich keine Ahnung, was ich Cincinnati sagen sollte.

Cincinnati fuhr los, um irgendein Beruhigungsmittel zu besorgen, damit er Johnny zumindest zum Pennen bekam. Auf dem Rückweg stoppte er an einem Geschäft, und dort bemerkte er am Zeitungsstand eine Ausgabe des Hochglanzmagazins *High Times* mit dem Aufmacher: »Kokain-Vergiftung«. Er kaufte die Zeitschrift, fuhr heim und las den Artikel; die darin gegebene Beschreibung paßte haargenau auf Johnnys Verhalten. Cincinnati folgte den Empfehlungen des Artikels und hatte die Krise mit dem ausgerasteten Paycheck schnell im Griff. Johnny schlief mehrere Tage lang durch, und unterdessen trafen wir Vorbereitungen, um seinen Outlaw-Arsch nach Atlanta fliegen zu lassen.

Endlich brachten Cincinnati, seine Alte und ich Johnny zum Flughafen San Francisco. Vor den Schaltern wollte Johnny, daß sich Cincinnati für ihn in der Warteschlange anstellte, um ein Flugticket zu kaufen, aber er mußte schnell einsehen, daß seine Starallüren unsereins kaltließen. Sobald er ein Ticket hatte, nahm Cincinnatis Alte die Stewardeß ins Gebet, und das Flugpersonal willigte ein, Johnny in den Flieger zu geleiten, ihn an seinen Platz zu setzen und zu gewährleisten, daß er in Dallas, Fort Worth, nach Atlanta umstieg.

Wir begleiteten Johnny und Cincinnatis Mieze durch die Sicherheitskontrollen und zum Terminal, dann verzogen wir uns ins Flughafenrestaurant. Nach ein paar Drinks hoben wir den Blick und sahen unvermutet Cincinnatis Liebchen und Johnny vor uns stehen. Er hatte irgendeinen Scheiß gebaut und den Flieger verpaßt. »Es wär besser, du unternimmst was, und zwar flott«, sagte Cincinnati zu seiner Brumme, »denn ich geh nicht von hier weg, bevor dieser kleine Scherzkeks mit seinem Cowboyhut hoch in der Luft ist.«

Kurz danach tanzte sie mit einem Ticket direkt nach Atlanta an; auf diesem Flug brauchte Johnny nicht umzusteigen. Nun mußten wir nur noch Johnnys Ehekrücke anrufen und ihr mitteilen, daß sie ihn in Atlanta an die Kandare nehmen sollte. Wir hofften, daß nichts mehr schiefgehen konnte, wenn der Flieger erst einmal abgehoben hatte.

Während wir im Restaurant saßen und auf den Start warteten, legte Johnny, den Ellbogen auf den Tisch gestützt, die Nuß in die Flosse. Er mußte wohl eingedöst sein, denn plötzlich rutschte ihm die Elle vom Tisch, und seine Rübe knallte mit einem lauten, trockenen Bums auf die Tischplatte. Sämtliche Gäste des Restaurants drehten sich um, als Johnny hochfuhr und loskrakeelte. »Was hab ich gemacht? Was hab ich gesagt?«

Offenbar war Johnny eingepennt und hatte geträumt, ein Mitglied übers Ohr gehauen und von ebendiesem Bruder eine gesemmelt gekriegt zu haben. Wir versicherten ihm, er hätte zweifellos eine Abreibung von uns bekommen, die knallharte Wirklichkeit gewesen wäre und kein Traum. Wenige Minuten später schwebte Johnny endlich am Himmel, und offen gestanden waren wir überaus froh, ihn nun von hinten zu sehen, obwohl wir ihn und seine Musik lieben wie einen Bruder.

Auch als Johnny seine nächste Tournee an der Westküste machte, besuchte er uns. Wir saßen bei ein paar Bier in meinem Haus an der Golf Links Road und quatschten mit Paycheck, da klopfte jemand an die Tür. Irgendwer öffnete die Tür, und herein spazierte ein Bekannter (ein großer Paycheck-Fan).

»He, Johnny, komm mal raus.« Der Vogel feixte von einem Ohr zum anderen. »Ich hab 'ne Überraschung für dich.«

Geschlossen schlurften wir hinaus, und direkt vor dem Haus stand eine nette, kleine Sportster. Sie hatte hinten eine 16 und vorn eine 21 aufgemalt und jede Menge Chrom. Unser Kumpel konnte seine Aufregung kaum verbergen; er warf das Maschinchen an und winkte Johnny zu.

»Für dich, Johnny!«

Bis zu diesem Nachmittag hatte Johnny immer nur Unfug über Motorräder gesabbelt. Zeug wie: »Ach, ich muß mir erst 'ne neue Maschine anschaffen.«

Wir wußten alle, daß Johnny bis dahin bestenfalls auf Mountains Soziussattel gesessen hatte, wenn der Paycheck gelegentlich durch den Ort kutschierte.

Wie gesagt, die Sportster lief, und Johnny schwang das Bein über die Harley. *Wrrrumm-wrrrummm*, grollte der Bock. Johnny brachte den Ofen auf maximale Umdrehungen und ließ ihn für ein Weilchen in diesem Zustand dröhnen. Dann linste er nach links unten und sah den Schalthebel, und in diesem Moment stand in seinem Gesicht ganz groß die Frage geschrieben: Was mag denn das wohl sein?

»Hmmm...«

Höchste Umdrehungszahl, Zeh, Schalthebel, und *wamm!*, der Scheißbock sprang in die Luft wie ein wilder Hengst und landete auf dem Hinterrad, das sofort eine Staubwolke aufwirbelte. Erst schlug das Heck nach links, dann nach rechts aus. Mit einer Hand klammerte sich Johnny an den Lenker, gab unvermindert Vollgas, seine gestreckten Stelzen schlackerten waagerecht in der Luft.

Paychecks mißhandelte Sportster schoß geradeaus über die Straße und direkt auf Crazy Earls Garage zu, in der Earl gerade an seiner Maschine herumschraubte, bis er den ganzen Scheißlärm hörte. Er steckte den Kopf unter dem Kipptor der Garage ins Freie. Und als er die röhrende Sportster auf sich zurasen sah, knallte er das Tor runter, um Johnnys rasante Fahrt zu bremsen.

Bumm! Paycheck krachte gegen das Tor, prallte ab und rollte den Acker neben Earls Haus hinunter, dabei pflügte er eine breite Furche in die Scholle, so daß Staub, Unkraut, sonstiges Grünzeug und alle Arten von Scheiß durch die Umgebung flogen.

Gelassen schloß Earl das Kipptor komplett und zog sich wieder ins Innere seiner Garage zurück.

Zum Glück ging der Motor der Maschine aus.

Auf unserer Seite der Straße lagen wir alle auf dem Boden und hielten uns den Bauch, wir lachten dermaßen laut, daß einige von uns sich fast in die Hose schissen und pißten. »Du hirnverbrannter Blödmann«, heulte ich, »was is mit dir los, verdammt noch mal...?! Ich dachte, du könntest...«

Während wir noch um Atem rangen, kam Paycheck völlig verdreckt zu uns, allerlei Gemüse, Stengel und Steinchen klebten in seiner Frisur und seinen Klamotten. Er hatte so heftiges Nasenbluten, daß er überall mit Blut bekleckert war, außerdem war er voller Schrammen und blauer Flecken, und seinen alten, großen, schwarzen Cowboyhut konnte er abschreiben. Die Hände am Kopf stierte er mich an, holte verstört Luft und fragte: »Sonny, meint ihr, ich darf sie behalten?«

Lone Wolf und die Bösen Buben

Einige der härtesten Charter des Clubs sind die europäischen Gruppen, die in Deutschland, Skandinavien, Großbritannien, Italien, Holland, Belgien, der Schweiz und vielen anderen Ländern existieren. Die erste österreichische Verbandsgruppe wurde 1975 in Vorarlberg gegründet. Vorarlberg liegt an der südwestlichen Spitze Österreichs, in der Nähe der deutschen und schweizerischen Grenze. Österreichs Hauptstadt Wien liegt auf der anderen Seite, in der nordöstlichen Region, unweit der Slowakei und Ungarns. Sobald die Gruppe in Vorarlberg etabliert war, konnte das im Entstehen begriffene Charter Wien eine Anzahl Prospects aus einem bereits vorhandenen österreichischen Motorradclub um sich sammeln, der Anfang der 70er Jahre unter dem Namen Satan's Serpents gegründet worden war.

Schon 1970, bevor unsere beiden ausländischen Charter in Österreich entstanden, waren junge Motorradfahrer in Wien von einem regelrechten Outlaw-Motorradrausch besessen. Motorradfilme wie *Hell's Angels, Der Wilde* und *Die wilden Schläger von San Francisco* machten auf viele Wiener Jungs so großen Eindruck, daß sie zwischen 18 und 25 Jahren mit dem Motorradfahren anfingen – in dem gleichen Alter, das wir hatten, als die ersten Charter in Oakland ins Leben grufen wurden. Diese Jungs lasen in Zeitungen und Zeitschriften, welche Härte man uns nachsagte, und sahen dazu begeistert die Bilder cooler Harley-

Motorradfahrer. Sie sehnten sich danach, wie wir zu sein, und träumten davon, in Kneipen Schlägereien durchzustehen und an Überlandrennen teilzunehmen. So schnell wie möglich kratzten sie genügend Schillinge zusammen, um sich Motorräder anzuschaffen und Clubs mit Namen wie Böse Buben (Bad Boys Crew), Fetzenschädel (Savage Skulls) und Wiener Viecher (Vienna Beasts) zu gründen. Nur, hießen ihre Mitglieder nicht Goose, Hi Ho Hal oder Big Del, sondern Redhead, Präsident Peter (Wiens erster Einprozenter), Uwe, Sioux, Guzzi-Chris, Ventil-Kurt, Franz, Speedy, Moped-Franz, Karl und Schwammerl.

Lone Wolf, ein vom Spießerdasein angeödeter 19jähriger Studienaussteiger, fuhr ab 1972 sechs Jahre lang mit den Bösen Buben. Dieser Club hatte ständig zwischen 25 und 30 Mitglieder. Im Vergleich zu heute hat Wolf die früheren MC-Zeiten als viel harmloser im Gedächtnis behalten. Dennoch stifteten die Bösen Buben schon damals ausreichend Unruhe, um die Polizei aus der Fassung zu bringen. Mit der Absicht, unsere Bass Lake Runs zu imitieren, rollten rund 70 Biker (darunter 30 von den Bösen Buben) im Konvoi in einen kleinen steirischen Flecken namens Perbersdorf. Und genau wie in Amerika forderten auch dort die Dorfpolizisten Verstärkung aus Nachbarorten an. Die Lage spitzte sich zu, als die Bullen am Lagerfeuer des Konvois erschienen. Sie hatten die Absicht, die jungen Motorradfahrer so unter Druck zu setzen, daß sie die Versammlung auflösten. Die Bösen Buben und ihre Freunde weigerten sich, den Ort zu verlassen, aber abgesehen davon, daß einige Bullen ein paar Püffe einstecken mußten, kam es zu einem Patt. Die Polizei wußte nicht so recht, wie weit die Situation eskalieren könnte, und hielt sich lieber zurück. Die Bösen Buben wollten sich einen schönen Tag machen und die Polypen nicht völlig ungeschoren davonkommen lassen. Einige junge Mitglieder stibitzten Polizeiwagen das Blaulicht

Lone Wolf 1972 auf seiner 750er Honda *Foto: Lone Wolf*

vom Dach. Insgesamt betrachtet röhrten die Motoren der Maschinen zwar laut, und die Fahrer tranken sich schwer einen an, aber die Konfrontation kochte nie zu der Schärfe hoch wie in Porterville oder Hollister. Als die Kolonne aus dem Dorf rollte, deponierten die Jungs die geklauten Blaulichter vor dem Eingang der Polizeiwache.

Damals in den 70er Jahren hatte Westeuropa in Bezug auf Motorradkultur noch eine Menge Nachholbedarf. MCs wie die Bösen Buben trugen ihr Abzeichen als Armbinde, nicht als bunte Patches auf dem Rücken. Harley-Davidsons bekam man in Österreich viel schwerer als in den USA. Zwar hatte das US-Militär nach dem Zweiten Weltkrieg viele Harleys zurückgelassen, aber es kamen höchstens zwei Dutzend neue Harleys pro Jahr nach Wien. Folglich benutzten die neueren Clubs zu Choppern umgebaute Versionen der Honda 750 (Lone Wolfs Ofen), Norton Commando 750, ferner Suzukis, Kawasakis und ein paar Triumphs. Eigentlich verursachte es Jungs wie Lone Wolf keine Bauchschmerzen, daß Harleys so selten waren, zumal die Schüttler der AMF-Ära nicht nur wie verrückt Öl verloren, ihnen fehlte auch die effiziente Treibstoffverwertung japanischer und britischer Motorräder. Später kauften einige Fahrer bei Polizeifahrzeug-Versteigerungen in den USA Harleys und verfrachteten sie anschließend nach Österreich, um sie dort umzubauen.

In typisch teutonischer Akkuratesse ist die Stadt Wien in numerierte Bezirke unterteilt. Die Bösen Buben hatten ihr Vereinslokal im 18. Bezirk, während unser Charter sich in einer kleinen Bar, dem Café West, im 7. Bezirk traf. Später verkehrten sie in einem rustikalen, finsteren Kellerlokal im 20. Bezirk, dem Wallensteinkeller am Ufer der Donau. Der Wallensteinkeller hatte amerikanischen Blues in seiner Jukebox, servierte richtige Yankee-Hamburger und war eine gängige Anlaufstelle des Wiener Schwarzmarkts und der Unterwelt. Das Vergnügungsviertel rund um den Prater ist heute eine beliebte Touristenattraktion, damals jedoch war es die Gegend, wo die ersten Mitglieder der Bösen Buben über die Straßen brummten und herumhingen und die ansässigen Zuhälter und Nutten beschützten. Wien war ein angenehmes Pflaster für Biker, sie konnten dort starkes österreichisches und deutsches Bier trinken, ein bißchen kiffen und auch mal gehörig auf die Pauke hauen.

Die schwersten Zusammenstöße unter den ersten Wiener Motorradclubs ereigneten sich zwischen den Bösen Buben und den Fetzenschädeln. Während die ältesten Mitglieder der Crew 25 waren, setzten sich die Schädel aus jüngeren Hirschen (im Alter von 16 bis 20) zusammen, die sich um so dreister gebärdeten. Ziemlich schnell hatten die Schädel sich genug Frechheiten erlaubt, um für die Bösen Buben zu einem dauerhaften Ärgernis zu werden. Der Gipfel war schließlich, daß sie eine Tankstelle demolierten, die im 18. Bezirk und damit im Revier um das Vereinslokal der Bösen Buben lag.

Folglich war es allerhöchste Zeit, den Schädeln zu zeigen, wo der Hammer hing. Mit dem felsenfesten Vorsatz, Rache zu üben, fuhr die vollständige Böse-Buben-Gang eines Winterabends in Autos an einem Puff namens Paradiso in der Wiener Innenstadt vor, dem Treff der Schädel. Die Bösen Buben parkten ihre Wagen und nahmen die erforderlichen Totschläger, Messer, Ketten und Schlagringe mit, um den Schädeln ein für allemal das Fürchten zu lehren

In der Nacht vorher hatte ein Wintergewitter auf der gesamten Straße vor dem Lokal eine Eisschicht hinterlassen. Gerade als die Crew Anstalten zum Stürmen der Kaschemme machte, kreuzte plötzlich vom anderen Ende der Straße her ein dritter Rivale auf, die 13 Mitglieder des MC Wiener Viecher, die ebenfalls noch ein Hühnchen mit den Schädeln zu rupfen hatten und heute mit ihnen abrechnen wollten. Statt sich gegen die Schädel zu vereinen, gingen die Wiener Viecher und die Bösen Buben aufeinander los. Der Zusammenprall ähnelte eher einem albernen Hockeyspiel voller Situationskomik als einer Bandenschlägerei. Biker schwangen Prügel und Ketten, aber sie plumpsten dabei häufiger auf den Arsch, als daß sie irgendwen erwischten.

Lone Wolf bekam das Ende einer wirbelnden Kette zu schmecken. Obwohl die Crew zahlenmäßig doppelt so stark war wie die Wiener Viecher, fiel es auch ihren Jungs schwer, auf den Beinen zu bleiben, um die Gegner zu verdreschen. Während fortlaufend Crew-Mitglieder ausrutschten, übers Eis krauchten und ebenso oft auf allen vieren wie auf den Beinen kämpften, gab es mindestens genausoviele aufgeplatzte Knie und Beinbrüche wie geplättete Nasen und geknackte Kiefer. Blut hatte die Eisbahn vor dem Vereinslokal der Schädel getränkt, als schließlich die Polizei den Ort des Geschehens umstellte und beide Clubs geschlossen festnahm. Unterdessen soffen sich die Schädel gemütlich die Birne voll, ohne überhaupt zu bemerken, was sich draußen abspielte.

Klugerweise warteten die Bösen Buben anschließend bis zum Frühling, bevor sie abermals versuchten, den Schädeln eins auf die Mütze zu geben. Dieses Mal schickte die Crew Spione ins Paradiso, um den richtigen Moment abzupassen. Statt Schlagringen und Totschlägern hatten die Bösen Buben diesmal Klappmesser und abgesägte Billardstöcke in den Ärmeln, als sie mit Übermacht in das kleine Lokal drängten. An diesem Abend droschen 25 Böse Buben auf ein Dutzend Schädel ein. Die Pinte war so klein, daß sie in Gruppen von jeweils einem halben Dutzend Jungs antreten mußten. Die Schädel kriegten eine ordentliche Abreibung, und nachdem eine Kellnerin die Bullerei verständigt hatte, suchten die Bösen Buben das Weite.

Mitte der 70er Jahre wehte dann ein wesentlich rauherer Wind durch die Wiener Biker-Szene. Die Satan's Serpents machten sich breit und stiegen zügig von Kawasakis und Triumphs auf Harleys um. Ihre Mitgliedschaft wuchs, genau wie ihre Reputation. Die Serpents trugen dreiteilige Patches und nahmen zu den übrigen Clubs eine aggressive Einprozenter-Haltung ein. Nicht lange, und die Zeit der Bösen Buben lief ab. Nervös saßen sie im Café West und sahen zu, wie die Serpents in immer größerer Zahl und mit härterem Durchsetzungswillen die Straße beherrschten. Es war offensichtlich, daß sich Wien in ein Satan's-Serpents-Territorium verwandelte.

Kurz nachdem die Bösen Buben die Fetzenschädel vermöbelt hatten, lösten sich die Schädel auf. Einige Mitglieder der Wiener Viecher setzten sich nach Bayern ab und gründeten einen neuen Club mit dem Namen Road Eagles. 1978 kam es dann auch zur Auflösung der Bösen Buben, denen Lone Wolf bis dahin ohne Unterbrechung angehört hatte. Sie überließen das Feld den Serpents. Ungefähr um diese Zeit trat die Vorarlberger Gruppe unseres

Lone Wolf heute mit seiner Wiener Motorradmieze *Foto: Lone Wolf*

Haufens auf den Plan, schluckte die Serpents und expandierte zu guter Letzt nach Wien.

Wenn es in Österreich nicht zu stark schneit, fährt Wolf eine neue Harley, die ein Experte des Wiener Charter kürzlich nach Wolfs Wünschen zum Chopper umgebaut und mit Extras ausgestattet hat. Er hat inzwischen eine Familie und ein Haus in der Nähe von Wien. Seine wilde MC-Zeit, deren Ende mit der Auflösung der Bösen Buben anfing, ist längst vorüber. Als leidenschaftlicher Vereinsaktivist hängt Lone Wolf jedoch gern in seiner Wiener Tränke herum, die die passende Bezeichnung The Big Red Machine trägt. Beim Bier erinnert sich Wolf an eine vergangene Epoche, in der er als Lone Wolf noch seine Zähne zeigte, frischgegründete Clubs durch die Straßen Wiens rollten und den Weg für eine neue Generation von Einprozentern ebneten – und ein rauheres, härteres Klima.

Joey hält sein Versprechen

Joey führte ein sonniges Leben. Vor kurzem hatte er seine erste Harley gekauft, eine 68er Sportster. Trotzdem hatte er noch ein paar Flocken in der Tasche. Er hielt sich mehrere Freundinnen an der Stange. Wie hätte das Dasein schöner sein sollen? Aber gerade als er dachte, er hätte alles im Griff, hatte sein Motorrad in dem New Yorker Vorort Westchester eine Panne. Da saß er nun auf der Route 9 fest, gut eine Stunde Fahrtzeit von seiner Bude in Manhattan entfernt.

Joey war ein frischgebackener Motorradfahrer, kein Motorradbastler. Schlagartig lernte er die schäbige Seite der Realität kennen: Er stand am Rande eines stark befahrenen Highways und hatte keinen blassen Dunst, was er tun sollte. Bis dahin war solche Scheiße immer nur anderen Typen passiert, aber nicht Joey. Im ganzen Westchester County kannte er keine Menschenseele. Seine Kumpels in Little Italy hatten keine Autos. (Das alles passierte vor dem Aufkommen der Notrufsäulen, Handys und Pannendienste, also fühlte sich Joey mit Recht ganz und gar vom Glück verlassen.)

Gerade als er sich endlich dazu durchringen wollte, den Bock stehenzulassen und zu Fuß zur Ortsmitte zu pilgern, tuckerte ein wie ein ältlicher Hippie aussehender Opi in einem verbeulten Kleinlaster vorbei. Er parkte den Wagen knapp hinter Joeys nutzlos gewordener Mühle. Der Vogel trug einen schmutzigen Overall und redete mit starkem Landei-Akzent.

»Sieht aus, als könnten Sie Hilfe brauchen.«

Joey grinste und schüttelte ihm die Hand. Ja, es ließ sich nicht leugnen: Er hatte eine Panne. Aber als der Hippie den Werkzeugkasten aus dem Kleinlaster holte, bekam Joey Manschetten. *Scheiße,* dachte er, *der Bursche sieht aus, als könnte er sich kaum ein Schinkenbrot machen, was kann er dann wohl an meinem Stuhl ausrichten?*

Doch er irrte sich komplett. Der Hippie entdeckte ziemlich schnell das Problem. Mit dem Zündungsdeckel stimmte etwas nicht. Er hatte sich ein wenig gelockert (wahrscheinlich durch fahrtbedingte Vibrationen). Der Hippie-Typ rüttelte leicht an dem Deckel, nahm ihn ab, bog die Kontakte geringfügig zurecht und setzte den Deckel wieder auf. Mehr war nicht nötig.

Wrumm!, sprang die Maschine wieder an.

»Das war's«, stellte der Hippie fest und packte das Werkzeug zurück in den Kasten.

Erleichtert, es doch noch nach Hause zu schaffen, zückte Joey die Brieftasche.

»Verdammt, Mann«, meinte er zu seinem Samariter, »ich bin Ihnen doch was schuldig, weil Sie mein Motorrad repariert haben. Wieviel?«

Der Hippie winkte ab. »Ich sage Ihnen mal folgendes: Versprechen Sie mir was. Wenn Sie jemals einen Motorradfahrer an der Straße festliegen sehen, fahren Sie ran und seien Sie ihm behilflich.«

Joey versprach es und bedankte sich, dann fuhr jeder seines Weges.

16 Jahre waren seitdem verstrichen. Eines Tages steuerte Joey seinen Pickup die Haarnadelkurve bei Manchester (New Hampshire) hinab, wo er auf einer Baustelle als Monteur arbeitete. Auf dem Beifahrersitz hockte sein Freund und Kollege Rick. Es war Freitagnachmittag, der Ausklang einer langen, anstrengenden Woche des Malo-

chens auf der Baustelle. Joey und Rick freuten sich darauf, nach Boston zu fahren, mit ein paar Bekannten und Mädels eine Party zu veranstalten und während des Wochenendes etwas Dampf abzulassen.

Als sie die Ausfahrt zur Route 89 nach Boston nahmen, sah Joey neben dem Freeway ein Motorrad stehen. Ein stämmiger Kerl mit langem Haar und Vollbart beugte sich über den anscheinend defekten Chopper. Obwohl es viele Jahre her war, erinnerte sich Joey an sein Versprechen und fuhr an den Straßenrand.

Der Biker hieß Dawg. Er erzählte Joey, er wäre mit einer Gruppe Motorradkumpels auf der Rückfahrt von einer Riesenparty in Kanada gewesen und von dem Haufen getrennt worden. Dawg hatte sich nach Antritt der Heimfahrt in einem Restaurant bei Concord in eine Kellnerin verguckt. Sie gefiel ihm, und er bildete sich ein, sie hätte nur auf ihn gewartet. Dawgs Motorradkumpels kannten diese Zirkusnummer schon, er hatte sie ihnen schon oft vorgeführt. Sie verspürten keinerlei Lust, noch einmal Zeit für das gewohnt böse Ende zu vergeuden und erneut zu erleben, wie Dawg abermals bei irgend so einer Zicke eine Bruchlandung machte. Also warf die Truppe die Maschinen an und donnerte ohne ihn davon.

Leider hatten die Jungs auch dieses Mal recht behalten. Mit der Kellnerin hinter der Theke hatte Dawg wieder eine Niete gezogen. Sie hatte ihn barsch abblitzen lassen. Und jetzt stand er hier solo mit einer Panne an der Route 89.

Joey gestand Dawg, daß er kein Mechaniker war, aber er bot ihm an, Dawgs Ofen auf die Pritsche zu laden und ihn zu einer Werkstatt oder in die benachbarte Ortschaft zu fahren. Dawg nahm Joeys Angebot an, und bald waren sie gemeinsam in Richtung Boston unterwegs.

»So, und was habt ihr Jungs am Wochenende vor?« erkundigte sich Dawg.

Joey schilderte Dawg die schwere Arbeitswoche, die er und Rick an dem Tag hinter sich gebracht hatten, und fügte hinzu, daß sie nun nach einer richtig fetzigen Party mit Freunden in Boston lechzten. Daraufhin lächelte Dawg breit, holte einen ultradicken Joint aus der Brusttasche und zündete ihn an.

»Na, dann soll die Party doch schon jetzt anfangen. Ich hab hier dieses ganz erstaunlich gute Vancouver-Gras von einem Kumpel in Kanada.«

Dawgs Rakete macht im Fahrerhaus des Pickup die Runde, und das Trio wurde ganz schön angetörnt. Während sie sich Boston näherten, fragte Dawg, ob es möglich wäre, daß Joey und Rick ihn in Lowell absetzten. Der Umweg beanspruchte zwar eine halbe Stunde Fahrt mehr, aber mittlerweile hatte Dawgs Shit Joey und Rick in derartige Superlaune versetzt, daß sie ihn sogar bis nach Miami gefahren hätten.

»Kein Problem«, lachte Joey, der vom Joint ständig wie ein Honigkuchenpferd grinste. »Du mußt uns nur den Weg erklären.«

Während die drei fröhlich die Straße nach Lowell entlangbretterten, erwies sich Dawg als gesellige Ulknudel. Bald gab jeder von ihnen etwas Interessantes zum besten. Sie redeten über Kneipenprügeleien, wüste Motorradfan-Erlebnisse, Weiber und die Red Socks. Die Zeit verging wie im Flug. Die Jungs waren noch bekifft, da raffte Joey irgendwann plötzlich, daß sie Dawgs Fahrtziel erreicht hatten.

Joey und Rick schluckten erst einmal, als sie sahen, daß sie in Lowell vor dem Clubhaus standen. Beim Abladen des Motorrads von der Pickup-Ladepritsche merkte Dawg, daß Joey und Rick verschüchtert wirkten, ja eventuell sogar ein wenig Darmschlackern hatten. Manchester, wo sie während der Woche auf Montage arbeiteten, war ein bedeutender Biker-Standort, und der Club galt bei den dortigen Malochern eher als berüchtigt. Aber egal. Dawg lud sie zum Bleiben ein.

»Kommt rein, kippt euch 'n Bier, und futtert was vom Grill«, sagte er. Drinnen zog er sich um. Auf die Brusttasche seiner Jeansweste war das Emblem des Clubpräsidenten aufgenäht. »Ihr seid meine Gäste, Jungs, und wenn ihr 'ne wirklich bombige Party feiern wollt, dann laßt's euch mal für 'n Weilchen hier bei uns gutgehen.«

Die anderen Vereinsbrüder waren froh, Dawg in einem Stück wiederzusehen, denn so hatten sie die Gewißheit, daß er in keiner Scheiße steckte und in keinem Dorfknast an den Nägeln kaute. Und sie behandelten Joey und Rick mit Respekt. Schließlich hatten die beiden ihren verschollenen Bruder vom Straßenrand aufgelesen. Joey und Rick besichtigten das längst historische Clubhaus und betrachteten die an den Wänden verteilten Fahnen, Plaketten und Mitglieder-»Verbrecherfotos«. Im Verlauf der nächsten Stunden verwandelte sich das Clubhaus in einen wahren Zirkus, es wimmelte von Mitgliedern, Freunden und Bekannten, Chicks in wunderbarer Lederkluft; es gab Unmengen Bier, verräuchertes Grillgut zuhauf, eine Blues-Band spielte live und es tanzten zwei tolle Stripperinnen. Joey rief seine Bekannten in Boston an und mußte wegen des Krachs der Party ins Telefon schreien. Aber er legte Wert darauf, ihnen mitzuteilen, daß Rick und er ihre Wochenendpläne geändert hatten. Sie wollten sich lieber in Lowell vergnügen. Es machte ihnen einfach viel zu großen Spaß, mit diesen Motorradbrüdern zusammenzusein und zu feiern, sich die Ortschaft anzugucken und mit Erlaubnis ihres neuen Freunds Dawg ein paar bemerkenswerte, gechoppte Bikes zu fahren. Nach zwei Tagen mußten sie zur Baustelle in Manchester zurück. Sie hatten ein wahrhaft umwerfend heißes Wochenende verbracht, die verdiente Belohnung für einen Motorradfahrer, der gehalten und die ungeschriebene Straßenverkehrsregel beachtet hat, die da lautet: Du sollst *immer* einem festliegenden, auf deine Unterstützung angewiesenen Biker helfen.

Kaye hält durch

In einem kleinen Ort, kaum eine halbe Stunde Fahrt von Salt Lake City entfernt, betreiben Kaye und ihr Gatte George an einem vielbefahrenen Highway ein Abschleppunternehmen mit Werkstatt und Garage. Beide haben schon reichlich Unglücksstellen von Auto- und Motorradunfällen zu sehen bekommen. Es gibt kaum einen Tag, ohne daß ein Wagen geschickt werden muß, um auf der Interstate 80 die Trümmer eines schrecklichen Zusammenstoßes wegzuräumen. George und Kaye arbeiteten immer schon fleißig, ihr Geschäft lief gut, darum gründete das Paar knapp 180 Kilometer weiter westlich eine Zweigstelle, in Wendover, einer noch kleineren Ortschaft nahe der Grenze zwischen Utah und Nevada. George war die meiste Zeit seines Lebens Harley-Fahrer gewesen, wogegen Kaye *meistens* damit zufrieden war, als Sozia dabei zu sein. Dann starb 1991 Kayes Mutter und vererbte ihr ein paar Kröten. Das Paar kaute die Sache durch und kam überein, daß es eine gute Idee wäre, die bescheidene Erbschaft für etwas auszugeben, das ihre Mutter in seligem Gedenken hielt.

Als Kaye am nächsten Tag zum Einkaufen fuhr, nahm George an, daß sie den Juwelier besuchte, um sich einen Ring oder eine Kette zu gönnen. Doch Kaye hatte etwas ganz anderes im Auge. Sie lenkte den Wagen nach Salt Lake City.

Kayes Weg führte sie zum Geschäft des Harley-Händlers, und da sah sie die Maschine gleich am Eingang stehen: eine nagelneue 91er Heritage Softail. Das war genau der Ofen, den Kaye sich wünschte, allerdings hing am Lenker ein Schild mit der Aufschrift *Verkauft.* Für sich die passende Harley zu finden ist gewöhnlich eine Frage des richtigen Zeitpunkts, manchmal dauert es Wochen oder Monate – in einigen Gegenden bis zu einem Jahr –, bis man sein Wunschmotorrad ausgeliefert bekommt. Aber an dem Tag hatte Kaye Glück. Wie sich herausstellte, hatte der Typ, der das Bike bestellt hatte, eine Abneigung gegen die Farbe Grün. Viele Motorradfans halten sie nämlich für eine Unglücksfarbe. Für Kaye jedoch, die sich für die sexy Geschmeidigkeit und den Chrom des Bocks begeisterte, war die Farbe belanglos. Wenn sie es haben wolle, sagte der Verkäufer, dann solle sie es haben. Kaye zückte das Scheckheft. Damit wurde ihrer verstorbenen Mutter ein Andenken gesetzt, wie es sich die Familie wohl nicht hätte träumen lassen.

Als Kaye mit der Heritage in den Betrieb rollte, fiel George fast das Kinn auf den Betonboden der Garage. Nach Jahren des Mitfahrens auf dem Soziussattel *seines* Feuerstuhls stieg Kaye nun in die Riege der Frauen auf, die ein eigenes Motorrad fuhren. Nach ein wenig Fahrpraxis (und einem Sicherheitskursus) kam die Heritage dank der Nähe des Highways jedoch sehr gelegen, um den Aufwand zu meistern, den es bedeutete, *zwei* Filialen zu betreiben und alle Mitarbeiter in Lohn und Arbeit zu halten, von den Bedürfnissen der Familie gar nicht zu reden.

An einem warmen Januarmorgen hatten Kaye und George wegen einer läppischen Kleinigkeit einen um so größeren Zoff. Jedenfalls war Kaye bedient, sie schnappte sich Motorradkluft und Handschuhe und schwang sich auf die Heritage. Sie wollte Dampf ablassen, indem sie sich ein bißchen den Wind um die Nase wehen ließ, also brummte sie auf die Straße und fuhr los. Wie lange sie unterwegs sein wollte, wußte Kaye nicht, und es war ihr sowieso egal. In dieser aufgebrachten Gemütsverfassung fuhr sie vielleicht bis nach Wendover, schaute in der Filiale vorbei und kehrte erst am Abend um. Bis dahin waren sie und George voraussichtlich in versöhnlicher Stimmung, und bei einem italienischen Essen und *vino* am späten Abend renkte sich hoffentlich alles wieder ein. In der Tasche ihrer Lederjacke spürte Kaye das Handy. Eigentlich hing ihre spontane Spritztour mit dem Wunsch zusammen, sich dem Terror des Mobiltelefons – dem Druck ewiger Erreichbarkeit – zu entziehen, doch irgendein Gefühl riet ihr davon ab, das blöde Plastikding kurzerhand ins Gebüsch längs des Highways zu schmeißen.

Nach rund 20 Kilometern auf der Interstate 80 machte sich die Januarkälte bemerkbar. Die Heritage fuhr tadellos, also überlegte sich Kaye, daß sie, wenn sie die Wintermontur anzog, auch weitere 200 Kilometer ohne Probleme durchstehen könnte. Kaye gab Blinkzeichen und rollte an den Rand des Highways. Sie holte die Kluft aus der Satteltasche und schlüpfte in die leichte Goretex-Combi.

Gerade hatte Kaye die Handschuhe angezogen und stand fertig zur Abfahrt neben ihrem Bike. Genau in diesem Moment rauschte ein riesiger 18-Wheeler vorbei. Der Fahrtwind, den das gewaltige Gefährt erzeugte, umwirbelte Kaye, aber das war nicht alles, was der Lkw hinterließ. Vor ihren Augen lösten sich zwei große Räder von den Achsen und eierten auf den Asphalt, sie trudelten auf die Böschung zu – und auf Kaye! Das eine Rad sprang über drei Meter hoch in die Luft und zischte über Kayes Kopf hinweg. Das zweite Rad jedoch streifte ihre Harley am Benzintank. Die Wucht, mit der es gegen den Ofen prallte, schleuderte Kaye von den Füßen und in den Straßengraben, das Bike flog sechs oder sieben Meter weit. Auf dem Rücken liegend, sah Kaye ihre geliebte Harley gegen einen Telefonmast knallen und anschließend ebenfalls in den Straßengraben krachen.

Kaye erinnerte sich an das Handy in ihrer Tasche und wählte 911, aber ihre Hauptsorge galt der Maschine.

»Ich dachte mir, die Beine werden sicher wieder heil, aber wenn sich mein Motorrad nicht reparieren läßt ... Ich hätt's unmöglich ausgehalten, ein Jahre lang auf 'ne neue Harley zu warten.«

Im Betrieb sah und hörte George auf der Interstate 80 Polizeiautos mit Sirenengeheul zu einer mutmaßlichen Unfallstelle rasen. Spontan setzte er sich in den Abschleppwagen und folgte ihnen. Als er an der Unglücksstelle eintraf, erkannte er voller Entsetzen, daß es Kaye war, die im Straßengraben lag und mit dem Ambulanzpersonal stritt, ob sie ihr die neue Lederjacke vom Leib schneiden durften oder nicht. Schließlich lenkten die Ambulanzler ein und gaben nach. So wie Kaye wirkte, war sie noch zorniger als bei der Abfahrt.

George konnte nichts anderes tun, als dem Durcheinander zuzusehen, und als der Fahrer des Lastzugs antanzte und sich bei Kaye entschuldigen wollte, riet George ihm, lieber Abstand zu halten. Er hatte Kaye nämlich noch nie so wütend gesehen. Das letzte, was er und die Polizei jetzt noch brauchten, war eine Anzeige wegen tätlichen Angriffs.

Während der Fahrt zur Klinik wurden bei Kaye lediglich Platzwunden, Schrammen und eine Knieverletzung diagnostiziert. Wie es hieß, konnte Kay wahrlich von Glück reden, noch am Leben zu sein. Wären sie und ihr Bike 20 Zentimeter höher von dem Reifen getroffen worden, könnte sie jetzt wahrscheinlich mit Elvis Strip-Poker spielen.

Um die Unfallfolgen zusammenzufassen: Kaye mußte wegen eines zerschmetterten Knorpels einer Knieoperation unterzogen werden. Auch das Motorrad überstand den Unfall, aber der Schaden betrug ungefähr 11 000 Dollar, und die Maschine blieb einen Winter lang in der Werkstatt. Letzteres schmerzte Kaye stärker als die Operation, und man hätte schwer sagen können, welches verbogene Gestell ihr tieferen Kummer verursachte, das eigene oder das der Heritage.

Vergeblich versuchte George, seine Frau zum Verkauf der Heritage zu überreden. Nach dem Unfall verhielt es sich ganz einfach so, daß Kaye und das Bike gemeinsam zuviel durchgemacht hatten. Trotz Kratzer und blauen Flecken hatte sie das seltsame Gefühl, unter irgendeinem Schutz zu stehen, als ob der Geist ihrer Mutter über sie wachte.

Einige Jahre und 500 000 Kilometer später, an einem Todestag ihrer Mutter, stellte Kaye ihre Heritage anläßlich einer lokalen Motorradausstellung im Salt Palace aus. Neben der Softail lag der ursprüngliche, eingebeulte Benzintank. Er diente als Erinnerung daran, daß Glück und Vertrauen eine große Rolle spielen, wenn man ein Motorrad fahren und dabei am Leben bleiben will. Und wie wir alle wissen: Wenn man dran ist, ist man dran. Aber Kaye hofft, daß sie, bis es soweit ist, noch lange Freude am Motorradfahren haben wird. Einige Biker sagen: Fahre fürs Leben, lebe fürs Fahren. Oder, wie ich es ausdrücke: *Ridin' high, livin' free.*

Ranger hält die Stellung

Ranger ist Mitglied in einem kleinen Club, den er vor fünf Jahren selbst gegründet hat. Der Squires MC hat weniger als ein Dutzend Mitglieder, die allerdings allesamt enge Blutsbrüder sind. Realistisch gesehen fallen die Squires (was übrigens nicht ihr richtiger Name ist) im Gegensatz zu den Einprozentern in die Kategorie der Zehnprozenter. Doch als winziges Clübchen auf offener Straße Flagge zu zeigen kann heutzutage ein ziemlich riskantes Auftreten sein. Beim Umherbrettern und Rumhängen mit den eigenen MC-Brüdern kann Konkurrenz- und Revierverhalten ein außerordentlich bedeutsamer Teil der Wirklichkeit werden. Als Mini-Club fischt man allzu leicht in von Haien beherrschten Gewässern. Bisweilen heißt es: fressen oder gefressen werden.

Als Ranger die Squires gründete, nahm er zu den beiden großen MCs Kontakt auf, die in der Nachbarschaft Chapter hatten, und setzte sie über den Club in Kenntnis. Um Unruhe zu vermeiden, entschieden sich die Squires, anstatt des Nomad-Schriftzugs im unteren Teil des Clubabzeichens das Wort »Renegades« anzubringen. Beide großen Einprozenter-Clubs erteilten ihm ihr Einverständnis, und die Squires konnten, wenn auch auf schmalem Grat, Gas geben. Aber Ranger wußte – sowohl sein Vater als auch sein Bruder gehörten traditionellen MCs an –, daß der Ärger manchmal hinter der nächsten Ecke lauerte. Die Zampanos dahin zu bringen, daß sie ihr Okay signalisierten, war eines; ihren Mitgliedern den nötigen

Respekt vor der eigenen Selbständigkeit abzuringen, verlangte das Bestehen zusätzlicher Prüfungen.

Eines Sonntags saßen Ranger, Melanie (seine Alte) sowie sein Vereinsbruder Festus (Vizepräsident des Clubs) in Rangers Hütte und langweilten sich. In der Flimmerkiste kam kein Hockeyspiel, und die Regenwolken hatten sich pünktlich zum Wochenende verzogen. Ranger beschloß, daß es höchste Zeit war, eine Spritztour in die Gegend zu unternehmen. Festus schlug vor, eine bekannte Biker-Tränke namens The Moonshiner anzusteuern. Sie lag eine Stunde Fahrzeit entfernt in den Bergen, wo es statt der dreckigen Straßenecken und mit Grafitti besprühten Häuser grüne Höhen und schmucke Gehöfte gab.

Ranger (mit Mel als Sozia) und Festus statteten sich mit den Vereinsabzeichen aus und rollten zum Moonshiner. Als sie den Vordereingang des Ladens erreichten, bemerkten sie, daß sie die Mehrzahl der davor geparkten Harleys kannten. Die meisten gehörten unabhängigen Fahrern, einige HOG-Mitgliedern oder kleineren Clubs vom Format der Squires. Eine Reihe von Motorrädern an der Seite des Gebäudes gehörte jedoch offenkundig den Mainliners (auch das ist nicht der wahre Name), der Prospect-Anhängerschaft eines der großen Clubs. Es mußten zwei Dutzend Maschinen sein, aber Ranger und Festus schenkten ihnen keine besondere Beachtung. Die Mainliners galten als friedlicher, neutraler Club. Im Laufe der Jahre hatten Ranger und Festus in dieser Pinte kein einziges Mal die Faust schwingen müssen. Als sie den Gastraum betraten, sahen sie die Mainliners unter sich in einem Winkel sitzen.

Ranger bestellte die erste Runde Bier und begann ein Gespräch mit einem ihm bekannten unabhängigen Fahrer, der ein paar Barhocker weiter am Tresen hockte. Plötzlich tippte Festus ihm auf die Schulter. Der Club-

Ranger beim Kickstart seiner heißgeliebten Maschine *Foto: Ranger*

präsident der Mainliners wollte ein Wörtchen mit ihm reden. Augenblicklich hatte Ranger eine böse Ahnung. Er wandte sich an Mel und riet ihr, sich vom Kellner ein Taxi rufen zu lassen, weil es Trouble geben könnte. Aber Mel war eine Mieze mit dickem Fell und hielt fest genug zu ihm, um nicht von seiner Seite zu weichen. Also blieb sie.

Als Gründer der Squires durchschaute Ranger die Situation voll und ganz. Er kannte sie bereits. Doch das machte die Lage keineswegs einfacher. Hinsichtlich der beiden großen Einprozenter-Clubs verhielt es sich nämlich so, daß die Squires an ihren Bikes Solidaritätsaufkleber für Club A hatten, die Mainliners jedoch unverkennbar für Club B. Eines war Ranger vollkommen klar: Nun kam es darauf an, Härte zu beweisen und die schwierige Klippe mit der nötigen Mischung aus Diplomatie, Frechheit und Mumm zu umschiffen. In diesem Augenblick wußte er noch nicht, ob er eventuell in eine Falle tappte oder sich mit Maulheldentum aus der Klemme befreien konnte.

Bevor Ranger, Festus und Mel sich dem Clubpräsidenten der Mainliners und seiner Gang näherten, zählten sie ungefähr 20 im Lokal verstreute assoziierte Mitglieder. Ranger baute sich Zeh an Zeh vor dem Mainliner-Präses auf und kam ohne Umschweife zur Sache.

»Sag, was du zu sagen hast, Mann.« Unterdessen schlossen die Mainliners die Reihen und bildeten einen engen Kreis um Festus und Ranger.

»Stimmt es, daß ihr Squires in dem Strip-Lokal Twister-A-Go-Go rumhängt?« fragte der Mainliner-Präses.

Ranger nickte. »Na und?«

»Vor ein paar Tagen war einer meiner Jungs im Twister, und einer eurer Jungs hat ihn respektlos behandelt. So was ist echt Scheiße, das werd ich nicht dulden.«

»Dann will ich folgendes wissen.« Ranger deutete in die Runde. Sämtliche Mainliners hatten eine feindselige Fresse aufgesetzt. »Welcher deiner Brüder ist respektlos behandelt worden? Er soll die Klappe aufmachen. Ich will mit ihm reden.«

Erst schwieg, dann lachte der Mainliner-Präses.

»Tja, leider ist er heute nicht da. Aber dadurch wird das Problem nicht behoben, Mann.«

In dieser Sekunde begriff Ranger, daß der Kerl Scheiße quasselte. Ranger mußte eine Entscheidung fällen: Entweder klein beigeben und aus dieser heiklen Zwickmühle den Rückzug antreten – oder diesen Arschlöchern, selbst wenn es hieß, daß man ihn später hinaustragen mußte, die Stirn bieten. Er zückte eine Squires-MC-Clubkarte und übergab sie dem Mainliner-Präses.

»Also, ich sag dir was«, meinte Ranger. »Da drauf steht meine Telefonnummer. Du holst den Bruder, von dem du quatschst, und ich ruf meine Brüder zusammen, und er soll sie sich ansehen. Aber ich sag dir eines: Wenn dein

Typ den Mann nicht nennen kann, von dem er respektlos behandelt worden sein will, dann landet er im Krankenhaus. Kapiert? Irgendwie hab ich im Urin, daß wir diese scheißblöde Diskussion überhaupt nicht hätten, stünden hier nicht 20 von euch gegen zwei von uns.«

Im Gastraum herrschte gespanntes Schweigen. Ranger und der Mainliner-Präses standen Auge in Auge.

Der Mainliner-Chef blinzelte zuerst. »Hör zu… Ich glaube, 'ne Gegenüberstellung ist überflüssig.«

Da merkte Ranger, daß er in dieser Konfrontation die Oberhand errungen hatte.

»Warum hast du mich dann angepflaumt? Um zu sehen, ob ich den Schwanz einzieh und mich schleiche? Paß auf, entweder tust du hier jetzt, was du nach deiner Ansicht tun mußt, oder geh mir aus'n Augen.«

Auf einmal wollten der Mainliner-Präses und sein Club Freunde der Squires sein. Ranger war klar, daß er und

Rangers Maschine vor dem Moonshine

Foto: Ranger

Festus, wenn die Mainliners die feste Absicht gehabt hätten, sie plattzumachen, längst eins in die Fresse bekommen hätten. Warum das Schicksal herausfordern? Ranger und Festus widmeten sich wieder dem Bier.

Niemand hatte etwas abgekriegt, und Ranger setzte sich zurück an die Theke. Es ärgerte ihn, daß der Squires MC sich an einem friedlichen Nachmittag mit derartig blödsinnigem Scheiß herumärgern mußte. Er bestellte mehrere Gläser Weinbrand, damit sich das Bier nicht einsam fühlte.

Allmählich regte Ranger sich ab und genoß es, sein Bier zu schlappen. Dann stapfte auf einmal ein Mainliner an den Tresen. Er glotzte Ranger ins Gesicht. Anscheinend war er der Meinung, jetzt wäre der richtige Zeitpunkt, um sich mit Ranger anzulegen. Ranger stierte zurück und drosch schließlich beide Fäuste auf die Theke. »Hast du irgendein Scheiß*problem,* du Arschgesicht«, schrie er, »oder *was*?«

Der Kerl wandte sich ab und schlurfte zurück zu seinen Kumpels. Mel flüsterte Ranger und Festus zu, es wäre jetzt vielleicht ein geeigneter Augenblick, um nach Hause zu fahren. Aber der Konflikt war noch nicht ausgestanden. Daß Ranger jetzt das Lokal verließ, war vollständig undenkbar. Niemand der zu ihm gehörte, durfte abziehen, bevor *er* es anordnete.

Wenn sie jetzt gingen, wäre es dem Squires MC als Zeichen der Schwäche ausgelegt worden. Ranger bestellte noch eine Runde. Erst zwei Stunden später strebten die Squires an dem Mainliner-Präses und seinen Jungs vorbei zum Ausgang und hinaus. Zwischen den Mainliners und Ranger fiel kein einziges Wort mehr.

Auf der Heimfahrt tröstete sich Ranger damit, daß er auf die beste machbare Weise reagiert hatte. Ein guter Clubpräsident weiß, wann er sowohl im eigenen als auch im Interesse seines Clubs die Stellung behaupten, Härte zeigen und die Situation so gut wie möglich handhaben muß. Ranger hatte seine Entscheidung gleich an Ort und Stelle gefällt, einen Entschluß, der sich auf die Reputation aller Squires-Mitglieder auswirkte. Aber obwohl er so etwas vor Mel und Festus niemals eingestünde, war er froh, daß es vorbei war.

Alles in allem war es ein erfolgreicher Tag gewesen. Hundert Motorradfans hatten in der Kaschemme gesehen, was sich ereignet hatte, und nun mußte es sich zwangsläufig herumsprechen, daß die Squires beinharte Kerle waren, die sich auf die Hinterbeine stellten und sich nicht an den Karren pissen ließen. Für die Underdogs im Squires MC ging es ums Prinzip: Lebe für einen neuen Tag Kampf, kämpfe für einen neuen Tag Leben, und du fährst deinen Ofen in Frieden.

Eli und die Tombola

Diese Geschichte ist, das beschwöre ich, wahr, und sie handelt von einem Normalo namens Eli. Seit eh und je hielt sich Eli für einen Pechvogel. Ständig mußte er sich am eigenen Schopf aus einer Scheiße nach der anderen ziehen. Wegen einer Anzahl von Verkehrsdelikten (Alkohol usw.) war er seit zwei Jahren ohne Schlitten. Wäre das Schicksal nicht so mies zu Eli, hätte man meinen können, es beachte ihn überhaupt nicht.

In den guten alten Zeiten hatte auch er ein paar alte Mühlen gehabt, am Anfang – als junger Bursche – japanische Dirt-Bikes, dann seine erste Harley, eine 58er XLCH, einen Chopper aus der Steinzeit des Motorrads, mit umgebautem Vorderteil und einem Wendekreis, der die gesamte Straßenbreite beanspruchte.

Eli arbeitete als Kellner in einer Pinte namens Andy's Lounge, einer wüsten kleinen Bruchbude. Zwei Türen neben Andy's Lounge lag ein Einprozenter-Clubhaus, das die leicht schwierige Kundschaft der Kneipe stellte, so daß davor praktisch dauernd eine Reihe Öfen parkte. Und neben dem Clubhaus gab es einen Tattoo-Salon.

Eines Tages, an einem ruhigen Nachmittag, kam Tony, der Clubpräsident, aus dem Clubhaus herüber in Andy's Lounge. Eli mochte Tony. Als Eli noch einen Bock hatte, schloß er sich Tony und einigen anderen Vereinsbrüdern gelegentlich zu einer kurzen Spritztour an. Einmal hatten sie ihm sogar vorgeschlagen, bei ihnen Prospect zu werden, aber er hatte, obwohl es ihm schmeichelte, lieber darauf verzichtet. Denn er hielt es für sicherer, sich niemandem anzuschließen – er fuhr mit jedem und ließ jeden mit jedem fahren. Doch weil Eli oft durch Lounge Lizards angesäuselte, scharfe Hennen ins MC-Clubhaus schickte, genoß er nach wie vor ein gutes Ansehen im Club.

An dem Tag stapfte Clubpräsident Tony in die Pinte. Er war gerade dabei, für den Club Geld einzutreiben. Laut knallte er ein Tombola-Los auf die Theke.

»He, Mann«, rief er Eli zu, »kauf mal den Lappen hier! Das ist's letzte Los, Bruder. Hundert Eier.«

»Gebongt«, willigte Eli ein. Wie hätte er zu einem 120 Kilo schweren Biker auch nein sagen können?

»Kein Scheiß, 's stimmt. Erster Preis ist 'ne 2000 Dyna Super Glide.«

Eli rupfte das Los aus dem Heftchen und warf es hinter die Registrierkasse. Wahrscheinlich hätte Tony ihm den Hunderter gestundet, aber er hatte ungern Schulden bei einem Hünen, dessen Fäuste größer waren als Elis Kopf.

Leider hatte Eli auch im Spiel kein Glück. »Okay, Kumpel, da ist der Hunni«, sagte er. Als Tony den Geldschein in die Tasche seiner abgeschnittenen Jeans stopfte, erinnerte sich Eli an das letzte Mal, als er Chips in Gegenwert eines solchen Scheins in Reno auf dem Blackjack-Tisch genauso schnell auf Nimmerwiedersehen verschwinden gesehen hatte.

Am Abend, nach der Schicht, schaute Eli im Tattoo-Salon vorbei. Ein Biker namens Teardrop betrieb den Laden zusammen mit seiner Alten. Als Künstler war Teardrop vom gleichen Rang wie Buzzard und Filthy Phil. Er tätowierte seit 30 Jahren. Mit Piercing hatte Teardrop schon vor 35 Jahren in Los Angeles angefangen. Sein Beiwagen, eigentlich eine Krankenschwester, erledigte das gesamte Piercing im Salon, aber wenn zur Tinte gegriffen werden sollte, war Teardrop der King. Sein Pferdeschwanz reichte bis zum Steiß, und er hatte eine schwarze 57er Panhead –

eine wahre Augenweide –, die immer blitzblank mitten im Laden stand, als wäre sie ein Ausstellungsstück. Im Laufe der Jahre hatte Teardrop sie aus gekauften und fürs Tätowieren erhaltenen Teilen eigenhändig zusammengebaut. Zum Fahren benutzte er eine billige, zurechtgebastelte Mühle. Tja, Teardrop war richtig!

An diesem Abend füllten sich Eli und Teardrop ganz schön ab. Am nächsten Morgen erwachte Eli bäuchlings auf dem Fußboden des Tattoo-Salons. Teardrop lag sternhagelvoll in einem Sessel. Mühsam raffte sich Eli hoch, torkelte aus dem Salon und wankte zu Fuß nach Hause. Kaum war er angekommen, klingelte entweder sein Kopf oder das Telefon. Es war das Telefon. Nach dem Besäufnis der vergangenen Nacht fühlte sich Eli wie ausgeschissen, aber an der Anzeige des Apparats sah er, daß Tony der Anrufer war, also nahm er den Hörer ab.

»He, Bruder«, sagte die lachende Stimme am anderen Ende der Leitung, »komm und hol dein verdammtes Motorrad aus meinem Hinterhof.«

Fast hätte Eli den Hörer aufgelegt. Er war weder in der Stimmung noch in der Verfassung für blöde Witze; doch Tony meinte es ernst.

»Mann, du Pfeife, du hast in der Tombola den ersten Preis gewonnen.«

Die Neuigkeit, ein Bike gewonnen zu haben, riß Eli aus seiner Mattigkeit. Er schlug sogar fast einen Purzelbaum. Die 2000 Dyna Super Glide gehörte ihm! Eine Stunde später saß er auf der Maschine und peitschte durch die Pampa. Er fühlte sich wie im Traum. Eine neue Scooter, Elis erste Scooter! Weil er keine Garage hatte, parkte er das Bike im ersten Monat im Hausflur. Jeden Morgen bekam er erst mal einen Schreck. Die Leute sollten doch gefälligst ihr Motorrad aus dem Flur schaffen! Dann fiel es ihm wieder ein ... Menschenskind! Es war seins!

Eli brauchte nicht allzu viel tun, um der Kiste seinen

eigenen Stil aufzudrücken; einige Kleinigkeiten genügten. Er wechselte den Vergaser und baute eine Screamin'-Eagle-Luftfilteranlage ein. Er stellte die Auspuffanlage um, verzierte den Bock mit zusätzlichem Chrom und brachte einen Gepäckträger und eine Rücklehne am Soziussitz an, damit seine Mieze es beim Mitfahren bequemer hatte. Das Motorradfahren wurde für Eli zum Ausbruch aus dem Alltag, die Dyna Glide für ihn zu einer Art Fluchtfahrzeug. Dank des neuen Bikes hatte Eli endlich das Gefühl, daß sein Leben eine glückliche Wende genommen hatte.

Hätte doch nur auch sein Kumpel Teardrop Glück gehabt. Im Verlauf der folgenden Monate verschlechterte sich Teardrops Augenlicht. Er sah doppelt, hatte Schwindelanfälle und erblindete sogar für kurze Zeit; zunächst führte er diese Erscheinungen auf die vielen Jahre Kampftrinken zurück. Er glaubte, daß er allmählich vom Suff verblödete. »Schätzchen«, sagte er an dem Tag, als er zum ersten Mal Halluzinationen hatte, zu seiner Alten, »ich hab den Säuferwahn.«

Nach ein paar ärztlichen Untersuchungen und einer Magnetresonanztomographie stand die Diagnose fest: Er hatte ein Glioblastom, eine der gefährlichsten Arten des Gehirntumors. Die traurige Prognose der Ärzte lautete, daß Teardrop nur noch wenige Monate zu leben hatte. Sie gaben ihn auf und schickten ihn heim.

Eli und seine Kumpel waren unzufrieden mit der Behandlung, die ihr Motorradbruder in der Klinik erhalten hatte. Jeder hatte den charismatischen Tattoo-Künstler gern. Eli sprang auf sein Bike und verteilte selbstgefertigte Teardrop-Freedom-Fund-Sammelbüchsen an sämtliche Motorradhandlungen und Kneipen der Region, um genug Geld zusammenzukriegen, damit Teardrop noch andere Ärzten aufsuchen konnte.

Ein Bruder führte ein Gespräch mit einem der Ärzte an

der medizinischen Abteilung der Universität und verabredete für Teardrop einen voroperativen Untersuchungstermin bei einem hochangesehenen Spezialisten. Als Kriegsveteran hatte Teardrop Anrecht auf staatliche Beihilfe. Trotzdem wäre die Hilfsaktion beinahe gescheitert, weil auf der Fahrt zur Klinik sämtliche MR-Aufnahmen aus einer Kiste flogen, die auf der Pritsche von Teardrops Pikup stand. Nur zwei konnten wiedergefunden werden. Aber wie unglaublich es auch klingt: Elis Glück hielt. Die beiden einzigen Aufnahmen, die nötig waren, um die Operation durchzuführen, waren genau die zwei, die gerettet wurden.

Die Ärzte entfernten 85 Prozent des Tumors, und das hieß, daß Teardrop seine 57er Panhead doch nicht verkaufen mußte.

Heute kommt Teardrop wieder gut zurecht, und obwohl er nicht ewig leben wird (sowenig wie unsereins), hat er zumindest nicht wegen einiger fauler Klinikärzte vorzeitig das Handtuch schmeißen müssen. Das ist die Geschichte, wie Elis Pechsträhne an dem Tag endete, als Tony ihm ein Tombola-Los auf den Tresen klatschte. An diese Geschichte sollte man denken, wenn der heimische MC das nächste Mal mit einer Tombola oder einem Poker Run um Unterstützung wirbt. Man könnte ein nagelneues Bike gewinnen, und das Leben des Bruders, den man rettet, kann das Leben des besten Freundes sein.

Die alte Kanone

Die häufigste Frage, die man mir bei Interviews stellt, betrifft das Bereuen: Ob es irgend etwas gibt, das ich bedaure, wenn ich auf die über vier Jahrzehnte des Motorradfahrens im Club zurückblicke? »Ja, dreierlei«, antworte ich jedesmal. Erstens bereue ich das Zigarettenrauchen. Zweitens bereue ich den starken Konsum von Kokain. Drittens bedauere ich, daß ich als Vorbestrafter das Recht verwirkt habe, eine Schußwaffe besitzen zu dürfen.

Ich vermisse die alten Zeiten der »Schieß-Runs«. Als wir noch Waffen sammelten, beschritten wir manchmal eine Gratwanderung zwischen dem Besitz legaler Waffen und solcher Waffen, deren Besitz als illegal galt (zumal bei unserem Status als Vorbestrafte und strafrechtlich verfolgte Verschwörer). Musketen, Pistolen und Sammlerwaffen gehören manchmal in eine Grauzone, wurden aber in unserem Fall, wenn es nach der Bundespolizei ging, im allgemeinen in die Verbotszone eingeordnet. Im Zweifelsfall verfuhr man nur selten zu unseren Gunsten.

Einmal jedoch kam es dazu.

Einige unserer Jungs waren auf eine Kanone aus der napoleonischen Epoche gestoßen, die eine Kanonenkugel von etwas größerem Umfang als ein Stopfei verschoß. (Sagen wir einfach mal, sie hatten sie auf einem Flohmarkt erstanden.) Sie zu restaurieren drängte sich einem wilden Haufen, der es gewohnt war, Motorräder zu zerlegen und zu montieren, geradezu auf. (Sagen wir mal, unsere beim Militär gesammelten Erfahrungen waren uns dabei durchaus von Nutzen.) Wir nahmen das Schmuckstück auseinander, reinigten den Mechanismus und tränkten sogar die Holzräder in Leinöl. Recht bald glänzte die Kanone strahlend in der Sonne. Einer unserer Vereinskumpel zog in der nächsten Waffenhandlung Erkundigungen ein, und der Inhaber erklärte ihm, daß der Besitz von Vorderladerkanonen in Kalifornien vollkommen legal war.

Heureka! Nun wollten wir natürlich wissen: Konnte das Ding noch schießen?

Wir nahmen einen Besenstiel, befestigten daran mit Klebeband eine Taschenlampe und schoben diese Vorrichtung in das Kanonenrohr. Wenn wir ins Zündloch linsten, konnten wir das Licht der Taschenlampe sehen. Offensichtlich war das Rohr sauber. Anschließend füllten wir Schießpulver in ein Seihtuch, steckten es ins Rohr und füllten etwas Benzin sowie einen Ballen dreckiger Lumpen aus der Garage nach. Der Waffenhändler hatte ausdrücklich gewarnt, wir sollten auf keinen Fall versuchen, irgendeine Art von Projektil zu verschießen, dafür wäre die Kanone zu gefährlich. Wir glaubten ihm aufs Wort.

Was sich als vernünftig erwies.

Wir richteten die Kanone auf einen Fahrweg zwischen zwei Häusern, zündeten die Lunte an und suchten Dekkung.

BUUUUUUM!

Die Räder der Kanone sprangen über 30 Zentimeter hoch in die Luft, und eine blaue Qualmwolke schoß hervor. Der Knall war ein Hammer. An beiden Häusern zerklirrten Fensterscheiben. Hinter dem Nebenhaus kam eine Frau mit einem Fetzen ihrer Shorts in der Hand gelaufen. Sie hatte auf dem Scheißhaus gesessen und vor Schreck die Hose dermaßen ruckartig hochgerissen, daß sie ihr glattweg in Stücke ging.

Nachdem wir die nächsten beiden Tage in Zusammenarbeit mit dem Glaser geschuftet hatten, waren sämtliche kaputten Fensterscheiben ersetzt worden, und die Mehrheit der Nachbarn regte sich ab. Aber wir wußten, daß wir einen noch kräftigeren Schuß abfeuern konnten, und wir brannten geradezu darauf. Uns war bekannt, daß die Bundespolizei unsere Clubhäuser ständig unter Beobachtung hatte, doch wie gründlich wir auch Ausschau hielten, wir fanden nicht heraus, wo zum Henker die Typen sich eigentlich versteckten.

Gleichzeitig hatten mehrere unserer Ischen am örtlichen Juniorencollege einen Fotografiekursus belegt. Als letzte Leistung sollten sie einen aufregenden Schnappschuß machen. Schnappschuß? Mensch, wenn hier irgendwer einen *Schuss* zu bieten hatte, dann doch wohl wir!

Kurz vor Sonnenuntergang rollten wir die Kanone auf der Straße zu einem anderen Clubhaus. Wir luden sie auf den Hügel hinter dem Haus. Diesmal verdoppelten wir die Pulvermenge, füllten noch mehr alte Lumpen und den gesamten Rest aus dem Benzinkanister ins Kanonenrohr. Die Miezen standen mit den Kameras bereit. Fertig? Die Lunte wurde angezündet.

BUUUUUUUUUUUM!

Aus dem Rohr schossen Rauch und Flammen, als wären wir mitten in der Schlacht von Waterloo. Tatsächlich spritzte die Glut so weit, daß sie den ganzen Abhang des Hügels in Brand setzte; das Feuer erhellte den Abendhimmel, als wäre es lichter Tag. Als wir nach oben sahen, entdeckten wir ein Rudel Kerle in Tarnkleidung aus tief in die Erde gebuddelten Löchern springen.

Heilige Scheiße! Die Bundespolizei!

Mit offenem Mund standen wir da und glotzten hügelaufwärts, da erschien auch schon die Feuerwehr am Brandort. Die Feuerwehrleute glaubten, die Typen in Tarnkleidung wären für den Brand verantwortlich, und sie waren dermaßen sauer, daß sie sie mit Ästen, Schaufeln und allem durchprügelten, was sie gerade greifen konnten. Wir beschlossen, die Gunst des Augenblicks zu nutzen, stiegen auf die Maschinen und düsten schleunigst davon.

Und unsere Alten? Sie knipsten während des gesamten Krawalls pausenlos ihre Schnappschüsse und präsentierten die Bilder stolz in ihrem Kurs. Natürlich galten die Aufnahmen allesamt als 1a – a wie Action.

Rentons cooler Schlitten

Renton hatte sich aus einem regelrechten Sammelsurium von Ersatzteilen einen coolen Schlitten gebastelt. Die 66er Shovel stammte von einer Versteigerung außer Dienst gestellter Polizeifahrzeuge, und als Renton seine Schraubenschlüssel bereitlegte, konnte er einen Steuergehäusedeckel nicht von einer Sternnabe unterscheiden. Aber ein Kumpel im Süden riskierte Leib und Leben, indem er Renton einen großen Gefallen tat, zu einem örtlichen Einprozenter-Clubhaus fuhr, die Kamera zückte und ein paar der giftigsten Stühle fotografierte, die davor parkten. Als er die Fotos per Post erhielt, dienten sie Renton zur Inspiration. Er vergrößerte die Aufnahmen, heftete sie in seiner Werkstatt an die Wand und ging an die Arbeit.

Rentons Maschine, das muß man beachten, war kein Chopper, sondern eine herkömmliche, allerdings höchst leistungsfähige Low Rider; sie hatte viel Ähnlichkeit mit den FXRs, die ein Jahr später in den Harley-Ausstellungsräumen standen, also ein Bike, das seiner Zeit vorauseilte. Renton behielt den Originalbenzintank und das 16-Inch-Rad des Hecks. Die Vorderfront des Bikes hob er gerade hoch genug für ein 21-Inch-Rad an. Er brachte handelsübliche Avon-Reifen an und so viel Chrom, wie er sich genehmigen konnte, eine seitliche Rücklichtbefestigung, eine neue Nummernschildaufhängung, ein Fat-Bob-Heckschutzblech, einen Cobra-Motorradsattel, einen mit feschen Gummigriffkappen versehenen Dragbar-Lenker auf kurzen Gabelrohr-Verlängerungen, eine Menge glänzender Lenkerschalter, kürzere Flammrohre, eine neue Halterung für die Vorderradschwinge und zuletzt das Sahnehäubchen: eine superfeine, schwarze Hochglanzlackierung mit Zierlinien und Flammen im sogenannten Oakland Orange (genau wie auf dem Foto einer der Einprozenter-Maschinen).

An einem Samstag um 23 Uhr schob Renton seinen Custom Scooter zur Jungfernfahrt ins Freie. Er hatte vor, sich mit seiner Alten zu treffen, auf die 405 zu fahren, die Shovel dann in einer starenkastenfreien Zone voll aufzudrehen und eine nächtliche Spritztour zu machen. Abgesehen von der Dunkelheit verfinsterten Regenwolken den Himmel. Als Renton den Halbschalenhelm umschnallte, hörte er Donner rumpeln. Während er nach Norden fuhr und ihn nur noch sechs, sieben Kilometer vom völlig freien Autobahnkreuz der 405 trennten, goß es plötzlich wie aus Eimern. Renton verminderte das Tempo, bis das Bike nur noch dumpf rumorte, und setzte die Fahrt unter Beachtung der vorgeschriebenen Höchstgeschwindigkeit fort. Zwar war das Wetter total scheiße (ein widerlicher Wolkenbruch mit kaltem Wind), doch zum Glück herrschte auf der vierspurigen Straße – in beiden Richtungen – kaum Verkehr.

Im linken Rückspiegel bemerkte Renton ein seltsames Paar Scheinwerfer, das auf der Überholspur, anscheinend ohne sich um das Schütten zu scheren, volle Pulle über die Piste schoß. Vielleicht war es ein Lastwagen, dessen Fahrer schleunigst Land gewinnen und dem Schlechtwettergebiet entrinnen wollte. Oder vielleicht ein UFO in Bodenhöhe oder Big Joe mit seinem Lastzug, dem Phantom 309. Doch als sich die Lichter näherten, erkannte Renton, daß sie keineswegs nach einem Lkw aussahen; sie waren zu tief und lagen zu weit auseinander. So schnell diese Gedanken durch Rentons Kopf kreisten, so rasant jagten die Lichter immer schneller näher heran.

Renton wechselte auf die rechte Spur, um sich anzusehen, was zum Henker bei solchem Wetter wie der Blitz durch die Gegend schoß. Er und seine Alte sahen staunend zu, wie zwei Starr-Rahmen-Chopper, beide schwarz wie die Nacht, sie überholten. Die Bikes ähnelten sich stark, beide hatten lange Wide-Glide-Vordergabeln und Hochlenker, kein vorderes Schutzblech, aber die lautesten geraden Auspuffrohre, die Renton je gehört hatte. Beide Fahrer hatten sehr lange Haare und außerordentlich lange Bärte. Sie trugen zwar von Kopf bis Fuß Leder, hatten aber keine Helme auf, dafür trugen sie Sonnenbrillen – trotz des Nachtdunkels und des Regens. Sobald die zwei Einprozenter ihn überholt hatten, gab Renton wieder Gas, um sie sich genauer anzugucken.

500 Meter weiter sah Renton im Lichtschein eines Straßenschilds auf dem Gepäckträger jedes Bikes eine Pump Gun, mit dem Griff nach unten und dem Lauf himmelwärts. Als Renton die Shovel noch stärker heizte, um sich davon zu überzeugen, daß er richtig gesehen hatte, drehten beide Fahrer voll auf und rasten ihm davon. So zügig wie ihre Scheinwerferlichter vorher aufgetaucht waren, verschwanden ihre Rücklichter in der stürmischen Nacht, sie fuhren mit selbstmörderischer Geschwindigkeit.

Als er wieder zu Hause war, gingen ihm die beiden unheimlichen nächtlichen Fahrer nicht aus dem Sinn. Er hatte die beiden Brüder wirklich gesehen, daran gab es keinen Zweifel. Aber wohin waren sie gefahren? Und wo waren sie gewesen?

Einige Tage später hielt Renton das örtliche Käseblatt in den Flossen. Eine Schlagzeile auf der ersten Seite erregte seine Aufmerksamkeit: *Keine Verdächtigen in jüngsten Biker-Mordfällen.* Die Berichterstattung begann mit einem Biker, den mehrere andere Motorradfahrer überfallen hatten, um ihm das Abzeichen von der Jacke zu schneiden. Nachdem der Angegriffene ein paar Tritte und Schläge hatte einstecken müssen und auf der Erde lag, wälzte er sich herum, zog eine Pistole, feuerte zweimal und nietete einen der Angreifer um. Kaum waren die Schüsse verhallt, zog der Rest die Schießeisen und durchsiebte den noch immer auf dem Boden liegenden Schützen. Nach der Schießerei war der Tatort wie leergefegt. Es meldete sich kein einziger Augenzeuge.

Renton dachte an die Biker, die er auf dem Freeway beobachtet hatte. Außerdem berichtete die Zeitung, daß man noch zwei weitere tote, durch Gewehrschüsse umgekommene Biker gefunden hatte. Anonyme Informationsquellen hätten, so hieß es in der Zeitung, von einer Vergeltung gesprochen. Renton trank den Kaffee aus, warf das Blättchen in den Mülleimer und trat sein Motorrad an. Renton fühlte sich als normaler Bürger, aber er wußte, wenn er Motorrad fahren und sich unter Outlaws tummeln wollte, gab es gewisse Spielregeln zu beachten und eine gewisse Verantwortung zu tragen: Halte dich bedeckt, hab kein großes Maul und komm niemandem auf die krumme Tour. Behandle deine Brüder fair und mit Respekt. Du möchtest schließlich nicht, daß diese beiden Todesboten sich einmal auf den Weg zu dir machen.

Über Benimm

Irgend jemand hat einmal gesagt, überhaupt zur Stelle zu sein wäre der halbe Sieg. Aber wenn man mit der Truppe auf einen Run fährt, ist vor allem pünktliches Erscheinen ein wichtiger Garant des Erfolgs. Formation. Fahrtrichtung. Vorbereitung. Organisation. Koordination. Das alles muß erledigt sein, bevor wir einen Meter fahren. Durch meine Zeit im Knast (ganz zu schweigen von der Army) bin ich regelrecht zu einem Pünktlichkeitsfanatiker geworden, vor allem was das Aufbrechen angeht. Damit bin ich manchen Jungs im Club schon gehörig auf den Sack gegangen.

Einmal ließen die Mitglieder die Disziplin besonders schlimm schleifen, sie erschienen einfach nicht mehr rechtzeitig im Clubhaus, um ihre Aufgaben erfüllen zu können. Da verlor ich bei einem unserer wöchentlichen Treffen die Geduld und sagte ihnen die Meinung.

»Hört her, wenn wir festlegen, wir fahren um die und die Uhrzeit ab, dann heißt das nicht, daß ihr erst um diese Zeit da sein sollt. Es heißt, ihr sollt früh genug hier sein, damit wir in der Lage sind, alles ordentlich in den Griff zu kriegen und um dieselbe Uhrzeit zusammen abfahren können.«

Am nächsten Tag waren wir um 20 Uhr im Clubhaus verabredet, um zu einer Party nach Sacramento zu rollen. Am Sonntagabend traf Cincinnati frühzeitig ein, und es war noch kein Aas da. Er beschloss, an der Theke auf die übrigen Kumpels zu warten. Als es 20 Uhr schlug, war er immer noch der einzige wartende Anwesende. Das verdarb ihm gehörig die Laune – zumal nach meiner Predigt am Vortag –, und er hinterließ auf dem Tresen einen entsprechend mürrischen Wisch.

Brüder, die Truppe ist um acht abgedüst, aber sie bestand bloß aus mir. Cincinnati.

Er bretterte nach Sacramento und hörte ungefähr eine Stunde später endlich auch unsere Maschinen anrollen. Cincinnati kam uns aus dem Haus entgegen, stand ein wenig selbstgefällig da und merkte gleich, daß niemand etwas sagte oder ihn ansah.

Ha, dachte sich Cincinnati, *jetzt haben alle ein schlechtes Gewissen.*

Ich schwang mich vom Bike, froh, daß die Brüder allesamt ihre Belustigung unterdrückten. Dann stapfte ich an dem Klugscheißer Cincinnati vorbei und verpaßte ihm eine leichte Kopfnuß.

»Sommerzeit hat angefangen, Arschloch.«

Big Del ist unser Kumpel, und wir heizen schon so lange gemeinsam durch die Pampa, daß es kaum zu glauben ist. Er ist ein absolut cooler Kerl, aber es gibt Augenblicke, in denen auch ihm der Kragen platzt – wie beispielsweise während der Überlandfahrt in Utah, auf der alles schiefging. Erst fing es zu regnen an. Wir hielten, aber Delbert erklärte mir, er hätte einen echt geilen Regenumhang.

»Na gut, fahren wir weiter. Kein Problem, auch wenn ich kein Stück Regenkleidung habe.«

Del hüllte sich ein, und wir setzten die Fahrt fort. Nach 20 Minuten auf der Straße sah ich mich um, und Del erwiderte meinen Blick mit einem breiten Grinsen, offensichtlich war er richtig happy. Dann sah ich ein zweites Mal hin und bemerkte, daß sich die Kapuze seines Capes mit Luft füllte – richtig prall wie ein Ballon. *Peng!,* sie platzte, und die Fetzen segelten davon. Cincinnati mußte so lachen, daß er fast im Straßengraben landete. Nach einer Weile kam ein Tante-Emma-Laden in Sicht. Delbert selbst war einigermaßen trocken geblieben, doch der dünne Regenumhang war weitgehend zerfleddert. Cincinnati und ich waren klatschnaß und voller Dreck. Del lief in den Laden und kam mit einer großen Rolle Klarsichtfolie wieder. Damit reparierte er das Cape, indem er sich die durchsichtige Folie um Arme, Beine und den kolossalen Wanst wikkelte.

»Okay, weiter geht's«, rief er forsch, sobald er die Wikkelei beendet hatte.

Wir hatten noch keine zwei Kilometer zurückgelegt, als ich bemerkte, daß Delberts Gestalt kleine Plastikschnipsel verstreute, er sah aus wie ein leibhaftiger Schneesturm. Plötzlich trat er auf die Bremse, und wir machten *wieder* Halt. Wie ein Irrer sprang Delbert von seinem Motorrad, hüpfte auf und ab, zerrte und zupfte an der Klarsichtfolie und versuchte einen Zipfel zu finden. Wer sich schon einmal bemüht hat, eine Mahlzeit aus diesem Scheißzeug auszupacken, kann sich Delberts Dilemma vorstellen, nur war es hundertmal schlimmer.

Wir lachten uns schier krumm und konnten uns kaum noch auf den Beinen halten. Delbert tobte vor sich hin und fluchte wie ein Weltmeister.

»Gottverdammt, gottverdammt, gottverdammt...!«

Bald war Delbert dank seiner improvisierten Sauna durch und durch in Schweiß getränkt. Schließlich nahm Cincinnati sein Messer, schnappte sich Delbert und schnitt ihn heraus. Cincinnati und ich waren infolge des Regens noch immer naß bis auf die Knochen, von den Schlammspritzern gar nicht zu reden.

Während wir in den nächsten Ort rollten, um uns ein Zimmer zu besorgen, zogen wir am Verkehr vorbei, indem wir die Mittellinie befuhren. Als Cincinnati dabei noch einmal den Kopf drehte, stob der Wind hinter seine Brillengläser und wehte ihm die Brille von der Nase. Ohne Brille ist Cincinnati praktisch blind, also hielten wir am Bordstein, und Delbert suchte die Straße ab – mitten im fahrenden Verkehr –, bis er die Überbleibsel der Brille fand. Ein Glas war noch halbwegs benutzbar; Delbert bog das Gestell zurecht, so daß Cincinnati es wieder aufsetzen konnte. »Was für 'ne Schande, daß man deine Augen nicht operieren oder sonst irgendwie heilen kann«, sagte Delbert zu Cincinnati, als wir das Motel betraten.

Doch, antworteten wir ihm, so etwas kann man. Delbert staunte.

»Also wißt ihr, wenn's so ist, werde ich mich mal darüber informieren, wenn wir wieder zurück sind.«

Als wir zu Hause waren, vergaßen wir Cincinnatis Fehlsichtigkeit. Delbert dagegen nicht. Er klemmte sich tatsächlich dahinter und holte Informationen ein: Die Methode nannte sich radiale Keratotomie, und Cincinnati war ein geeigneter Kandidat. Delbert betätigte sich als hartnäckiger Quengler und drängte Cincinncati, den Eingriff vornehmen zu lassen.

»Los, Mann, was gibt's denn da zu überlegen?!«

Inzwischen sind mehrere Jahre seit der Operation vergangen, und Cincinnati sieht tipptopp. Gott hatte ihm ein Paar Augen gegeben, das einen Scheiß taugte, aber Delbert verhalf ihm zu zwei tadellosen Kiekern.

Lange bevor er sie sah, hörte der Mann sie kommen. Dann sah er sie, als sie die Abfahrt der Interstate herunterfuhren. Er war ortsfremd und stand mit seinem Wagen im Schatten, den die Tankstelle in Wall (Süd-Dakota) warf. Wall liegt südlich von Sturgis, und an eben diesem Tag hatte der Sturgis Black Hill Run angefangen.

Schon den ganzen Tag über hatte er Gruppen von Motorradfahrern gesehen, aber nun sollte er das erste Mal mitten unter sie geraten. Er selbst war kein Motorradfahrer. Er kannte nicht einmal jemanden, der Motorrad fuhr. Das wenige, was er über diesen Menschenschlag wußte, beschränkte sich auf das, was er in den Zeitungen las und andere Leute erzählten.

Seines Wissens hatten Motorradfahrer allgemein einen schlechten Ruf.

Wie ein Heuschreckenschwarm kamen elf Bikes (er zählte sie) an die Tankstelle gerollt. Sie bildeten eine Kolonne, und obwohl es nicht einmal ein Dutzend Fahrzeuge waren, nahmen sie mehr Platz ein als ein Dutzend Lastwagen. Einige Fahrer tankten, andere drängten sich an der Tür zum Tankstellengebäude, der Rest lümmelte sich rings um die Tanksäulen. Sie führten sich chaotisch auf, als wüßte niemand, was eigentlich los war. Acht Fahrer hatten Beifahrer, einen männlichen und sieben weibliche; die übrigen Fahrer waren allein unterwegs. Insgesamt waren es also 19, die allerdings Krach wie 50 veranstalteten.

Autos voller Reisender stauten sich und mußten sich gedulden, um irgendwann an die Tanksäulen zu gelangen, während die Motorradfahrer zum Shop hinein- und herauswimmelten. Wie sollte der Angestellte den Überblick behalten, wer was kaufte und wer für was bezahlte? Die Begleiterinnen der Biker waren allesamt die reinsten Dampfnudeln. Eines der Weiber war eine richtig gräßliche Elefantenkuh. Sie trug einen Latzoverall und hohe Schnürschuhe in abstoßenden Farbtönen. Sie war das lauteste und lästigste Mitglied der gesamten Bande, kommandierte jeden barsch herum, vor allem die Kerle.

Dann geschah folgendes.

Es waren nur drei Motorradfahrer. Sie fuhren an der Tanke vor, warfen einen Blick auf den Vorplatz und hielten am Rand, ungefähr an der Stelle, wo der Mann im Auto saß. Sie stiegen von ihren Motorrädern und sahen sich die Bescherung an; dann schritt einer von ihnen zu der rabiaten Biker-Horde an den Tanksäulen. »Wer hat bei euch das Sagen?« erkundigte er sich.

Der Schraubendampfer im Latzoverall zeigte auf einen Mann im Shop. Als der Mann nach seinem Namen fragte, nannte sie ihn: Dino. Der Motorradfahrer bedankte sich und ging hinein.

Wenige Augenblicke später kam Dino aus dem Shop und machte in aller Hast klar Schiff. Die lautstarken Biker wurden kleinlaut und sammelten rund um die Tanksäulen ihre Öldosen, Wasserpullen und Freßverpackungen auf.

Der Motorradfahrer gesellte sich zu seinen zwei Kumpels, und sobald die drei mit Tanken an der Reihe waren, erledigten sie es schnell und rollten ihres Weges.

Der Mann im Auto, den sonst nichts so leicht beeindrucken konnte, war mächtig beeindruckt.

Die drei Männer waren Mitglieder des berüchtigsten Motorradclubs der Welt gewesen. Sie wußten, wie man Ordnung hielt.

Durch den starken Einfluß seines älteren Bruders Big Ed gerieten Irish und ein Grüppchen Freunde in einer kleinen Gemeinde Kaliforniens in die Motorradszene. Der dortige Kader von Motorradfahrern bestand aus zwei Brüdern, nämlich Cool Breeze und D. D. sowie Herc, Slo Mo und natürlich Big Eds jüngerem Bruder Irish. Big Ed vertrat die Ansicht, daß es, wenn sie sich ins Motorradfahren stürzen wollten, bei ihm lag, ihnen nicht nur die Grundlagen des Biker-Daseins einzutrichtern, sondern auch die grundsätzlichen Prinzipien des Lebens. In Sachen Freundlichkeit brauchten sie keine besondere Unterweisung, sie hatten bereits ein Gespür für Ehrenhaftigkeit; nur waren sie eben noch sehr jung.

Also wandte Big Ed die erforderliche Zeit auf und war wirklich stolz auf die Jungs.

Nachdem die Gruppe mehrere Jahre lang zusammen

gefahren war, kam Big Ed bei einem schweren Verkehrsunfall ums Leben, doch sein Einfluß reichte weit über seinen Tod hinaus. Eines Abends setzten sich die fünf Burschen zusammen und beschlossen, sich Gedanken über ihre künftige Bestimmung zu machen. Da sie der Überzeugung waren, untereinander vollständiges gegenseitiges Vertrauen und uneingeschränkten Respekt zu haben, fällten sie die Entscheidung, einen Club zu gründen. Im Laufe langwieriger Diskussionen und Debatten kamen sie überein, daß es der erklärte Zweck des Clubs sein sollte, ein eigenes Chapter zu betreiben und später in den führenden Einprozenter-Club der Vereinigten Staaten integriert zu werden. Auf die Verwirklichung dieses Ziels wollten sie mit allem Nachdruck hinwirken.

Sie brauchten eine Weile, aber durch Stolz, Ehrgefühl und Beharrlichkeit konnten sie ihre Absicht zu guter Letzt erreichen. Eben der führende Einprozenter-Club schlug ihnen den gemeinschaftlichen Anschluß vor. Bald sollte ihr Traum wahr werden.

Allerdings gab es eine Schwierigkeit. Es hatte einen gewaltsamen Zwischenfall mit einem anderen Club gegeben, und obwohl sie ihrerseits Schritte unternommen hatten, um in dieser Angelegenheit reinen Tisch zu machen, war sie bis dato ungeregelt geblieben. Das Problem bestand darin, daß sie diese unbeendete Fehde einerseits nicht mit sich in den Einprozenter-Club schleppen mochten, weil sie diesen Verein gar nicht betraf, aber sie die Sache andererseits auf gar keinen Fall auf sich beruhen lassen wollten. Doch wenn sie das Aufnahmeangebot ablehnten, konnte es mißverstanden werden, und voraussichtlich wurde ihnen der Vorschlag kein zweites Mal unterbreitet.

Cool Breeze hatte einen Plan.

»Hört mal«, sagte er, »ihr vier tretet vorab ein, also ohne mich. Ich bleibe erst mal Mitglied unseres jetzigen Clubs und regele diesen Scheiß auf meine Weise.«

Seine vier Kumpel zeterten und widersprachen ihm aufs heftigste, aber Cool Breeze ließ sich nicht umstimmen.

»Ich weiß, daß jeder von euch, hätte er die Idee gehabt, den gleichen Vorschlag gemacht hätte.«

Also legten sie fest, daß Cool Breeze einziges Mitglied des alten Clubs bleiben, nach Vollendung der Vendetta diesen Club vollkommen auflösen, das letzte Mitgliedsabzeichen verbrennen und dann endlich zu seinen vier Brüdern stoßen sollte, wo immer sie auch sein mochten.

»Zerbrecht euch nicht den Kopf«, riet ihnen Cool Breeze. »Wenn ihr nichts von mir hört, hat es keinen Sinn, nach mir zu suchen, solange der Job nicht getan ist.«

Damit waren die Freunde sich einig.

Es dauerte nicht lange, bis der Club, der die Scheiße gebaut hatte, die Neuigkeit erfuhr und daraufhin raffte, daß er dem falschen Mann auf die Füße getreten war. Schleunigst vertreute er sich in alle vier Winde. Aber Cool Breeze war geduldig. Er hatte Zeit und eine Namensliste. Er wußte, was zu tun war.

Rund drei Jahre später hörte man eines Abends ein Motorrad vor dem neuen Clubhaus vorfahren. Jemand pochte an die Tür. Irgendwie ahnten die Vereinsmitglieder schon, wer draußen stand. Etwas älter, stärker und erheblich klüger geworden, kehrte Cool Breeze zu seinen Brüdern zurück. Er wurde Prospect und anschließend Mitglied. Eine Ehrensache war geregelt worden.

Danksagung an Mitarbeiter und heimliche Mitverschwörer

Ich danke den nachstehend aufgeführten Personen, die mit ihren Motorradgeschichten den Inhalt dieses Buches geprägt haben:

Andy Ubell
Barbara McQueen Brunsvold
Brenton Demko
Dave Blake
Dave Daugherty
Debbie Tolly
Dirk »Butch« Walter
Don Whitney
Ed »Animal« Cargill
Guy Girratono
James Fitzpatrick
Jeremy Povenmire
Joe Payton
Kaye Cheshire
Linda Black
Marjorie Goodness
Mark »Chilli« Brehm
Marvin Gilbert
Michael Gervais
Mike Locarro
Randell Widner
Richard Charles Anderson
Robert Jypson Woods
Robert Scott Edwards
Ron Braithwaite
Ronald French
Sara Laliberte
Sherry Anderson
Teresa Midkiff
Tobie Gene und den
East Bay Dragons MC

Story in petto?

Haben Sie eine Motorradgeschichte zu erzählen? Schicken Sie sie an story@sonnybarger.com. Falls sie sich für künftige Bücher eignet, setzen wir uns mit Ihnen in Verbindung.

In Dankbarkeit

Jim Fitzgerald von der Carol Mann Agency, Jennifer Sawyer Fisher, all den Geschichtenerzählern und Bike-Fahrern, die mithalfen, Kristen Green, Peter Grame, Scott Rourke, Chris Goff, Joe und Doris Zimmerman, Paul Butler, Melvin Shadrick, David Brunsvold, John und Leslie Adams, Murray Nixon, Freddy Falconey, Edward, Jeanne und Tami Preciado, Lloyd Senzaki, Gladys Zimmerman, Deborah Zimmerman und ganz besonders Sonny Barger und Fritz Clapp.

Im Gedenken an Richard Charles »Gipsy« Anderson

Keith und Ken Zimmerman